FCD First-class Disciplines 一流学科建设研究生教学用书

本书获华东理工大学研究生教育基金资助

金融理论与政策

郑庆寰　胡　悦　主编

華東理工大學出版社
EAST CHINA UNIVERSITY OF SCIENCE AND TECHNOLOGY PRESS
·上海·

图书在版编目(CIP)数据

金融理论与政策 / 郑庆寰，胡悦主编. -- 上海 ：华东理工大学出版社，2024. 11. -- ISBN 978-7-5628-7424-9

Ⅰ. F83

中国国家版本馆 CIP 数据核字第 2024CU5426 号

项目统筹 / 左金萍
责任编辑 / 左金萍
责任校对 / 陈婉毓
装帧设计 / 徐　蓉
出版发行 / 华东理工大学出版社有限公司
地址：上海市梅陇路 130 号，200237
电话：021-64250306
网址：www.ecustpress.cn
邮箱：zongbianban@ecustpress.cn
印　刷 / 南通印刷总厂有限公司
开　本 / 787 mm×1092 mm　1/16
印　张 / 12.75
字　数 / 285 千字
版　次 / 2024 年 11 月第 1 版
印　次 / 2024 年 11 月第 1 次
定　价 / 78.00 元

前言
PREFACE

在全球化与数字化浪潮交织的今天，金融已成为现代经济的核心与血脉，它不仅深刻影响着资源配置的效率与公平性，还直接关系到国家经济的稳定增长、社会福祉的提升以及国际竞争力的构建。《金融理论与政策》作为金融硕士的核心课程教材，旨在为学生搭建起一座连接金融理论与实践的桥梁，不仅深入剖析金融学的核心理论框架，还紧密追踪金融政策的最新动态与实践案例，力求培养既具备深厚理论基础又熟悉政策环境，能够应对复杂金融挑战的高素质金融专业人才。

本书涵盖宏观和微观金融理论框架，共分为八章。第一章系统梳理金融理论的历史演进，介绍金融学的宏观“经济系范式”和微观“商学院范式”，为后续章节建立概念框架。第二章介绍金融体系和功能，帮助学生建立金融功能的微观和宏观分析框架，基于金融结构的基本范式和演进理论理解金融体系构成要素及创新发展。第三章介绍利率结构与利率决定，包括微观层面的利率风险和期限结构理论，以及宏观层面的利率总水平决定理论，最后在利率调控政策上将两者关联起来。第四章介绍货币供求与货币政策，分析货币持有动机和决定因素、货币派生和供给机制，重点介绍常规和非常规货币政策实施与调控。第五章介绍公司金融理论，以无摩擦的 MM 定理为起点，建立一个一般性的委托-代理框架，解释各类金融摩擦对企业融资的影响及公司治理的必要性，并在这一基础上简要介绍不完备合约的相关理论。第六章介绍资产定价理论，从传统的均值-方差模型、资本资产定价模型和套利定价理论，到随机折现因子的概念，再到将其具象化后衍生出的现代资产定价理论，包括基于消费、企业部门生产以及金融中介的资产定价理论。第七章介绍金融中介理论，包括银行存在的经济学解释、银行融资和市场融资的差异，并分析银行竞争、挤兑和道德风险等问题。第八章介绍金融危机与金融监管，简要介绍系统性金融风险与金融危机的概念，重点分析次贷危机的特征和成因，并梳理金融监管的历史演进和最新发展。

本书在编写过程中，注重将金融理论与金融政策实践紧密结合，密切关注国内外金融政策的最新动态，精选国内外金融典型案例制作专栏，帮助学生把握金融政策的发展趋势，将所学知识转化为解决实际问题的能力，为未来的职业生涯打下坚实基础。本书适用于金融专业硕士，也可作为非金融专业本科生、研究生和实际工作者的参考用书。

本书的编写和出版得到了华东理工大学研究生院、商学院和华东理工大学出版社的大力支持。全书第一章至第四章由华东理工大学商学院郑庆寰老师编写，第五章至第八章由上海交通大学安泰经济与管理学院胡悦老师编写。在编写中参考了国内外大量书籍和文献，在此向这些作者致以崇高的谢意！由于编写者水平有限，疏漏之处在所难免，敬请各位读者批评指正。

郑庆寰　胡　悦

2024 年 8 月

目录

CONTENTS

第一章 金融理论的历史演进

内容提要

金融是资金融通的简称。根据维基百科的定义，“金融是资产和负债随着时间的推移在确定及不确定状态下分配的动态过程”。人们对于金融的认识随着经济学理论的发展而逐渐演进，从货币的供给、需求及银行体系的信用货币创造，到金融交易在不同时间、不同状态下调配从而决定了利率和资产价格，再到有效市场假说与行为金融学、金融摩擦和金融结构的讨论，金融学的学科脉络逐渐走向清晰完整，学科特征日益显著。现代金融学可以划分为宏观金融学和微观金融学两大支柱，金融学的宏观范式又称为“经济系范式”(economic department approach)，可以回溯到19世纪古典经济学家对货币信用问题的分析，并被视作宏观经济学的一部分；金融学的微观范式又称为“商学院范式”(business school approach)，兴起于20世纪50年代并迅速发展成一门虽然与微观经济学联系密切但实则有所不同的独立学科。

第一节 前古典经济学的金融思想萌芽

古典经济学产生之前的经济理论中蕴含着早期金融思想萌芽，有关货币、利息、国际收支及财富和价值等理论散见于古希腊、古罗马、重商主义等理论学说中，对现代金融理论发挥了重要的启蒙和奠基作用。

一、古希腊的金融思想

古希腊的金融思想在原始社会末期已经产生，在进入奴隶制国家形成时期后，社会分工和商业有了很大的发展，货币开始普遍使用。随着制陶、酿酒、造船、纺织、制革等门类众多的手工业作坊兴起，雅典成为地中海的商业中心，海上贸易发达，货币兑换和高利贷业务也随之发展。这一时期的经济思想中包含着对货币职能和财富的见解。

古希腊哲学家色诺芬(Xenophon，前430—前355)，在其著作《雅典的收入》中探讨了财富、分工和货币职能等经济问题。色诺芬认为货币作为一种交换媒介，可以促进商品的流通和交换，货币也可以作为贮藏手段，将财富保存起来。色诺芬从使用价值角度来定义财富，认为财富是一个人能够从中得到利益的东西，不同的人对同一种物品的价值判断可能不同。色诺芬肯定了分工的必要性，认为通过将不同的任务分配给不同的人来完成，可以提高生产效率和产品质量。这种观点与现代经济学中的分工理论相一致，强调了专业化和协作的重要性。

古希腊哲学家、伦理学家和政治家柏拉图(Plato，前 427—前 347)在其著作《理想国》和《法律篇》中阐述了财富、分工和货币的概念。柏拉图对私有财产持批判态度，认为私有财产会诱发个人的自私和贪婪。柏拉图认为专业化和分工是社会发展的自然结果，并且能够增加生产产品的数量并提升其质量。为了便于交换，需要使用货币进行交易和流通，但他认为货币仅仅作为价值"符号"，与货币本身的金融特征无关。因此，他反对将货币作为一种贮藏手段，认为这会导致经济停滞。

古希腊思想家、哲学家亚里士多德(Aristotle，前 384—前 322)是柏拉图的学生，主要著作有《政治论》《伦理学》，阐述了关于商品属性、商品交换、货币产生及作用等问题的经济思想。亚里士多德认为商品具有双重属性，即使用价值与交换价值，前者在于能够满足人们的实际需求，后者并非商品固有的属性，是在交换关系中产生的相对价值。亚里士多德认为交换经历了以下三个阶段：最初阶段是物物交换，没有货币作为媒介；小商业阶段是以货币为媒介的商品交换；大商业阶段是以获取货币为目的的交换。为了便利交换，货币作为通用媒介应运而生，克服了物物交换的困难，简化了交换过程，提高了交换效率。货币可以衡量不同商品的价值，为商品的交换提供一个统一的标准，从而确定交换的比例和价格。由于货币具有较高的通用性和价值稳定性，还可以作为贮藏财富的手段。

二、古罗马的金融思想

古罗马在特定时期经历了从氏族制度到奴隶制及帝国时期的转变。其在政治上统一国家后成为地跨三洲大国，并于公元 476 年灭亡。古罗马时期的金融思想散见于法学家和农学家的著作中。贾图(Cato，前 235—前 149)和瓦罗(Varro，前 116—前 28)在《论农业》中论述了管理奴隶制经济和农业耕作技术问题。奥古斯丁(Augustine，353—430)是古罗马末期著名的思想家，提出了"公平价格"的概念，为中世纪教会作家所发展。古罗马的金融思想强调契约精神，法律对契约的保障为现代金融交易规范和法律体系奠定基础。古罗马出现的类似有限责任公司的"私产制度"，是公司制度的雏形，为商业活动提供了风险分担模式。其统一的货币体系及活跃的信贷活动，如借贷和抵押等金融工具，也为后世货币理论和金融市场发展提供借鉴。

三、中世纪的金融思想

西欧中世纪见证了封建社会的形成、发展与繁荣。在 5—11 世纪的封建社会早期，罗马帝国经济崩溃，城市消失，生产力停滞，商品货币流通锐减。而在 11—15 世纪，西欧封建社会进入兴盛阶段，手工业与农业分离，农村货币地租流行，国内贸易蓬勃发展，国际贸易也十分活跃，形成了地中海地区与北海、波罗的海地区两大主要贸易区。

这一时期的金融思想主要聚焦于货币和利息的探讨。意大利神学家和哲学家托马斯·阿奎那(Thomas Aquinas, 1225—1274)继承了亚里士多德的思想，在《神学大全》中阐述了货币和利息的产生及价值。他认为货币是交换的工具，是人们经济活动中用于交换商品和服务的媒介，也承认货币是商品，具有稳定客观的内在价值。对于高利贷，一方面依教义认定放贷收息为罪恶，另一方面又在特定条件下，如为弥补风险和放弃资金使用的损失时，承认收取利息具有合理性。同时，他还指出利息的收取应该基于公平的原则，不能过高或过低，否则就会破坏交易的公平性。14世纪，法国著名教士尼科尔·奥雷斯姆(Nicole Oresme, 1320—1382)在其著作《论货币的最初发明》中，系统分析了货币的起源、职能、货币制度，以及货币与经济的联系，该著作被视为经济思想史上首部系统论述货币的书籍。法国法理学家卡罗律斯·莫利诺斯(Carolus Molinaeus, 1500—1566)在其经济学和法学著作《论契约和高利贷》中，论证了高利贷存在的必要性以及利息收入的合理性，促使人们关注借贷行为中的风险、契约执行以及利息的合理确定等问题。

四、重商主义的金融思想

重商主义是西欧资本主义原始积累阶段的经济思想，为古典经济理论奠定了基础。其发展历程可细分为以下两个阶段。早期重商主义阶段(15世纪末至16世纪中叶)，亦称"重金主义"，核心思想是货币差额论，标志性著作包括由英国学者约翰·海尔斯(John Hales)与威廉·斯塔福德(William Stafford)合著的《对我国同胞某些控诉的评述》，以及法国学者蒙克莱田(Montchrétien)所著的《献给国王和王后的政治经济学概论》。随后进入晚期重商主义时期(16世纪下半叶至17世纪中叶)，核心理念转变为贸易差额论，代表性论著有英国托马斯·孟(Thomas Mun)的《论英国和东印度公司的贸易》《英国得自对外贸易的财富》，此外，法国国王路易十四的财政重臣让·巴蒂斯特·柯尔培尔(Jean-Baptiste Colbert)所实施的一系列重商主义政策也颇具影响力。在此期间，西欧国际贸易、财务结算、信贷及投资活动获得显著发展，重商主义金融理论在货币机制、国际收支平衡、汇率调控、劳动价值论及收入分配理论等多维度展开深刻探讨。

(一) 关于货币的论述

重商主义者坚定地认为货币是财富的唯一实质形态，所有经济活动的目标都是积累金钱，国家繁荣的关键在于货币量的增加。他们认为不足值货币的流通会破坏货币流通秩序和商品价格体系，引发市场波动，这在16世纪英国的财务实践中表现明显。托马斯·格雷欣(Thomas Gresham)提出的"劣币驱逐良币"原理揭示了当时的市场情况：市场上有纯质贵金属货币和掺杂其他物质的贬值货币，两种货币虽然在法律上价值相同，但民众会贮藏纯质贵金属货币而使用贬值货币交易，结果市场上多为劣币，良币逐渐退出流通。早期重商主义理论家马莱斯特罗特把货币成色下降当作物价上涨的主要原因，认为货币成色不佳时，虽然货币数量增加但金属重量未变，提高了商品相对价值，从而推高了物价。不过，海尔斯和让·博丹(Jean Bodin)等对此提出疑问，他们认为即使货币成色纯正，单纯的货币供应量增加也能成为物价上涨的原因之一。博丹进一步指出，金银流入源于国际贸易顺差，是国家经济实力增强的象征，这种货币供应增加会推动物价上涨且具有一定刚性，反映了国家财富增长和市场活跃。

(二) 关于贸易收支的论述

重商主义者认为国内贸易是零和博弈，无法增加一国财富，唯有国际贸易才是财富源泉。对外贸易必须遵循多卖少买、多收入少支出的原则以获取贸易顺差。在保持贸易顺差及增加货币方面，早期与晚期重商主义观点有所区别。

早期重商主义强调少买或不买，严禁货币输出，主张国家以行政措施、立法途径增加货币财富。例如，杰勒德·马林斯(Gerard Malynes)主张禁止金银块出口，并提出汇兑平衡率问题；海尔斯反对进口商品，提出对部分进口品课以重税以利于本国商品竞争，还反对初级产品输出以避免贸易逆差。受此影响，西欧各国严控货币输出与奢侈品进口，设立汇兑管理机构管制货币国际流动。

晚期重商主义允许货币输出，不再强调绝对货币差额，认为购买外国商品货币总额少于出售本国商品所得即可获得更多货币。托马斯·孟在《英国得自对外贸易的财富》中论述了贸易差额论的原则及实现途径，允许本国对个别国家发生贸易逆差，只要总贸易差额顺差即可增加财富。米赛尔登(Misselden)首次提出"贸易平衡"理论，类似今天的"国际收支平衡表"雏形。晚期重商主义者认识到货币流通能促进贸易，贸易发展可增加货币流入，应增加国内制造业的产品输出，减少和禁止本国能够生产的消费品输入。重商主义者主张国家应积极干预经济活动，实施奖出限入及保护性关税政策，对出口原材料课以重税，进口原料免税，鼓励工业制成品出口，对外国工业品征收高关税以限制进口。

(三) 关于国际货币市场的论述

意大利重商主义者提出了有关国际货币市场的最早论述。伽斯巴罗·斯卡卢菲(Gasparo Scaglia)在《货币讨论》一书中分析了当时欧洲各国实行的不同的金银复本位制度，认为该制度的核心问题在于金银比率的频繁波动，不仅增加了货币结算与汇兑的难度，还严重影响了货币的正常流通，阻碍了经济的健康发展。斯卡卢菲提出通过加强欧洲各国的合作，制定统一货币政策，明确各国汇率与货币含金量比率，构建统一欧洲货币市场。尽管在当时的历史条件下他的构想并未实现，但他的思想却为后来的欧洲货币一体化进程提供了理论依据。

第二节　古典金融理论：宏观金融主导

古典经济学产生于17世纪中叶，完成于19世纪初，主要代表人物为英国的威廉·配第(William Petty, 1623—1687)、亚当·斯密(Adam Smith, 1723—1790)、大卫·李嘉图(David Ricardo, 1772—1823)，法国的弗朗斯瓦·魁奈(Francois Quesnay, 1694—1774)等。他们反对封建制度，提倡自由竞争的市场机制，理论核心是经济增长产生于资本积累和劳动分工相互作用的思想，代表处于上升时期的资产阶级的利益。凯恩斯经济学产生于20世纪30年代，它是"20世纪30年代大萧条"的直接产物，建立在约翰·梅纳德·凯恩斯(John Maynard Keynes, 1883—1946)的著作《就业、利息和货币通论》(以下简称《通论》)的思想基础之上,从宏观层面研究总供给和总需求,主张国家采用扩张性的经济政策,通过增加需求促进经济增长。

一、古典政治经济学体系的确立时期

(一) 威廉·配第的金融思想

在重商主义向重农学派转变的过程中,威廉·配第是一位杰出代表。他被誉为“政治经济学之父”,是英国古典政治经济学的奠基人、古典财政学说的先驱,并在统计学领域创立了“政治算术学派”。配第深入研究了价值、分配、税收等核心经济问题,其代表作为《赋税论》《货币略论》。在《赋税论》中,他首次阐述了价值理论,明确区分了商品的“自然价格”(基于生产劳动量决定的价值)和“政治价格”(受市场供求影响的市场价格),从而将政治经济学的研究焦点从流通领域转向生产领域,确立了劳动作为商品价值源泉的观念,为劳动价值论奠定了基础。配第还指出,商品价值与劳动时间成正比,与劳动生产率成反比,分工能提升劳动生产率,减少劳动时间,进而降低商品价值。在此基础上,他进一步探讨了工资、地租、利息及土地价格的分配问题,将工资视为劳动的价格,地租是农产品扣除生产成本后的剩余,并首次提出剩余价值的存在及其来源,他未将利润与地租明确区分,而是将地租视为剩余价值的一种普遍形式。配第还揭示了剩余价值与工资的对立关系,认为利息是货币的租金,是对出借资金期间不便的补偿,主张利息率应由货币供求决定。此外,他认识到货币的价值也应以耗用的劳动时间来衡量,并指出商品价格与货币价值成反比,以及货币流通量取决于货币流通周期。

(二) 重农学派的金融思想

重农学派是 18 世纪 50—70 年代法国资产阶级古典政治经济学学派。18 世纪中叶,法国处于封建主义向资本主义过渡时期,资本主义经济有了一定发展,但封建专制统治严重阻碍经济进步,法国国王路易十四和路易十五推行牺牲农业发展工商业的重商主义政策,导致农业陷入困境,法国新兴资产阶级出现了反对重商主义政策、主张重视农业的意识形态。当时法国的伏尔泰、孟德斯鸠、卢梭、狄德罗等启蒙思想家批判封建专制制度,提出“自然秩序”思想,成为重农学说的哲学基础。

布阿吉尔贝尔(P Pierre Le Pesant, 1646—1714)是法国重农学派的先驱者,著有《法国详情》《法国的辩护书》《论财富、货币和赋税的性质》《谷物论》等。弗朗斯瓦·魁奈是重农学派的创始人,著有《租地农场论》《谷物论》《赋税论》等,最著名的是 1758 年发表的《经济表》及之后对《经济表》的说明和分析。1765—1772 年,杜邦·德·奈穆尔(Pierre Samuel Du Pont de Nemours, 1739—1817)曾主编重农学派的杂志并编辑出版魁奈的著作,以“重农主义”作为书名,由此得名“重农学派”。

重农学派的金融思想,虽然并非其主要研究重点,但在其经济理论中也有所体现。重农学派认为,货币仅仅是交换和贸易的工具,而非财富本身。魁奈继承并发展了布阿吉尔贝尔的观点,明确指出货币和金银(它们可以作为货币)本身绝不是消费性财富,而是贸易的工具。一国富足与否,不取决于所拥有的货币的多少,货币在交换中有用,是潜在的财富，可以购买真正的财富，所以货币量只要能够满足交换使用就足够了。也就是说，重农学派认为货币具有流通手段、价值尺度职能，可以实现商品价值的转移。布阿吉尔贝尔认为社会财富来源于农业产出的农产品和其他必需品，强调农业是其他行业的基础，在一国经济发展中具有重要作用。魁奈认为财富的构成不仅在于物质量，而且在于价值量，物品丰富但无价值也不能构成财富。魁奈还区分了价值和使用价值。使用价值虽是交换的一个条件，但财富量只取决于交换价值，不取决于使用价值。魁奈在《经济表》中对农业资本进行了分析，他使用“预付”范畴来表示资本，把农业预付划分为“年预付”和“原预付”两部分。年预付可以视作流动资本，主要是指每年花在耕作劳动上的支出数额，包括种子和工资；原预付可以视作固定资本，是购置农业设备的资金，包括耕畜、农具、库房等。魁奈把资本和生产联系了起来，也把生产过程和剩余价值（纯产品）联系了起来，认为农业剩余的出现和大小，主要取决于农业的生产技术条件，预付越多，生产方法和技术越先进，农业剩余价值越大。

重农学派主张经济自由主义，反对国家过度干预金融和经济。他们认为市场应由自然秩序调节，政府应减少对经济活动的干预，让市场自行运转。魁奈非常看重竞争的作用，认为平等而不加限制的竞争是商业交易的唯一法则，它能起到消除特权、保证公平合理价格从而保证农业利润的重要作用。为此，他又十分强调自由贸易。在税收政策上，重农学派秉持公平原则，主张废除其他赋税，只征收一种单一的地租税，以减少对农业生产的干扰，促进农业发展。在国际贸易中，重农学派主张实行平等关税政策，认为保护关税会提高进口商品的价格，并可能引发贸易伙伴的报复性措施。他们提倡法国农产品出口参与国际竞争，以保护农产品高价值的市场地位，促进国际贸易的自由竞争和经济发展。

（三）大卫·休谟的金融思想

大卫·休谟（David Hume，1711—1776）是苏格兰杰出的思想家和经济学家。休谟的金融思想深受经验主义哲学的影响，区分了规范与实证的研究方法，理论贡献体现在《论货币》《论利息》《论贸易平衡》等著作中。

1. 关于货币的起源、本质及职能的认识

休谟将货币视为商品生产与交换自然演进的产物，认为交换的需求催生了货币需求，强调货币作为经济活动润滑剂能够促进资源的有效配置。休谟指出，是社会成员通过共同约定赋予货币的交易媒介职能，使得货币能够在不同的时间和空间内被普遍接受和使用。但休谟对货币本质的理解也具有片面性，过于注重货币的流通手段职能，忽略了对货币的价值尺度和贮藏手段等核心功能的全面性分析，也否定了货币作为商品的内在价值属性。基于休谟将货币视为纯粹工具的观点，导致在分析货币供应量与物价水平关系时，其理论逻辑不可避免地导向了货币数量论的结论。

2. 货币数量论

早在休谟之前，让·博丹、尼古拉斯·巴尔本、约翰·洛克等学者就对商品价格与货币数量的联系开展了研究，休谟进一步发展了货币数量论，并提出了自己的观点。休谟直接将货币数量变动与物价波动联系起来，没有区分价值和价格的概念，也没有将其数量论与供求论糅合在一起。休谟引入了时间因素，考查了从货币数量增长到物价上涨的长期、动态过程。他认为货币数量的增长是物价上涨的原因，但并非货币数量增长立即引发商品价格上涨，而是要经过一个中间阶段，即在货币数量增加与物价上涨之间有一个“时滞”，在此阶段出现的不是物价的上涨，而是生产发展、商业兴旺。在此阶段以后，货币数量若继续增长，才会引起物价上涨。在休谟看来，促进生产发展的并不是货币绝对数量的多寡，而是货币数量合理地持续增长。动态的分析视角使休谟看到了货币在社会经济生活中的调节、指导作用。关于货币、商品和价格之间的关系，休谟认为商品价格随货币数量的变动发生严格的比例变动。休谟所指的货币不仅包括金属货币，还包括银行券等象征性货币，同时他认为只有流通中的货币才会对商品价格产生影响，贮藏的货币没有这种作用。正因为休谟认识到象征性货币对物价的影响，他反对纸币、信用券过多发行，并主张由银行控制纸币发行，后续的李嘉图及通货学派理论正是从货币数量论出发主张银行发行纸币须有十足黄金储备。

3. “价格-现金”流动机制

休谟将货币数量论拓展至国际收支分析领域，创立了著名的“价格-现金”流动机制。该机制的核心观点在于，当国际普遍遵循金本位制时，一国的国际收支失衡能够通过物价波动与黄金流动的自动调节机制得以恢复平衡。具体而言，若一国出现国际收支逆差，外汇需求增加，推高外汇汇率，一旦汇率超过黄金输出点，本国商家倾向于直接使用黄金而非本国货币兑换外汇以支付进口费用，进而引发黄金外流。这一黄金外流现象直接减少了国内货币流通量，促使物价水平下降，进而降低出口商品的成本，增强出口竞争力，促使出口增加、进口减少，最终促进国际收支状况的好转。整个过程无需外界干预，体现了市场机制的自我调节能力。相反，若一国面临国际收支顺差，虽然自动调节过程的核心逻辑相同，但各经济变量的变动趋势则呈反向发展。“价格-现金”流动机制揭示了金本位制下汇率调节国际收支的运行机理，构建了汇率、物价水平与国际收支三者之间的动态联系。

休谟的国际收支分析理论建立在自由贸易与完全竞争理论之上，假定进出口价格具备充分的弹性，这与当时资本主义自由竞争阶段的经济环境比较契合。此外，“价格-现金”流动机制作为一种静态均衡分析框架，强调了一国货币存量与其商品、劳动力总量、工艺水平及技术进步之间应保持相对稳定的比例。这样，一国的进口规模由进口商品与国内商品的相对价格决定，而出口则受到出口商品在国际市场上的价格竞争力及本国整体生产能力的双重影响。在一定时期内，若该国的商品生产总量、劳动力投入、技术水平保持不变，那么出口与进口在市场自我调节机制下将自然趋向于平衡状态。

休谟的“价格-现金”流动机制也存在着一定的缺陷。首先，该理论以货币数量论为依据，仅将物价变动归因于货币数量变化，忽视了市场需求的多样性、供给条件的变动及技术进步等因素。其次，在金币流通背景下，未充分考虑金属货币的自我调节功能将弱化货币与物价之间的联系。再次，该理论过分关注相对价格变动，忽视了总产量与就业水平等经济变量的影响。最后，将黄金流动视为国际收支自动平衡的充分条件，忽略了政策干预在维护经济稳定中的必要性，降低了其在现实政策操作中的适用性。

（四）亚当·斯密的金融思想

亚当·斯密是英国经济学家、哲学家，1776年发表《国民财富的性质和原因研究》（以下简称《国富论》),系统阐述了自由市场、劳动分工与经济增长之间的内在联系,开创了古典自由主义经济学的先河。斯密坚信市场机制的内在逻辑与力量,认为当个体在追求自身利益的同时,会有一只"看不见的手"引导他们实现社会整体福利的最大化,主张政府应扮演"守夜人"的角色,维护法律与秩序,而非过度干预经济。斯密将经济学的研究视野从流通领域拓展到了生产领域,揭示了劳动分工对于提高生产效率、促进经济增长的重要作用。

1. 分工理论

斯密的分工理论,揭示了专业化与协作对于生产效率的推动作用。首先,通过合理的分工与协作,可以实现资源的优化配置,创造出更多的社会财富。斯密观察到,在扣针制造等手工业中,当生产过程被细分为多个专门化的环节,每个工人专注于某一特定任务时,整体的生产效率会显著提升。其次,分工促进了知识的积累与技术的创新。分工能使工人更快地掌握技能、提高熟练度,还减少了工作转换中的时间浪费,促进生产工具的改进与发明。再次,分工的深化与广度受到市场范围的限制。市场规模的扩大为分工提供了更广阔的空间,使得更细致的分工成为可能,从而进一步推动生产效率的提升。最后,还要注意劳动分工对人类精神和身体健康的不利影响。当人们只从事单一的劳动,缺乏变化和刺激,可能会导致枯燥和乏味的工作环境,对人们的身心健康产生不利影响。

2. 价值理论和分配理论

斯密认为商品的价值分为使用价值与交换价值两大维度。商品的使用价值来源于劳动,体现满足人类需求的直接功能;交换价值是商品在市场中通过相互交换所表现出来的购买力,体现了劳动价值在不同商品间的转移与再分配。市场竞争约束个体的自利倾向,通过价格机制引导社会资源的优化配置。斯密的分配理论分析了工资、利润和地租的决定因素及其相互关系。他指出工资是劳动者出卖劳动力的报酬,其水平受劳动力供求关系及劳动效率的影响;利润源自劳动创造的剩余价值,随着市场竞争的加剧将呈现下降趋势;地租是土地所有者凭借垄断权所获取的收益,反映了土地资源在资本主义经济中的稀缺性与重要性。斯密将价值理论与分配理论整合成一个理论框架,但在某些方面也存在模糊性与矛盾之处,未能完全自洽。

3. 货币理论

斯密的货币理论构建在劳动价值论的基础之上,强调货币作为交换媒介的重要性,同时揭示了货币供应量与物价水平之间的内在联系。他认为货币并非财富本身,而是衡量价值的尺度,一国流通的必要货币量取决于该国一定时期销售商品的价格总额。当货币供应量增加时,若商品总量保持不变,则每个单位商品所能换得的货币量(价格)会上升,反之亦然。斯密还指出,当货币供应量超过市场所需时,人们会追求更多的商品和服务,进一步推动物价上涨。

(五) 亨利·桑顿的金融思想

亨利·桑顿(Henry Thornton, 1760—1815)是英国经济学家,被称为"中央银行之父"。他在长期的银行业工作经历中,体会到货币对经济的复杂影响,并在当时形成了基于货币非中性思想的货币理论,于1802年出版了著作《大英帝国纸币信用的性质和作用研究》(以下简称《纸币信用》),从货币定义、货币需求、货币传导机制、汇率、利率、中央银行最后贷款人职责等多个角度阐述了金融思想。

桑顿对货币概念进行了拓展,将基于信用的所有交易媒介均纳入其货币理论框架之中,分析各类货币因自身收益率差异而引发的不同需求模式及流通速度变化。桑顿认为货币总量在长期视角下趋于中性,而货币变动率则显著展现出非中性的特征。桑顿阐释了货币非中性的传导路径,认为在工资刚性和固定合约约束下,货币紧缩会加剧企业成本负担,对实际产出造成负面冲击。如果中央银行不介入干预,紧缩政策下流动性危机预期具有传染性,可能迅速演变为系统性的金融风险。在货币需求理论上,桑顿早于凯恩斯,分析了货币投机动机的作用机制,指出贷款利率与投资预期边际利润率之间的利差为借款人提供了套利空间,从而促进了货币供应的增加。他区分了名义利率与实际利率之间的差异,开创性地将信用分析纳入经济体系的均衡模型,提出了自然利率的概念。在货币与实体经济的关系方面,桑顿认为商品流通是贵金属流通的基石,同时货币流通也对工业和贸易产生着重要的反作用。他主张纸币信用的扩张应与工业和贸易的整体状况相协调,反对单纯依据黄金储备量的增减来调控信用的做法。在汇率理论方面,桑顿区分了长期与短期的汇率变动机制。他认为金价上涨主要源于汇率贬值和贸易逆差导致的黄金需求激增。从长期来看,进出口将趋于平衡,但短期内的不平衡会引发贵金属的流动。

桑顿在中央银行学领域做出了卓越的贡献,其著作《纸币信用》提供了中央银行合理干预金融行业的依据,并明确了其作为最后贷款人的法定职责。桑顿指出,货币发行垄断权与部分储备制度构建了二元银行体系架构,通过货币乘数效应,使得商业银行能够创造出远超其基础货币的货币供应量。在经济危机的背景下,公众对现金需求的急剧增加会导致货币乘数显著下降,进而引发货币存量的收缩,正是这一动态过程凸显了最后贷款人机制的重要性。最后贷款人机制的本质是在宏观层面调控货币,通过补充基础货币来抵消货币乘数缩减的负面效应,从而维护金融稳定。他反对将其作为针对个别财务困境银行的救援手段,认为即便是对于那些"大而不能倒"的金融机构,在经营不善且无法通过市场力量自救的情况下,也应遵循市场规律,允许其有序退出市场。

二、古典政治经济学发展时期

(一)大卫·李嘉图的金融思想

大卫·李嘉图是英国古典政治经济学的主要代表之一。李嘉图继承并发展了斯密的自由主义经济理论,研究领域主要包括货币理论、价值理论、税收理论等,主要经济学代表作是《政治经济学及赋税原理》,他认为约束政府职能和减轻民众税负,是促进经济增长的有效途径。

在货币思想史上,李嘉图是古典经济学中最重要的货币数量论代表。他分析了银行券滥发如何导致金价攀升,进而侵蚀货币价值的过程,并提出应实施渐进式纸币回笼策略,直至金价回归法定基准,旨在稳定货币价值。李嘉图并未否定纸币的存在价值,认为纸币具有节约成本、方便交易的特征,能够成为金属货币的有效辅助,并在避免金属货币体系可能遭遇的供需失衡与金价飙升困境中扮演关键角色。他强调,纸币的发行必须严格依据社会需求，并有十足的黄金储备，以此防范滥发货币和通货膨胀的风险。

李嘉图主张实施金块本位制。他在1815年的《关于一种既经济又安全的通货的建议》中提出了“金锭方案”，主张通过银行券与金锭的兑换机制，既恢复金本位制的稳定性，又保留纸币作为流通媒介的便利性。此时流通中已经没有金币，银行券的持有人可以根据中央银行设定的最低兑换数量标准，不受次数限制地向中央银行申请兑换成金块。李嘉图拓展了休谟的货币流动理论，将金本位制下货币的国际间流动、分配规律，延伸至纸币与金属币混用的复杂环境，认为货币供应量的增减能直接影响国际贸易平衡。这和休谟的关于进出口逆差引起贵金属外流的观点相悖。

在理论体系构建上，李嘉图承继并发展了斯密的劳动价值论，将分配论置于核心地位。他坚信商品价值的根源在于生产过程中耗费的劳动，认为无使用价值的商品也不具有价值。李嘉图进一步细化了价值决定因素，指出社会必要劳动及物化在生产资料中的劳动共同塑造了商品价值。他认为全部价值由劳动产生，并在三个阶级间分配：工资由工人的必要生活资料的价值决定，利润是工资以上的余额，地租是工资和利润以上的余额。由此说明了工资和利润、利润和地租之间的对立，从而实际上揭示了无产阶级和资产阶级、资产阶级和地主阶级之间的对立。

李嘉图的国际贸易理论，即“比较优势论”，主张各国依据自身资源禀赋，专注生产并出口具有相对优势的产品，通过国际贸易实现资源的最优配置与利益最大化。这一理论为自由贸易原则奠定了坚实的理论基础，强调减少政府干预与发展自由贸易可以增进贸易成员国的经济福祉。

然而，尽管李嘉图的理论贡献卓著，但存在过分强调经济数量关系而忽视社会制度本质的方法论的局限，未能在价值规律基础上解答资本与劳动交换、等量资本获取等量利润等核心问题，从而在一定程度上限制了其理论体系的完整性与解释力。

（二）西斯蒙第的金融思想

西斯蒙第(Sismondi, 1773—1842)是古典政治经济学在法国的完成者，他继承并发展了斯密的经济理论，但又立场坚定地反对李嘉图学说。其主要代表作为1819年的《政治经济学新原理》和1838年的《政治经济学研究》，在阐述价值、分配、再生产和经济危机理论中分析了货币、利率和国际收支等金融学问题。

西斯蒙第认为货币是其他一切价值的标志和共同标准，能使不同商品得以比较，促进商品交换，且自身有价值，在流通和交换中价值稳定，是对其他一切财富的抵押，可作为财富储存形式。同时，他认为货币流通量与财富之间应保持一定比例，并区分了货币和资本的不同。他明确指出，资本能够推动劳动从而创造收入，而货币仅是财富价值的流通符号。在探讨货币对利率的作用时，西斯蒙第不认同货币供应量直接左右利率的传统观念，而是主张利率决定于实物资本的总体规模。当货币全面融入价格体系后，利率便与货币量脱钩，转而由实物资本的供需状况所决定。不过，他也认识到，货币数量的突发性变动往往会导致利率偏离基于实物资本状况的自然水平。所以，货币过多会导致通货贬值、利率下降和本国汇率下降，反之则反。

在探讨经济活动的内在逻辑时，西斯蒙第强调了消费对于生产的先导性与决定性影响,并认为生产活动应当灵活适应并服务于消费需求的变动。生产扩张的可持续性高度依赖消费能力的同步增长,特别是具备实际支付能力的消费需求,其构成了对生产规模的有效制约与引导。西斯蒙第前瞻性地揭示了资本主义经济体系内蕴的危机倾向,认为资本主义分配机制的不公,加剧了社会贫富差距,限制了劳动者的消费能力并抑制了国内有效需求。当一国生产规模超出消费能力时,为缓解经济失衡和贫困加剧的状况,资本家转向海外市场消化过剩产能,表现为经常账户的持续顺差。西斯蒙第还从银行业务和纸币发行两个方面分析了通货膨胀国际传递的机制。他认为如果对纸币的发行缺乏有效监管与约束,可能会导致银行体系的脆弱性增加,在开放经济条件下形成通货膨胀的跨国界传播。

(三) 让·巴蒂斯特·萨伊的经济金融思想

让·巴蒂斯特·萨伊(Jean-Baptiste Say, 1767—1832)是法国古典自由主义经济学的代表人物。其标志性成果为1803年出版的《政治经济学概论》,系统地拓展了斯密的经济思想体系,被李嘉图称为"大陆学者中首位精准领会并有效运用斯密学说精髓的先行者"。萨伊认为政治经济学应有明确清晰的研究范围,构建了著名的"三分法"框架,研究了社会财富的生成机理、分配模式以及最终消费途径。在方法论方面,他提倡基于实证观察的经验主义研究方法,被认为是实证经济学的先行者,主张通过对个别经济现象进行观察,归纳总结出普遍规律,再分析这些普遍规律与具体现象之间的内在关联。可见,萨伊的研究方法既包含归纳逻辑,又运用了演绎推理,标志着经济学朝实证化方向迈出了关键一步。

萨伊从效用视角出发,重新界定了商品价值的本质,构建了以效用论为核心的生产理论框架。他主张,生产活动的核心并非直接创造新物质,而是赋予物质以新的效用或增强其既有效用。鉴于人类无法增减物质总量,仅能改造其形态与功能,故生产的实质是效用的生成与扩展。萨伊进一步阐明,效用即价值的源泉,这一价值的创造过程是劳动、资本及土地三大生产要素协同作用的结果,体现了人力、财力与自然力融合共生的力量。为了衡量价值,萨伊引入了比较尺度的概念,指出在市场中商品与货币交换的过程,实则为商品价值被货币价格所衡量的过程。然而,这一理论将交换价值直接等同于价值本身,以及将价值与市场价格混为一谈,未能清晰区分这三者之间的差异。

萨伊否定生产过剩的存在,提出了影响深远的萨伊定律(Say's law),即"供给能够创造其本身的需求"。他假设货币主要充当交易媒介,并且币值保持稳定,此时商品交易的本质是物物交换的延伸,货币仅作为瞬时媒介促进交换的顺利完成。因此,产品的售出总是伴随着产品的购入,买卖行为内在统一,总供给与总需求必然是均衡的,任何局部的供需失衡都将通过市场价格的自我调节机制得以纠正,确保生产过剩不会在流通环节中显现。"供给能够创造其本身的需求"这一表述,并不是指所有产出均能无差别地转化为销售,而是强调了生产、分配、交换这一系列环节均为消费这一最终目的服务的中间过程。生产者投入生产,是为了满足消费需求,进而衍生出对其他商品的需求。在商品流通的链条中,一个生产者的活动会引发对其他生产者产品的需求,也就是某一商品供应的增加,相应地会生成等量的商品需求,从而促成整个经济体系的良性循环。

三、古典金融理论向现代金融理论过渡时期

从19世纪晚期到20世纪中叶，古典金融理论逐步向现代金融理论演变。古典金融理论在休谟、斯密、李嘉图等前人思想的基础上持续拓展，在凯恩斯主义崛起之前，它主要运用古典经济学的“二分法”，即区分货币经济与实物经济，从实物经济的视角深入剖析货币的功能、银行体系的流动性管理、信用创造机制、国际收支与汇率决定因素，以及货币与经济之间的复杂联系。1936年，凯恩斯的《通论》问世，标志着凯恩斯经济学体系的诞生，提出了以需求管理为导向的国家宏观调控的宏观经济理念。凯恩斯将货币视为一种资产类别，将其融入实体经济分析中，强调了货币在就业、产出、收入等实体经济领域的关键作用，开创了以货币经济为核心的宏观经济学新纪元。随后，在凯恩斯理论的基础上，约翰·希克斯(John Hicks)与阿尔文·汉森(Alvin Hansen)于1949年构建了将商品市场与货币市场融合的IS-LM模型，威廉·杰克·鲍莫尔(William Jack Baumol)在1952年提出了平方根定律，米尔顿·弗里德曼(Milton Friedman)在50年代提出了现代货币数量理论，进一步丰富了现代金融理论的内容。

(一) 现金交易数量说

现金交易数量说聚焦于货币作为交换媒介的角色，探讨了货币供给量与商品价格水平之间的动态联系。该领域的代表人物是欧文·费雪(Irving Fisher, 1867—1947)，美国杰出的经济学家和数学家，被誉为经济计量学的开创者，其对一般均衡理论、数理经济学、物价指数编制以及货币理论均有深远影响。1911年，费雪在代表作《货币购买力：其决定因素及其与信贷、利息和危机的关系》(以下简称《货币购买力》)中，提出了著名的费雪方程式：

$$MV = PT \text{ 或 } P = MV/T \tag{2-1}$$

式中，M 代表流通中的货币总量；V 代表货币流通速度，即货币在单位时间内平均交易次数；P 代表一般价格水平；T 代表商品交易总量，涵盖了所有经济活动的支出，不限于最终商品与服务的消费，也包括中间产品交易及其他可能不直接计入GDP的支出。费雪假设在充分就业条件下，T 为一个由自然资源限制的固定值；V 则受到社会支付习惯等制度性因素的影响，相对稳定。因此，在式(2-1)中，M 与 P 成为两个变量，且 M 处于主导地位，P 随 M 的变化而被动调整。这意味着，在货币流通速度和商品交易总量保持恒定的情况下，货币供应量的增减将导致一般价格水平相应地上升或下降。

上述方程式主要聚焦于现金形态的货币。然而，随着信用体系的不断演进，支票与存款货币在交易过程中的使用频率显著增加，促使我们对方程式进行调整，得出新的方程式：

$$MV + M'V' = PT \tag{2-2}$$

式中，M' 代表作为交易手段的支票或存款货币的数量，V' 是非现金货币形态的流通速率。M 与 M' 的总和，即广义上的货币供应量。费雪指出，在常规情况下，M 与 M' 之间维持着

一个相对稳定的比例关系；M 的变动并不会显著改变 V、V' 或 T 的数值。因此，在引入信用体系后，我们依然可以得出结论：货币流通量的增减会导致物价水平以相同的比例发生相应变化。

（二）现金余额数量说

从个体资产配置偏好出发，现金余额数量说聚焦于货币作为价值储存手段的角色，探讨货币需求及其对物价水平的潜在影响。该理论的核心构成包括1923年阿弗里德·马歇尔（Alfred Marshall，1842—1924）提出的现金余额数量论，以及1917年阿瑟·塞西尔·庇古（Arthur Cecil Pigou，1877—1959）的剑桥方程式。

马歇尔是19世纪末20世纪初最著名的英国经济学家，剑桥学派的创始人。他在1923年出版的代表作《货币、信用与商业》中提出了现金余额数量论思想。

马歇尔指出，费雪方程式虽然将一国的货币总量与流通速度相乘，得出等于通过货币完成的交易总额的结论，但这仅仅是一个恒等式的表述，并未深入剖析影响货币流通速度的根本原因。他认为，通常情况下，人们会将财产和收入的一部分以货币形式持有，而另一部分则以非货币形式（如实物资产或直接消费）持有。货币的价值取决于全国居民以货币形式持有的财产与实物资产价值之间的比例。马歇尔将人们以货币形式持有的实物资产价值称为“实物余额”，而与之相对应的货币数量则被称为“现金余额”。因此，他的这一理论框架被命名为“现金余额数量说”。

马歇尔的弟子庇古是英国著名经济学家，剑桥学派的主要代表之一。庇古于1920年出版了代表作《福利经济学》，标志着福利经济学完整理论体系的建立。1917年，庇古在马歇尔分析的基础上，将现金余额数量说用数学方程式予以解释，提出了剑桥方程式：

$$M = KPY \text{ 或 } P = KY/M \tag{2-3}$$

式中，M 代表货币需求量，K 代表货币持有偏好系数（人们持有现金相对于国民收入的比例），Y 代表国民总收入，P 代表一般物价水平。

从式(2-3)中可以看出：在 K 与 P 保持恒定的情况下，Y 的增加会带动 M 的增长；在 K 与 Y 不变的情况下，P 的上升将促使 M 增加；在 P 与 Y 固定的情况下，K 系数的增大也会推动 M 的增长。剑桥学派认为，在经济达到充分就业状态时，产量已达峰值，Y 不再变动，此时货币需求的变化主要受 K 和 P 的影响。K 的变动则反映了人们在实物投资、消费和货币持有之间的选择。如果人们倾向于增加货币持有，即增加现金余额，这将导致 K 上升。在 Y 和 M 稳定的情况下，K 的上升会促使 P 下降，意味着现金余额的增加会导致货币购买力增强，物价水平降低。此外，庇古认为，不仅在充分就业状态下的 Y 为常数，在特定时期内支付方式保持稳定的情况下 K 也为常数，此时 P 的高低主要由 M 决定，这一观点与费雪方程式的结论相契合。

（三）中立货币理论

弗里德里希·奥古斯特·冯·哈耶克（Friedrich August von Hayek，1899—1992）是杰出的经济学家和政治哲学家，被视为奥地利学派的核心人物，他在1974年因在货币理论与商业周期分析方面的卓越贡献，以及对经济、社会及制度相互作用的独到见解，荣获诺贝尔经济学奖。

关于中立货币的概念，其理论思想可追溯到瑞典经济学家克努特·维克塞尔（Knut Wicksell，1851—1926）于1898年在著作《利息与价格》中的阐述。维克塞尔将金融市场上的借贷利率定义为市场利率，而假设在没有货币介入的资本借贷中应有的利率为自然利率。他提出，当这两者相等时，货币对经济的影响将趋于中性，即货币呈现出中立状态。

哈耶克进一步深化了中立货币的理论。在1931年的著作《物价与生产》中，他详细探讨了货币与物价、货币与经济均衡之间的复杂关系，提出了自己的中立货币理论。哈耶克认为，货币中立的关键在于保持货币供应量的稳定，而非市场利率与自然利率的完全一致。他强调，货币数量的变动会干扰商品的相对价格和生产结构，从而影响生产的规模和方向，乃至整个经济的均衡状态。因此，要实现货币的中立性，就必须确保货币供应量的恒定。只有依靠储蓄的增长来推动生产的扩张，经济才能达到真正的均衡。反之，如果通过增加货币供应来刺激生产和投资，货币将失去其中立性，成为破坏经济均衡、引发经济危机的根源。同时，哈耶克也意识到，要实现货币的中立性，还应满足一些前提条件。首先，必须有一个自由的价格机制，使得所有商品的价格能够根据市场的供求状况自由调整。其次，人们签订以货币为媒介的长期契约时，必须基于对未来价格变化的准确预测。这些条件的满足，将有助于确保货币在经济中的中立性，从而维护经济的稳定和健康发展。

（四）国际收支弹性分析理论

20世纪30年代，英国经济学家马歇尔提出国际收支弹性分析理论，后由美国经济学家阿巴·勒纳（Abba Lerner，1903—1982）加以发展。该理论采用局部静态均衡分析方法，在不考虑国际资本移动和国民收入变化且经济处于充分就业的情况下，研究贸易差额对国际收支的影响。

国际收支弹性分析理论建立在以下四个假设之上：首先，仅考查汇率波动对进出口商品的影响，其他因素保持不变；其次，贸易商品的供给具有完全弹性，即贸易收支的变动完全由需求变化所驱动；再次，不考虑劳务与资本的跨境流动，国际收支等同于贸易收支；最后，收入水平恒定，因此进出口商品的需求仅取决于这些商品及其替代品的价格水平。

一国货币相对于外国货币贬值，能否改善该国贸易收支状况，关键在于贸易商品的需求与供给弹性。这涉及四个关键弹性因素：外国对该国出口商品的需求弹性、本国出口商品的供给弹性、进口商品的需求弹性以及外国对贬值国出口商品的供给弹性（他国供给弹性）。在假设一国处于非充分就业状态，拥有充足闲置生产资源以确保出口商品供给完全弹性的前提下，贬值的效果主要取决于需求弹性。具体而言，当进出口商品的需求价格弹性之和大于1时，本币贬值会促使经常项目顺差扩大；反之，若该和小于1，本币贬值将导致经常项目顺差缩小。这便是著名的“马歇尔-勒纳条件”。

（五）货币需求理论

凯恩斯是英国经济学家，被誉为现代经济学领域颇具影响力的思想家之一。他的宏观经济学理论，与弗洛伊德的精神分析学说及爱因斯坦的相对论一起，构成了20世纪人类智慧领域的三大革新。凯恩斯的核心著作《通论》，于1936年出版，针对当时资本主义世界深陷经济危机与失业潮的困境，他通过“消费倾向”“资本边际效率”“流动性偏好”三大心理法则，揭示了“有效需求不足”是资本主义经济危机的根源，倡导以财政政策为主导的需求管理策略。《通论》的问世，标志着凯恩斯主义经济学的理论体系趋于完善，它不仅超越了自由放任主义的微观经济学均衡价格分析框架，还构建了以需求管理为核心的国家宏观调控经济学思想，被视为现代宏观经济学的开端。

凯恩斯认为，人们持有货币是出于流动性偏好的需求，而利息则是人们放弃这种偏好所获得的补偿。在货币供应量恒定的情况下，利息率受流动性偏好影响；反之，若流动性偏好稳定，则利息率由货币数量决定。由于人们对货币流动性的偏好，当利息率降至极低水平时，对货币的投机需求将变得无限大，此时无论货币供应如何增加，投资者均倾向于保留货币而非投资，这一现象被称为“流动陷阱”。

凯恩斯将货币理论与价值理论相融合，深入探讨了货币对物价的影响，这是他对经济理论的一大贡献。他指出，在未达到充分就业前，货币数量的增加不会引发物价变动，而会促使就业量与有效需求同比例增长；但一旦达到充分就业，货币供应的增加将推动工资与物价上涨。凯恩斯认为，充分就业是货币影响物价的“最终临界点”，在此之前，存在一组“中间临界点”，即货币供应增加导致社会需求增加时，既会促进就业与产量增长，也会推高成本，引发物价上涨，但物价上涨速度不及社会需求增长，他称之为“半通货膨胀”。而当达到充分就业这一“最终临界点”后，社会需求随货币供应增加而增长时，由于供给已完全失去弹性，物价将与社会需求同步上涨，凯恩斯称之为“绝对通货膨胀”，即真正的通货膨胀。

凯恩斯承认资本主义经济存在周期性经济危机，即“商业循环”。他基于有效需求原理，进一步阐述了周期性经济危机的机制，将经济危机归咎于资本边际效率的“急剧下降”。凯恩斯认为，虽然收入增加会带动消费增长，但消费增长幅度总是小于收入增长。由于资本边际效率长期呈下降趋势，加之利率的刚性特征，必然导致投资需求不足。因此，难以通过投资需求的增加来弥补因边际消费倾向递减所引发的消费需求不足，最终导致总需求小于总供给，引发经济危机与失业问题。

第三节　现代金融理论：微观金融主导

自20世纪中叶起，国际货币体系的架构渐趋稳固，尽管以信贷业务为核心的商业银行依旧在经济活动中扮演着关键角色，但其传统核心职能已初现式微之态。资本市场日新月异的发展，成为驱动金融结构市场化转型的主要动力。在微观层面，各类金融创新工具层出不穷，金融交易中的风险与收益管理（尤其是风险管理策略、资产价值评估、资本结构安排）等议题备受瞩目。金融结构的市场化转型，促使金融理论发生了深刻变革。从实体经济运作的视角观察，资本市场已成为资金募集的核心渠道，同时也是资源配置的高效平台。在这里，资产以证券化的形式自由流通，展现出极高的流动性，有力推动了产业结构的优化与调整；企业借助股权的转让实现重组，进而调整其经营策略与管理架构；而资本市场的竞争与筛选机制，确保了具有高成长潜力的企业能够获得资金支持，进一步推动了产业结构的升级与转型。随着资本市场的蓬勃发展，资本市场的规则逐渐成为社会经济活动中的重要规范。若无法与这些规则相接轨，企业将面临难以从金融体系中获取资金支持的困境。

20 世纪 50 年代是微观金融理论兴起的分水岭。在此之前，尽管宏观金融理论已有悠久的历史，但尚未形成独立的学科体系，而 1952 年哈里·马科维茨（Harry Markowitz）发表的《投资组合选择理论》为微观金融理论的发展奠定了基础。该理论不仅与经济学紧密相连，更重要的是，它开创了一种以解决现实问题为核心的微观研究范式（Miller，1999）。自此之后，微观金融学快速发展，并与宏观金融学一同构成了现代金融学的两大支柱，共同推动现代金融学向更加完整和学科化的方向发展。

一、微观金融理论发展（1950—1990 年）

（一）投资组合理论的发展（20 世纪 50 年代）

马科维茨的投资组合理论被视为现代金融微观分析范式的开创之作。1952 年，他在《投资组合选择理论》一文中，阐明了风险和回报之间的关系，为金融市场提供了衡量金融投资风险和收益的工具。马科维茨的研究聚焦于资本市场中海量证券资产的组合选择，他引入了期望价值（概率加权平均值）来量化投资收益率，同时采用方差或标准差来衡量投资风险，这一“均值-方差”分析框架彻底改变了传统金融学的研究方法。在此之前，金融市场的投资者虽已经意识到分散化投资的好处，但马科维茨的模型首次对此进行了精确的定量分析。他证明了，只要投资组合中的证券收益率不完全正相关，分散化投资就能有效降低收益率的波动性。特别是当证券间的收益率呈现负相关时，风险降低的效果尤为显著。马科维茨将证券投资组合问题转化为一个带有约束条件的目标函数优化问题，其中包含了投资者在不同风险厌恶程度下对风险与回报的权衡。每个投资组合都对应着一个在给定风险水平下的最大期望收益率，或在给定期望收益水平下的最小风险。

尽管投资组合理论的分析方法沿用了经济学的传统工具，如成本收益分析和边际分析，且尚未融入现代金融学的无套利思想，但均值方差分析框架在资产定价领域依然占据着举足轻重的地位。风险分散化的理念也为后续的资产定价研究提供了重要的基础。为了克服投资组合理论的局限性，后续研究进行了诸多拓展。例如，詹姆斯·托宾（James Tobin，1958）的两基金分离定理将无风险资产纳入分析框架，从而完善了均值方差分析。阿罗和德布鲁（Arrow and Debreu，1954）则将局部均衡分析扩展到一般均衡分析，使一般均衡框架在不确定条件下得到了应用。此外，随着投资者面临的证券数量不断增加，计算量也随之激增。为此，威廉·夏普（William Sharpe，1964）在《资本资产定价模型：风险状态下的市场均衡理论》一文中，基于马科维茨的理论，研究了资本市场均衡条件下资产收益的确定。他提出了一系列严格的假设，并推导出均衡状态下投资者将仅从无风险证券和市场证券组合中进行选择的结论，即“资本资产定价模型”（capital asset pricing model，CAPM）。随后，约翰·林特纳（John Lintner）和简·莫辛（Jan Mossin）也分别在 1965 年和 1966 年独立提出了 CAPM。

（二）MM定理与公司金融理论的发展（20世纪50—60年代）

当金融学研究的方向逐渐聚焦于金融市场后，企业作为融资活动的核心，其投资和融资问题（公司财务问题）开始受到前所未有的重视。1958年，默顿·米勒（Merton Miller）与弗兰科·莫迪利安尼（Franco Modigliani）共同发表了论文《资本成本、公司金融和投资理论》，提出了著名的MM定理。MM定理指出，在完全市场条件下，企业的资本结构并不会对其价值产生任何影响。MM定理包含两个核心命题：命题Ⅰ强调任何企业的市场价值与其资本结构没有直接关联；命题Ⅱ则揭示，相对于无杠杆企业，杠杆企业的股东所承受的风险更高，因此他们期望获得更高的收益率作为风险补偿。根据是否考虑税收因素，MM定理可以进一步细分为四种情况：无税情境下的MM命题Ⅰ、无税情境下的MM命题Ⅱ、考虑公司税情境下的MM命题Ⅰ以及考虑公司税情境下的MM命题Ⅱ。MM定理提出的"市场价值与资本结构无关"的结论成为现代公司金融研究的关键基准和出发点，该理论不仅为公司金融这门学科奠定了坚实的基础，而且首次明确引入了无套利分析的方法。

然而实际的企业投融资活动往往比MM定理所描述的更为复杂。因此，学者们通过放松MM定理的假设条件开展更加深入的研究。一方面，他们关注了MM定理所忽视的信息不对称和激励问题，据此发展出代理成本和啄序融资等理论。另一方面，MM定理中的无套利思想为资产定价领域的发展指明了方向。例如，BS期权定价公式在某种程度上可以被视为MM定理的动态延伸（Cox and Ross，1976）。近年来的研究已经将MM定理从微观拓展到宏观层面，如被应用于理解国家层面的资本结构问题（Bolton and Huang，2018）。

（三）托宾 Q 理论（20世纪60年代）

詹姆斯·托宾（James Tobin）是1981年诺贝尔经济学奖得主，于1969年创立了托宾 Q 理论，该理论专注于解析企业的投资决策。理论中的核心——Q 比率，定义为公司市场价值与资产重置成本之比，即 Q=公司市值/资产重置成本。这里的公司市值涵盖了股票市值与债务资本的市场估价；而资产重置成本，是指当前重新购置公司全部资产或从零创建同等规模公司所需的资金总额。

托宾 Q 理论是宏观与微观金融学的融合，既具备理论深度，又具备实践指导意义，在评估企业价值、制定货币政策等领域发挥着关键作用。Q 比率常被视作评估公司业绩与成长潜力的关键标尺。当 Q 值较高时，意味着公司的市场估值超越了资本重置成本，新资本设备的成本低于公司的市场价值。此时，企业能以较少的股份换取更多的投资资源，进而推动投资支出的增长。相反，Q 值较低时，即公司市值低于资本重置成本，企业便缺乏购买新投资品的动力。若需获取资本，企业可能更倾向于通过并购其他较廉价的企业来获取已有资本，导致投资支出减少。在货币政策层面，托宾 Q 理论揭示了资本市场与实体经济之间的紧密联系，展示了货币如何通过资本市场影响投资活动。具体而言，货币供应量的增加会推高股票价格，进而提升 Q 值，激励企业扩大投资，最终带动国民收入的增长。

（四）资本资产定价模型的发展（20世纪60年代）

1964年，威廉·夏普提出了CAPM。CAPM推导出在均衡状态下，投资者的最优选择将是无风险资产与市场投资构造的投资组合。该模型阐述了金融投资中系统性风险与预期回报率之间的关系，即投资组合的预期回报率等于无风险回报率加上风险溢价，其中风险溢价反映了投资组合的系统性风险水平。其公式如下：

$$R_p = R_f + \beta_p (R_M - R_f) \tag{2-4}$$

式中，R_p 为投资组合(或单个证券)的预期收益率，R_f 为无风险收益率，R_M 为证券市场总体收益率，β_p 度量了投资于金融资产组合 P 的系统性风险程度(无法通过分散投资策略消除的风险程度)。

CAPM 表明，投资组合或单个证券的预期回报率由无风险利率和风险溢价两个部分构成，后者是对承担风险所要求的额外回报。风险溢价的具体数额由 β 系数决定，β 系数越高，意味着风险水平越高，因此投资者所获得的补偿也相应增加。投资者承担非系统性风险不会获得额外的补偿，因为可以通过构建投资组合来分散风险。

除了 1964 年夏普提出的 CAPM 外，林特纳于 1965 年和莫辛于 1966 年也分别进行了资本资产定价领域的开创性探索。因此，CAPM 也被称作夏普-林特纳-莫辛模型。该模型得出的定价公式简洁明了，广泛应用于估算企业资本成本和评估投资组合管理水平(Fama and French，2004)。然而，CAPM 所依赖的投资者效用函数形态、证券收益率分布、无交易成本、禁止做空等假设条件较为理想化，与实际情况存在偏差，这在一定程度上削弱了 CAPM 的解释能力。为了克服这些局限，后续研究从不同角度尝试放宽或规避这些假设，对经典 CAPM 进行了拓展，如引入实际收益率和税收因素、剔除无风险资产的影响、采用更宽泛的效用函数形式、考虑收益率分布的三阶矩特性，以及纳入交易成本、投资者消费偏好、市场分割现象和做空限制等，这些拓展为现实世界的资产定价提供了更为丰富和有效的工具。

(五) Black-Scholes 期权定价公式(20 世纪 70 年代)

期权定价的合理性一直在是衍生金融市场发展面临的重要挑战。1973 年，费雪·布莱克(Fisher Black)、麦隆·舒尔斯(Myron Scholes)开创性地提出了期权定价模型，即 BS 期权定价模型，同年罗伯特·默顿(Robert Merton)将其扩展至包含股利分配的情形。因此，BS 期权定价模型也被称为 Black-Scholes-Merton 期权定价公式。此公式被瑞士皇家科学院(The Royal Swedish Academy of Sciences)评价为“今后 25 年经济科学中的最杰出贡献”。遗憾的是，尽管默顿和舒尔斯在 1997 年荣获诺贝尔经济学奖，但布莱克因早逝而未能共享这份荣誉。

BS 期权定价模型为欧式期权定价提供了理论上的精确估算，证明了无论基础证券的风险和预期收益如何波动，期权的价格都是唯一的。BS 期权定价模型基于风险中性定价和无套利定价的核心理念，超越了传统的均衡定价方法，成为更加贴近市场的实用工具。风险中性定价原理(Cox and Ross，1976)指出，在市场不存在套利机会的情况下，衍生证券的微分方程中不包含反映投资者风险态度的变量，即衍生证券的价格与其依赖的基础证券相关，而与投资者的风险偏好无关。1979 年，约翰·考克斯(John Carrington Cox)、斯蒂芬·罗斯(Stephen Ross)和马克·鲁宾斯坦发表了《期权定价：一种简化方法》一文，他们建立了基于离散时间的二项式期权定价数值模型,为美式期权定价提供了基本分析框架。无套利定价理论的核心在于通过复制特定资产来为相关资产定价,这一过程既揭示了复制资产的方法,也提供了对冲资产的手段。例如,金融机构在卖出某项金融资产时,会承担该资产空头的风险,若资产价格上涨,卖出方可能面临损失。为了对冲风险,金融机构可以构建该资产的反向头寸,从而无论资产价格如何变动,都能确保不承担损失,仅赚取手续费。这一机制成为金融机构大量创设和卖出金融工具的动力源泉,现代金融衍生品市场正是建立在无套利定价理论的基础之上,而金融市场的发展又进一步推动了无套利定价理论的完善。

(六)有效市场假说与行为金融学(20世纪70—80年代)

法国数学家巴契里耶(Bachelier)于1900年提出了"市场效率性"的概念,他运用统计学方法分析股票收益情况,认为市场价格能够反映出过去、现在甚至折现预测的未来事件。随后的几十年间,众多经济学家如罗伯茨(Roberts, 1959)、奥斯本(Osborne, 1959)、沃金(Working, 1960)和亚历山大(Alexander, 1961),对股票价格的时间序列波动特性进行了深入研究,并逐步发展出了随机游走理论(random walk theory)。然而,关于资产价格是否真正反映了相关价值信息的问题,一直存在着广泛的争议,这也催生了"有效市场假说"(Fama, 1970)与"非理性市场说"(Shiller, 1981)两种截然不同的观点。2013年,美国经济学家尤金·法马(Eugene Fama)和罗伯特·席勒(Robert Shiller)因各自在这一领域的杰出贡献,共同荣获了诺贝尔经济学奖。

1965年,法马在其发表的《股票市场价格的性质》一文中,对过往关于股票市场价格的研究进行了全面的回顾,并通过实证分析检验了市场收益的分布情况以及序列相关性,最终得出了随机游走理论在股票市场中具有适用性的结论。与此同时,保罗·萨缪尔森(Paul Samuelson, 1965)和曼德尔布罗特(Mandelbrot, 1966)也从理论上证明了有效市场与公平博弈模型之间的紧密联系,为有效市场假说奠定了坚实的理论基础。在此基础上,法马于1970年正式提出了有效市场假说,该理论认为金融市场上的资产价格已经充分反映了所有可用的价值信息,而价格的变化则是对任何新信息的即时反馈。有效市场理论假设投资者是理性的,且股票价格也是合理的;即便存在部分非理性的投资者,他们的交易行为也是随机的,且会相互抵消,对市场价格的影响也会被理性的套利者通过套利交易所消除。

如果市场是有效的,那么理性投资者就能够抓住价格偏离基本面时的套利机会,从而获得无风险套利收益,并将资产价格推回到基本面价值。然而,这里存在两个值得深入探讨的问题:一是价格从偏离到回归基本面价值需要多长时间?是否能够迅速完成?二是非理性的交易者(也被称为噪声交易者)是否会在市场上长期存在?前者涉及有限套利的问题,后者则与非理性偏差有关,这两个问题都属于行为金融学的研究范畴。1981年,席勒对法马的有效市场理论提出了质疑,他认为金融市场并非完全有效,而是存在着一定的非理性。席勒认为,在一个理性的股票市场中,投资者会根据预期收到的未来股息的折现值来确定当前的股票价格。他分析美国股市自20世纪20年代以来的表现,并考虑了对未来分红和贴现率的各种预期,发现股市实际的波动幅度要大于任何理性预期所能解释的波动范围。事实上，投资者往往会受到市场情绪或“动物精神”的影响，对金融资产的价值进行过度评估，从而形成非理性的繁荣。由于市场情绪受到心理因素的影响，进而对投资者的行为产生影响，因此“行为金融学”也逐渐成为一个新兴且备受关注的金融学研究领域。2017 年，诺贝尔经济学奖再次授予了行为金融学领域的杰出学者——芝加哥大学的理查德·塞勒(Richard Thaler)。

二、宏观金融理论发展(1850—1990 年)

现代金融学从宏观角度深入探讨了资金融通过程中，货币银行与金融体系的工作机制、结构特点以及运行效果等关键问题。从 19 世纪中叶到 20 世纪中叶，利息、银行及货币理论等传统宏观金融理论一直占据主流位置。不过，自 19 世纪 50 年代之后，随着发达国家金融市场体系的结构性变化，学界对于货币是否中立、不同货币数量论的结论差异等宏观金融理论观点未能达成一致。这一问题的深层次原因，在于宏观金融理论模型侧重于总量分析，与金融政策实践由数量调控转向价格调控的趋势存在根本性冲突。因此，当前研究的迫切任务是揭示宏观金融理论各部分的逻辑关联，以及宏观金融理论与微观金融理论之间的联结机制。

(一) 银行理论的发展(19 世纪 50 年代—20 世纪 80 年代)

在理想化的无摩擦经济模型中，债券与股票市场理论上能达成与银行相同的资源配置效果，这引发了学术界对银行在金融体系中独特且不可或缺功能的深入探讨。第一类研究聚焦于银行功能对实体经济及社会福利的影响，指出银行通过利率、抵押品及信息筛选机制(Stiglitz and Weiss, 1981; Bernanke and Gertler, 1990)优化资源配置，解决流动性难题导致的资源错配(Diamond and Dybvig, 1983)，减少信息不对称下的道德风险与代理成本(Diamond, 1984)，协助企业和个人管理风险(Allen and Gale, 1997, 2000)，并隐藏流动性冲击的信息，遏制无效信息的产生(Dang et al., 2017)。银行的流动性转换功能在推动资源配置与经济发展的同时，也使其具有内在脆弱性与不稳定性，甚至可能触发金融危机。有研究分析了外生性冲击对银行体系的连锁反应(Bryant, 1980; Diamond and Dybvig, 1983)，揭示出即使银行基本面稳健，公众的预期性挤兑行为也可能引发流动性危机，误传或者不完全的信息可能触发储户挤兑，加速危机扩散(Goldstein and Pauzner, 2005)。经济周期理论认为银行危机是经济危机的连带效应(Jacklin and Bhattacharya, 1988; Allen and Gale, 1998)，而在经济危机应对过程中，贷款展期的协调失败可能成为银行危机的催化剂(He and Xiong, 2012)。

第二类研究聚焦于银行的货币创造职能。随着货币体系、银行会计规则及银行业务的不断演变，银行的存款货币创造理论亦随之发展，大致可以划分为以下三种视角。① 银行金融中介职能理论。该理论视银行为吸收存款并发放贷款的金融中介，但强调贷款行为本身并不直接创造存款货币。在此框架下，银行与股票经纪公司、资产管理公司等非银行金融机构在“借短贷长”的特征上并无本质区别，主要差异体现在准备金要求、资本充足率及利率规定等方面。在此情境下，新增客户存款并不作为负债反映在银行的资产负债表上，所有资金均源自中央银行，既可作为储备存放于中央银行，也可存入其他银行或金融中介机构。② 银行部分准备金制度下的货币创造理论。该理论指出，虽然单个银行无法独立创造货币，但整个银行系统通过信贷扩张过程能够实现货币的创造。在部分准备金体系下，初始存款进入银行后，需按一定比例缴存存款准备金，剩余部分可用于发放贷款。只要银行体系包含多家银行，这些贷款随后会再次进入银行体系，转化为存款货币。如此循环往复，银行体系通过不断在资产负债表负债项下记录"存款"科目，实现存款货币的创造。③ 贷款创造存款理论（loan creates deposit，LCD），亦称银行信用创造理论。该理论突破了传统银行作为吸收存款发放贷款中介的局限，强调银行在发放贷款或购买金融产品时，能够直接创造新的信用和货币。信用创造理论的基础由储蓄转变为债务，即存款的创造者不再是储户，而是银行；而贷款的创造者则是银行的贷款客户。这一原则表明，货币的创造（尤其是超过基础货币部分的货币供应量）实际上取决于银行客户的借款意愿，而非银行的放贷意愿（Werner，2016）。

（二）利率理论的发展（19 世纪 90 年代—20 世纪 90 年代）

利率理论主要围绕两个方面展开：一是利率的决定机制，二是利率的期限结构。现代经济体系中的借贷活动不仅涉及货币，还广泛涵盖各类债务工具和权益工具。因此，利率理论深入货币银行、金融市场、金融产品和资产定价等现代金融学的多个核心领域，成为连接宏观金融与微观金融理论与实践的纽带。

1. 利率决定理论

在当代经济体系中，利率的确定不仅受到众多社会经济因素的制约，其波动还会对整个经济体系产生深远的影响。随着货币体系的演变、金融市场的扩张以及金融产品和交易种类的不断增加，利率决定理论也随之演变。

（1）1880—1930 年，主导理论包括古典利率理论、流动性偏好理论和可贷资金理论。古典利率理论建立在商品市场的储蓄与投资关系之上，认为在充分就业条件下，投资随着利率上升而减少，储蓄则随利率上升而增加，两者共同决定了均衡利率（Bohm-Bawerk，1890；Marshall，1920；Fisher，1930；Wicksell，1936）。流动性偏好理论从货币与债券的资产选择角度出发，分析均衡利率的形成机制（Keynes，1936），认为货币需求是内生因素，由人们的流动性偏好决定，利息是对放弃流动性的补偿，利率因此成为衡量流动性偏好的标尺。可贷资金理论则综合了古典利率理论与流动性偏好理论，认为利率不仅受投资与储蓄影响，还需考虑银行体系的信用货币创造规模，因此均衡利率水平由可贷资金的供需关系决定（Robertson，1934；Ohlin，1937）。

（2）1940—1970 年，IS－LM 模型成为利率决定理论的主流理论。英国经济学家约翰·希克斯于 1937 年提出了 IS－LL 分析框架，后由阿尔文·汉森将其中的 LL 曲线更名为 LM 曲线，结合凯恩斯的收入理论与货币理论，构建了广泛应用的宏观经济分析模型。IS 曲线与 LM 曲线分别描绘了商品市场与货币市场的均衡状态，两者都包含利率作为关键变量，通过两个市场的共同均衡（IS 曲线与 LM 曲线交点）决定利率水平，反映了经济总产出与利率之间的一般均衡关系。

（3）自 1990 年以来，IS－PC－MP 模型逐渐成为利率决定理论的主要理论框架。随着 20 世纪 80 年代后利率成为金融市场交易的核心，发达经济体如美国实施了利率市场化。同时,为控制通胀,美国联邦储备系统(以下简称美联储)主席保罗·沃尔克(Paul Volker)在1979—1986年将货币供应量作为货币政策中介目标,导致经济指标剧烈波动,加速了利率作为价格型工具取代数量型工具成为货币政策调控的核心。1993年,约翰·泰勒提出了泰勒规则(Taylor, 1993),主张美联储的联邦基金利率应针对通胀缺口和产出缺口做出相应调整。在此背景下,LM曲线失去了其主导地位,取而代之的是以利率调整为核心的货币政策反应机制:中央银行根据最终目标(经济增长与物价稳定)调整短期名义利率(联邦基金利率),这一变化会反馈到IS曲线上,影响投资与总产出,再通过菲利普斯曲线影响通货膨胀率,进而再次触发中央银行的政策调整(利率调整)。IS-PC-MP理论通过三个方程(IS曲线、菲利普斯曲线、货币政策反应函数)的联动分析,描绘了上述货币政策传导机制,强调了中央银行在利率决定中的核心作用。

2. 利率期限结构理论

利率期限结构蕴含着市场对未来的预期信息,体现了不同期限资金供求关系的动态平衡,也揭示了市场利率的整体水平和变动趋势,为债券投资者及政府管理部门提供了决策参考。自19世纪末至20世纪中叶,学术界在利率期限结构领域提出了多项理论,包括预期理论、流动性升水理论、市场分割理论和偏好栖息地理论。预期理论作为基石,主张远期利率是对未来短期利率的无偏预测(Fisher, 1986;Lutz, 1940; Meiselman, 1962),它假设投资者对债券到期期限无特殊偏好,若某债券的预期回报率低于其他期限不同的债券,则投资者将不会选择持有。因此,长期债券的利率相当于其有效期内预期短期利率的平均值。然而,预期理论难以解释为何收益率曲线通常呈现上升趋势,于是学者们在预期理论基础上发展出了流动性升水理论(Hicks, 1946)。该理论假设不同到期期限的债券不能完全替代,投资者对期限有偏好,持有长期债券须获得流动性风险的补偿。与预期理论和流动性升水理论不同,市场分割理论则提出另一种观点(Culbertson, 1957),它假设不同期限的债券不具备相互替代性,每种债券的利率仅受其自身供需关系影响,与其他期限债券的预期回报率无关。而偏好栖息地理论则是对前三者的综合(Modigliani and Sutch, 1966),认为投资者和融资者对特定期限债券有强烈偏好,即存在期限偏好的栖息地,这导致短期和长期证券产品市场在一定程度上分割。同时,该理论也承认预期在利率期限结构中的重要性,当不同期限债券的预期收益率差异达到某一阈值时,投资者可能会放弃其偏好的债券,转而投资预期收益率更高的债券。因此,不同期限债券的替代性会随情况变化而有所调整。

(三)汇率理论的发展(20世纪20年代—20世纪90年代)

汇率问题自古以来便备受关注,汇率理论在20世纪随着全球经济变迁而快速发展。1922年,瑞典经济学家古斯塔夫·卡塞尔(Gustav Cassel, 1866—1945)在其著作《1914年以后的货币与外汇》中深入探讨了购买力平价理论(PPP理论),指出两国货币购买力之比是决定汇率的基础。随后,凯恩斯与爱因齐格(Keynes, 1923; Einzig, 1931)提出了利率平价学说,认为国际抛补套利交易形成了均衡汇率,即远期升贴水率应等于两国货币利率之差。1944年布雷顿森林体系确立后,固定汇率制成为学术界研究的焦点。弗里德曼(Friedman, 1953)指出,固定汇率制可能加剧通货膨胀,并引发金融危机,而浮动汇率制有助于国际收支平衡的调节。詹姆斯·米德(Meade, 1951)分析了开放经济下内外部均衡目标的冲突,即"米德冲突",认为固定汇率制与资本自由流动存在矛盾,实施固定汇率制需对资本进行管制,特别是短期资本流动。20 世纪 60 年代,罗伯特·蒙代尔(Robert Mandel)与马库斯·弗莱明(Marcus Fleming)提出了蒙代尔-弗莱明模型,对开放经济下不同政策的效果进行了深入分析。该模型显示,在固定汇率制且资本完全流动的情况下,货币政策对收入水平的影响有限,主要影响储备水平;而财政政策在促进资本流入、增加货币供给、避免利率上升对收入增长的负面影响方面更为有效。在浮动汇率制下,无论资本流动性如何,货币政策在提高收入方面均比固定汇率制更有效;财政政策的效果则因资本流动性而异:在资本完全不流动时,浮动汇率制下的收入增长大于固定汇率制;在有限资本流动性时,财政政策的扩张性影响仍有效,但收入增长幅度较小;在资本完全流动时,财政政策对刺激收入增长则无能为力。1999 年,美国经济学家保罗·克鲁格曼(Paul Krugman)基于上述理论提出了"不可能三角",该三角形三个顶点分别代表货币政策自主权、固定汇率和资本自由流动。这三个目标之间存在冲突,最多只能同时实现两个,即实现三角形一边的两个目标必然牺牲第三个目标,这构成了国际金融领域的"三元悖论"。

(四) 理性预期假说的发展(20 世纪 70 年代)

预期问题一直是微观与宏观金融共同探究的核心议题。早在 19 世纪初期,经济学家桑顿在探讨纸币信用体系时,便已触及预期这一概念。随后,在费雪的利息学说与凯恩斯的流动性偏好理论中,都蕴含着预期的思想。这些思想火花激发了希克斯与托宾等学者对预期问题的探究,并逐步构建起一套基于预期的经济学分析框架。进入 20 世纪 70 年代,罗伯特·卢卡斯(Robert Lucas)提出了具有划时代意义的卢卡斯批判及理性预期假说。他强调,经济主体会根据历史价格信息形成对未来价格的预期,并基于这些预期做出决策。尽管市场运行中会遭遇各种不确定性因素,但经济主体能通过计算这些因素的概率分布,来降低决策风险(Lucas, 1976; Wallace, 1976; Barro, 1976; Sargent, 1979)。在此基础上,理性预期学派提出,国家干预经济的政策往往难以奏效,因为在一个信息充分、市场有效的环境中,经济主体能够预见政策动向,并灵活调整自身行为。例如,当政府试图通过扩张性货币政策刺激经济时,市场参与者会提前感知到政策意图,调整价格预期,从而可能削弱政策对实体经济变量的直接影响。真正能够引起实体经济变量偏离常态的,往往是那些无法预见的随机冲击。与此同时,随着理性预期理论的线性和非线性模型不断发展,其在宏观价格预期(如预期通货膨胀率)和微观价格预期(如资产预期收益率)上展现出了强大的解释力,应用日益广泛。理性预期理论的发展不仅强化了资产定价在现代金融学中的核心地位,还成为连接现代金融学宏观与微观研究领域的关键桥梁。

第二章　金融体系和功能

内容提要

在现代经济生活中，金融在市场资源配置中起到核心作用，金融体系是连接经济体系各部门的复杂系统。现代金融体系能够实现资金的集中、流动、分配和再分配功能，包括投融资主体、金融中介机构、金融市场和金融监管体系。金融体系内生于一国经济、政治和文化制度，金融结构的演进和发展又对经济发展起到重要的促进作用。金融政策是国家调节宏观经济的重要杠杆，金融体系的稳定与否、效率高低，对一国经济的稳定和效率至关重要。

第一节　金融体系构成

广义的金融体系包括货币流通（受货币制度调控）、金融机构、金融市场、金融工具、金融制度和调控机制等多方面内容；狭义的金融体系聚焦于金融工具、金融机构、金融市场及金融制度等核心要素，它以经济主体的投融资活动为基础，通过各要素之间的相互作用，形成一个动态平衡且高度协同的整体。区分广义和狭义金融体系的关键在于是否包含货币流通体系，在本章的分析中，我们将货币流通视为金融体系存在与发展不可或缺的基础支撑，货币制度的相关内容在后续章节展开讨论。

一、资金融通

经济社会系统面临如何进行资源配置的问题。一方面，利用市场交易机制将短缺资源分配给最需要的生产者和消费者，形成“物质流动”；另一方面，资源的获取伴随着相应的报酬，形成“资金流转”。两者相互依赖，物质流动是资金流转存在的基础，资金流转则提升并优化了物质流动的效率。金融体系通过吸收存款、发放贷款、发行证券、交易证券、决定利率和汇率、创新金融工具并推动其市场应用，引导资金从储蓄者流向借款者，以购买商品、服务和投资，从而促进经济增长、满足人民生活需求。

国民经济系统包括家庭与居民、企业、政府机构和外部经济部门四大经济主体，每一个经济主体都有自己的预算结构。居民通过向企业提供劳动获得资金和报酬，并用这些资金向企业购买最终产品。企业通过向居民、政府和其他企业出售商品而取得收入，以覆盖生产成本并实现再投资。政府通过税收取得收入，以支撑预算支出并履行政府职能。在经济运行的任何时间，有些部门因收入超出支出而形成资金盈余，成为储蓄者；另一些部门则因支出超过收入，面临资金短缺，需要寻求融资。总体来说，政府和企业是资金短缺者，居民个人和家庭是资金盈余者，但从个体来说，在任一时间点，任一经济主体都可能是资金盈余者也可能是资金短缺者。通过金融体系满足资金短缺者融入资金、资金盈余者融出资金的需要，既可以使资金融入方更有效地安排自己的生产和消费，又可以让资金盈余者获得合理回报。同时，金融体系还能汇聚分散的资金，有利于经济体系中的储蓄顺利地转化为投资，达成规模经济效益，促进国民经济的发展。

二、直接融资与间接融资

金融体系为资金盈余者和资金短缺者之间的资金融通提供了有效渠道。一部分资金通过金融市场直接流向资金短缺部门；而另一部分资金则通过如银行等金融中介机构间接地从资金盈余部门流向资金短缺部门。前者称为直接融资，后者称为间接融资。金融体系中的资金流动见图 2－1。

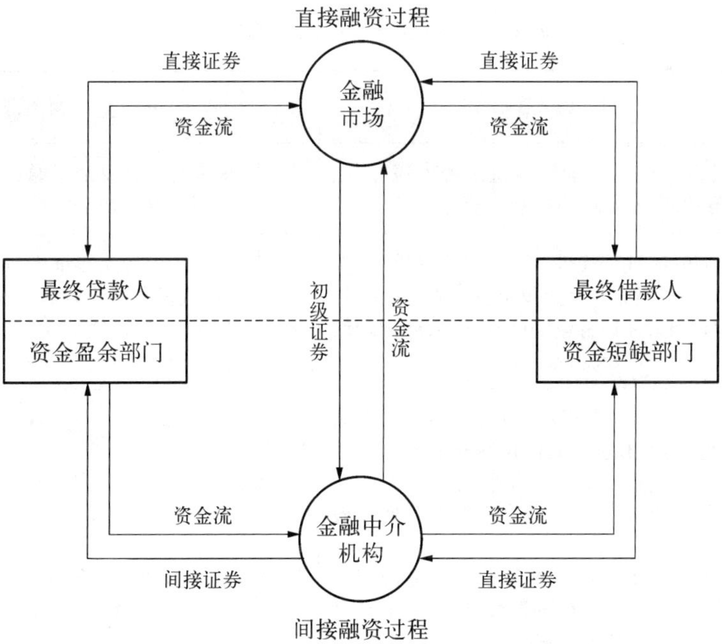

图 2－1　金融体系中的资金流动

资料来源：陈学彬. 金融理论与政策：宏观分析视角[M]. 上海：复旦大学出版社，2012.

（一）直接融资

在直接融资（direct financing）体系内，资金短缺者通过向资金盈余者发行诸如股票、债券等权益凭证，直接筹集所需资金；相应地，资金盈余者通过购入并持有这些权益凭证，以期在未来获得利息及本金回报或股息收益。我们把这类在直接融资过程中生成的权益凭证，称为初级证券（primary securities）或直接证券（direct securities）。这些证券涵盖由政府、企业、金融机构签发的债券、股票、抵押合约、贷款协议以及多种形式的票据。对于筹资方来说，这些证券代表了其债务义务；而对于投资方来说，则构成了其资产的一部分。这类直接融资工具大多在金融市场上可以方便地流通和转让，因而具备显著的流动性特征。

（二）间接融资

在间接融资（indirect financing）体系中，资金的需求者与供给者并不直接联系，而是依赖银行等金融机构作为桥梁，构建起间接的资金流通渠道。金融机构通过发行间接证券（indirect security，如存单、保险合同等），从资金盈余者手中吸收资金，用以购买资金短缺者发行的直接证券（如贷款合同、债券、股票等），以此实现对资金需求方的资金注入。在此流程中，金融机构并非扮演代理角色，而是作为独立的市场主体，自己承担发行间接证券和购买直接证券的风险，并从中赚取利差作为收益。金融机构提供的间接证券种类繁多，违约风险相对较低，旨在满足广大中小投资者的多样化需求，使得中小投资者也有机会参与社会再生产和投资活动。本质上间接融资体系实现了将社会小额零散资金汇聚起来，转化大规模生产性投资的功能。

直接融资与间接融资的对比见表 2－1。

表 2－1　直接融资与间接融资的对比

	直　接　融　资	间　接　融　资
定义	资金短缺者直接向资金盈余者出售股票、债券等权益凭证，直接获得资金	资金短缺者与资金盈余者通过金融中介机构（如银行）间接发生融资关系
过程	资金短缺者（如企业、政府）发行初级证券（如股票、债券），资金盈余者（如个人、投资机构）购买并持有这些证券，以获得未来的本息收入或股息分红	金融中介机构发行间接证券（如可转让存单、金融债券）从资金盈余者那里获得资金，再购买资金短缺者的直接证券（如贷款合同、债券）向其提供资金
特点与优势	1. 灵活性高：融资双方直接联系，融资条件灵活，有利于筹措长期资金。 2. 资金配置效率高：资金供求双方联系紧密，有利于资金的合理配置和使用效率提升。 3. 融资成本较低：避开了商业银行等中介环节，节约融资成本，资金盈余者可能获得较高资金报酬。 4. 流动性强：证券化资产可在金融市场上流通转让	1. 资金匹配性强：容易实现资金供求期限和数量的匹配，促进储蓄向投资的转化。 2. 降低信息成本和合约成本：金融中介机构通过规模化、专业化运营降低单笔融资活动成本。 3. 分散金融风险：金融中介机构通过投资组合方式分散和降低风险。 4. 信息优势：金融中介机构在信息收集、分析和处理上具有优势，有助于降低投资风险

续　表

	直接融资	间接融资
局限性	1. 投资者要求高：需要投资者具备金融投资专业知识和技能。 2. 市场风险大：金融市场价格波动大，投资者面临较大风险。 3. 信息成本高：投资者需要花费大量时间和成本搜集分析信息。 4. 交易对手难找：资金供求双方难以找到投融资数量、期限一致的交易对手。 5. 融资门槛高：金融市场融资门槛高，中小企业和个人难以进入	1. 投资收益较低：金融中介机构收取利差收益，盈余者投资收益相对较低。 2. 依赖性高：金融中介机构在融资过程中扮演核心角色，一旦其出现问题可能影响融资稳定。 3. 潜在道德风险：金融中介机构与融资方可能存在信息不对称，导致道德风险
适用对象	适用于资金需求量大、融资期限长、有能力进入金融市场的大型企业或政府机构	适用于资金需求灵活多样、融资门槛相对较低、需要金融中介机构协助的中小企业和个人

从表2-1的对比分析中，我们可发现，直接融资与间接融资两种模式各有利弊、互为补充，共同构建了多样化的金融体系。不仅直接融资机构，如银行、保险及基金等间接融资机构也是金融市场的重要节点，积极进行投融资管理并提供金融服务。随着金融创新的不断发展，直接融资与间接融资之间的界限并非泾渭分明，两者在实际操作中的差异逐渐减小。资产证券化便是一个很好的例证，它成功地将两种融资模式结合在一起。资产证券化将商业银行流动性较差但预期收益稳定的资产，按照某种共同特征整合成不同的资产组合，通过设立特殊目的实体(SPV)，将这些资产组合转换为可以在资本市场上交易的固定收益证券。这一做法不仅有助于银行优化流动性管理，还促进了间接融资向直接融资的转化。

专栏2-1　中国金融体系的融资结构

2022年，中国债券市场共发行各类债券61.9万亿元，同比基本持平。其中，银行间债券市场发行债券56.0万亿元，同比增长5.4%，交易所市场发行债券6.4万亿元。2022年共有424家企业完成发行上市，同比减少76家，融资总额为5 800.02亿元，同比增长567.50亿元、增幅为10.85%；355家上市公司完成再融资发行，同比减少116家，融资总额为7 229.24亿元，同比下降1 108.38亿元、增幅为13.29%。整体上看，2022年非金融企业直接融资占社会融资比例为10.1%(图2-2)，其中企业债券占比6.4%，同比低4.1个百分点；非金融企业境内股票融资占比3.7%，同比低0.2个百分点。

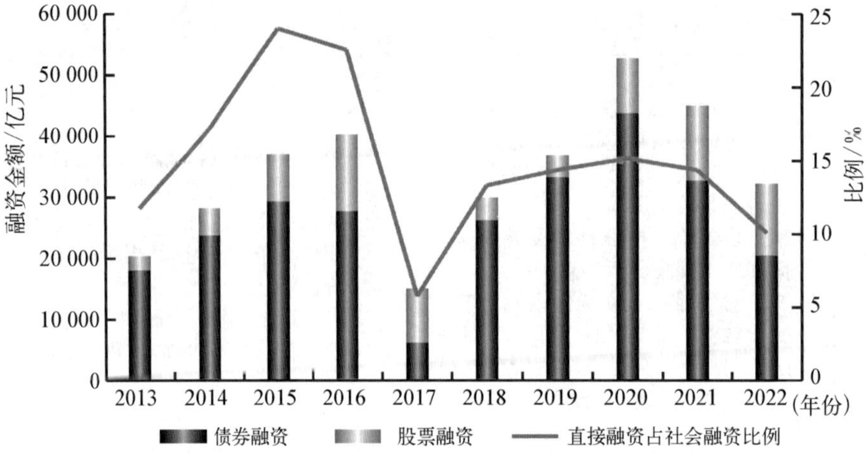

图 2-2　2013—2022 年非金融企业直接融资规模及占社会融资规模比例

资料来源：中国人民银行。

三、金融体系的构成要素

现代金融体系是一个极其庞大的复杂系统，它在货币制度所规范的货币流通环境下运行，核心要素包括金融机构、金融市场、金融工具和金融制度，金融基础设施是一国金融体系有效运行的必要条件。

（一）金融机构

金融机构，也被称作金融中介机构，是专门从事金融活动、提供金融服务的实体。在间接融资活动中，与资金供需双方进行金融往来的中介主要是存款型金融机构，它们通过吸收存款与发放贷款，扮演着信用媒介的角色。由于这些机构参与存款货币的创造过程，从而对货币供应量、物价水平及总产出产生影响，因此被视为金融体系中最为关键的金融中介。此外，合约型金融机构也是间接融资体系的一个重要部分，主要包括各类保险公司、保险中介及企业年金，它们通过合约形式定期定额地从合约持有人那里收取资金（如保险费或养老金预缴款），并依据合约条款向持有人提供相应的保险保障或退休金支付。由于这些机构能够依据概率模型精确计算出每年的赔付与退休金支出，因此能够将资金投资于长期证券。在以市场为主导的直接融资领域，投资银行、证券公司、证券经纪商、基金公司及证券交易所等投资型金融机构，通过金融市场筹集资金，提供金融资产的经纪、交易及承销服务。同时，金融机构还具有为客户提供投资咨询、风险管理、资产保管及信托服务等功能。

中国金融机构组织体系见图 2-3。各类金融机构主要的资产和负债形式见表 2-2。

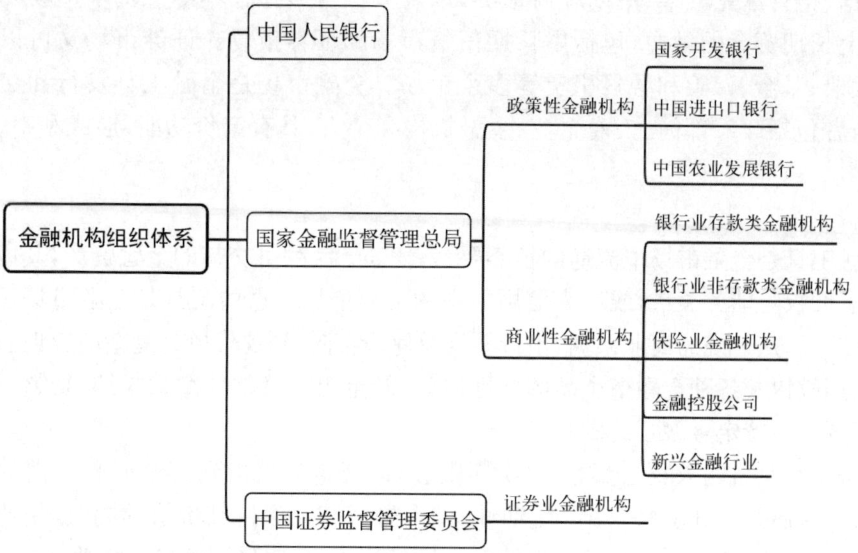

图 2－3　中国金融机构组织体系

表 2－2　各类金融机构主要的资产和负债形式

金融机构类型		主要负债(资金来源)	主要资产(资金运用)
存款型金融机构	商业银行	存款	工商业贷款、抵押贷款、消费者贷款、政府债券
	城市、农村信用合作社	社员存款	社员贷款
	财务公司	成员单位存款,债券、票据	成员单位贷款及融资租赁
合约型金融机构	保险公司	保费	银行存款、政府债券、金融债券
	企业年金	企业和职工缴纳保险费	债券、股票
投资型金融机构	证券公司	金融债券	债券、股票、衍生工具等
	基金公司	基金份额	股票、债券、衍生工具等

(二) 金融市场

广义的金融市场是金融资产的供求关系、交易活动和组织管理活动的总和。狭义的金融市场是指进行货币资金借贷、外汇交易、有价证券买卖、债券与股票发行,以及黄金和其他贵金属交易的市场。金融市场是由众多不同市场构成的市场体系,根据交易对象的不同,可以分为货币市场、资本市场、外汇市场、保险市场和衍生金融工具市场。货币市场是交易期限不超过一年的短期金融工具的市场,主要包括金融同业拆借、回购协议、商业票据、银行承兑汇票、短期政府债券，以及大额可转让存单等。资本市场则侧重于一年以上长期资金的融通，包括中长期信贷市场和证券市场。证券市场又可以细分为债券、股票、基金、保险和融资租赁等多个市场。金融市场是金融工具发行和交易的场所，参与者包括政府部门、工商企业、金融机构和个人，具有定价功能，形成利率、汇率等价格信号。

（三）金融工具

金融工具是金融市场中流通的核心要素，代表一系列可交易的金融资产，其以契约形式记录了债权与债务关系，或作为信用关系的书面证据。这些工具是金融市场运作的基础，范围广泛，从传统的商业票据、银行票据及保险合同，到现代更为复杂的股票、债券、期货合约、期权以及各种金融衍生品的标准协议，乃至银行日常的存款吸纳、贷款发放等活动，均可视为对特定金融合约的买卖操作。

金融工具具备四大核心属性。① 期限性，即资金从借出到完全回收所需的时间长度，通常期限越长，风险越大。② 流动性，即金融资产在保持其价值的同时，快速转换成现金的容易程度，这一能力与发行者的信誉呈正相关，与期限长短呈负相关。③ 风险性，体现了投资金融工具时本金可能遭受损失的概率。金融资产的期限越长，风险越高，本金的安全保障就越低；而提高流动性和债务人的信誉则有助于减轻风险。④ 收益性，即金融工具为持有者带来的预期经济利益的能力。预期收益率与流动性呈反向关系，与风险水平呈正向关系，体现了金融市场中风险与收益相匹配的原则。

金融制度是指一套与金融运作、组织架构、监督管理和金融创新紧密相关的规则体系，包括货币制度、汇率制度、信用制度、利率制度、支付清算制度，以及金融机构与金融市场的监管制度等。这些规则不仅包含惯例、道德规范、行业准则，还涉及法律法规，其目的在于规范金融市场与金融机构的运作，确保金融体系的稳健与公正。通过设立这些规则与组织框架，金融体制为金融交易中的参与者界定了行为边界，约束及激励金融活动，减少交易成本及由市场竞争不确定性带来的金融风险，从而保障金融交易中的债权债务关系，推动交易顺畅进行，提高金融系统资金配置的效率。

金融制度的确立与执行，对于增强金融活动的透明度、信赖度及安全性至关重要。高效的金融制度需满足五项核心要求：① 完备的金融法律体系与规范的执法实践，以及灵活高效的货币政策；② 金融交易主体行为理性且合乎规范；③ 金融市场健全且运行高效；④ 金融体系完善且结构合理；⑤ 金融监管既不过分严苛也不失宽松，能够有效维护金融体系的安全、稳定与运行效率。

（四）金融基础设施

金融基础设施是连接金融体系中各个部分，为金融有效运行提供便利的硬件设施和制度安排。狭义的金融基础设施主要是指以中央银行为主体的支付清算系统（payment and clearing system）；广义的金融基础设施还包括确保金融市场有效运行的法律程序、会计与审计体系、信用评级、监管框架以及相应的金融标准与交易规则等。

支付清算系统，也称支付系统（payment system），是国家或地区内用于清偿交易者之间债权债务关系的系统。具体而言，它由提供支付中介服务的机构、货币转移规则、支付指令传输及资金清算的技术手段共同构成,旨在实现债权债务的清偿与资金的转移。《中华人民共和国中国人民银行法》明确规定,作为中央银行的中国人民银行履行"维护支付、清算系统的正常运行"的职责。同城或同区域银行间资金清算主要通过票据交换所进行。异地银行间资金清算则有两种方式:一是通过各商业银行等金融机构的内部联行系统划转,最终由其总行经中央银行进行转账清算;二是直接将异地票据集中送至中央银行进行轧差转账,再转发至各商业银行总行或分支机构记账。为应对不断增长的跨境人民币业务支付清算需求,中国人民银行于 2012 年 4 月 11 日决定开发独立的人民币跨境支付系统(cross-border inter-bank payment system, CIPS),旨在整合跨境人民币支付结算渠道与资源,构建一个公平的市场竞争环境。2015 年 10 月 8 日,CIPS 一期成功上线,采用实时全额结算方式,为跨境贸易、投融资等提供清算、结算服务。2018 年 5 月 2 日,CIPS 二期全面投入使用,实现对全球各时区金融市场的全面覆盖,并采用更为节约流动性的混合结算方式,进一步提升人民币跨境及离岸资金的清算与结算效率。

金融市场基础设施(financial market infrastructures, FMIs)是指促进金融工具相互转换并提供信息支持服务的流程与架构,涵盖支付系统、中央证券存管机构、证券清算系统、中央对手方清算机制(central counter parties,CCPs)以及场外衍生品交易的信息库等多个方面。金融交易的流程是以交易双方的匹配为起点,而以相互间的清算作为终结,交易达成之后的处理阶段,依赖金融市场基础设施来完成。在当下复杂且高度发达的金融体系中,证券清算的过程涉及金融资产或衍生品等不同类型的金融工具之间的转换,需要大额支付体系、证券清算系统以及中央对手方清算机制等金融市场基础设施来保证交易的顺利进行,提升金融市场的整体效率和稳定性。

金融市场基础设施的设计与运作机制对金融稳定性具有重要影响。由于基础设施承担着金融工具间的转换功能,它们能够有效地减弱金融市场参与者之间的关联程度,从而降低金融风险扩散的可能性。但是,倘若这些基础设施不够健全或者使用不当,它们可能导致金融交易混乱并成为在金融市场参与者中传播不稳定因素的途径。

四、金融体系创新

为适应经济发展的需要,金融体系在其发展过程中各构成要素不断发生变化,并在金融体系范围内引入新的理念、机制、技术和制度,推动金融领域的发展和变革。金融体系创新的目标是促进金融发展、提高金融服务的效率和质量,从而推动经济的进一步发展,它涉及金融市场、金融产品、金融机构和金融监管等多个层面。金融市场创新通过引入新的交易机制、市场规则和金融工具,提高市场效率和流动性。金融产品创新通过开发新的金融产品,以满足不同投资者和消费者的需求,为投资者设计新的投资策略和风险管理方法,提供多样化的投资选择。金融机构创新一方面体现为银行、保险公司、证券公司等金融机构的业务和运营模式交叉融合,另一方面新型业态如互联网金融、金融科技公司逐渐兴起,推动了金融服务的创新和竞争。金融监管创新是为了适应金融体系的发展和变化,引入新的监管理念、制度和技术,以提高监管效能和风险防范能力。

专栏 2-2　　金融体系创新中的金融科技的力量

金融科技(FinTech)代表了利用科技手段推动金融业务与服务的革新范畴。它通过整合移动支付、区块链、人工智能、大数据分析等前沿技术,在支付处理、贷款融资、资产管理、零售银行业务、保险业以及交易结算等多个金融领域内实现广泛应用,重塑金融机构的运营模式和服务方式,提升金融服务的效率与便捷性。金融科技能够通过增强信息透明度、优化风险评估与信用评分机制,以及提供定制化金融咨询与服务等途径,有效缓解信息不对称问题,进而增强金融交易的公正性和稳定性。借助数字化与互联网技术的力量,更多的金融信息得以公开透明,使得投资者能够更轻松地获取各类金融产品的详细信息,包括利率、费用及风险等级,这有助于交易双方更全面地理解彼此的条件与限制,从而降低逆向选择的风险。同时,金融机构利用大数据与人工智能技术,能够深入分析和挖掘海量金融数据,从而更准确地把握借款人或投资者的信用状况,提升风险评估与信用评分的精确性,有助于降低不良贷款和投资的风险。此外,通过算法与智能化技术,金融机构能够根据个人的金融需求与风险偏好,提供精确的个性化金融建议与服务,帮助消费者更好地理解和评估金融产品的风险与收益,做出更有效的投资组合决策。金融科技的创新还打破了传统金融的地域界限,使得金融服务能够覆盖更广泛的人群,推动了金融普惠与金融包容性的发展。

金融创新在推动经济发展、降低成本、提升金融包容性和稳定性等方面起到了积极的作用。然而,需要注意的是,金融创新也需要在合理的监管和风控框架下进行,以平衡创新带来的机遇和风险。新型金融工具可能存在违约风险或流动性风险;如果金融创新没有很好地遵守相关法律法规,或者监管框架无法及时跟进,可能会面临法律和合规风险;金融科技创新可能面临网络安全风险、数据泄露风险、系统故障风险等操作风险。次贷危机的教训表明,像资产证券化这样的金融创新存在不透明的信息披露问题,使得投资者无法准确评估风险,过度创新和复杂化的金融产品可能增加系统性风险,导致金融危机的发生。

第二节　金融功能理论

金融功能一般是指金融体系与外部环境交互作用的功效、能力,是金融体系的属性在与环境交互作用中的动态体现,表现为金融体系对环境的适应、改变、贡献。微观层面的金融功能是金融体系在不确定环境下对经济资源跨时空调度与配置的便利化媒介。宏观层面的金融功能还体现为通过金融深化对经济增长的促进作用,具体包括金融机构的职能和运行效率、不同类型金融机构之间的竞合关系、市场主导型和银行主导型金融体系的比较优势、金融发展对经济增长的促进作用及方向引导,以及是否存在能够促进经济增长的最优金融体系等。

一、金融功能的微观分析框架

1993年，罗伯特·默顿与兹维·博迪(Z. Bodie)共同提出了功能主义金融理论(functional perspective)，该理论强调金融体系的核心是其如何在不确定环境中促进经济资源在不同地区、国家及时间维度上的有效配置与使用。功能金融理论具有两个假定。一是相较于金融机构，金融功能展现出更高的稳定性。随着时间推移与地域变化，金融功能的变化幅度远小于金融机构本身。例如，银行从古代货币代管机构发展至现代商业银行，尽管组织形式大相径庭，但核心功能如资金融通、风险管理等保持不变；同时，不同地域的银行虽组织架构各异，但均执行相似的基本功能。二是金融功能相较于其载体(金融机构)更为关键，金融机构的持续创新与竞争是推动金融功能增强与效率提升的关键。在此基础上，默顿和博迪提出了包含六项核心金融功能的分析框架。

1. 跨时空转移资源

金融体系通过提供储蓄和贷款等金融工具，实现了时间价值的转移。个人和企业可以将当前的闲置资金存入银行或投资其他金融产品，以便在未来需要时支取或者变现使用；还可以将短期资金转化为长期投资，但为满足投资者对流动性的需求，需要金融体系具有更高的资源转化效率。

金融体系通过支付系统和电子支付工具等，实现了资金的空间转移。个人和企业可以通过银行转账、移动支付等方式，将资金从一个地点转移到另一个地点。这种空间转移的方式促进了跨境贸易、国际投资和资金流动，推动了经济增长。同时，金融体系也可以将资金从资金充裕的地区转移到资金稀缺的地区，促进地区之间的均衡发展。

2. 风险管理

在现代经济活动中，风险无时不在、无处不在，而不同的主体对风险的厌恶程度是不同的。风险厌恶程度较高者可以利用各种金融工具把风险转嫁给风险厌恶程度较低者，从而实现风险的再分配。个人和企业可以购买各种类型的保险，以分散和转移风险；通过购买或销售合适的衍生品合约，可以对冲价格波动和转移市场风险。而且，金融市场多样化的金融工具使得市场主体可以根据自身的风险承受程度来进行投资组合，实现其风险偏好目标。金融机构需要遵守监管机构的规定和要求，不断改进模型和技术手段识别、评估和管理风险，以确保风险管理措施的有效性和合规性。

3. 清算与结算

清算与结算是金融体系中实现商品、服务和各种资产交易的重要环节，提高了市场的交易效率。通过银行间的转账系统，交易双方可以将资金从一个银行账户转移到另一个银行账户，这种方式使得交易双方无须直接使用现金，大大降低了纸币携带和清点的时间和风险，更便于大额交易和跨境交易的进行。随着电子支付的普及，个人和企业可以通过手机、电脑等设备进行交易支付，提高社会经济的运行效率。证券和期货交易所设立结算机构进行交割和结算，提供了公开透明的交易环境，保证了交易的安全和有效性。金融体系设立结算银行作为金融机构间的结算中心，与支付系统和交易所等机构合作，负责处理资金的清算与结算，确保交易的安全和顺利进行。

4. 分割股份和集中资本

金融体系通过股票市场、股权投资等方式，为企业和投资者提供了实现股份分割和集中资本的机制。股票市场是投资者进行股份分割和集中资本的重要平台。在股票市场上，企业可以通过发行股票将公司的股份分割成较小的份额，投资者可以购买这些股份成为公司的股东。同时，股票市场也提供了股票交易的机制，投资者可以通过买入或卖出股票来实现资本的集中或分散。金融体系提供了多种股权投资工具，包括股票基金、私募股权基金等。这些工具通过集中投资者的资金，形成规模效应，实现资本的集中。投资者可以通过购买这些股权投资工具来间接参与公司股份分割和集中资本。

5. 提供价格信息

金融领域的价格信息，如利率、汇率和股价行情等，是经济部门进行决策的重要依据。证券交易市场是股票、债券、期货等金融产品买卖的场所，也是价格信息的重要来源。金融体系通过证券交易市场、金融市场数据提供商、金融机构和经纪商、金融市场监管机构以及金融媒体和互联网平台等多个渠道，提供丰富的价格信息，帮助投资者了解市场行情和价格趋势，做出理性的投资决策。金融市场监管机构负责监督和管理金融市场，其中包括确保价格信息的准确性和公正性。金融市场监管机构通过制定和执行相关法规和规定，监控市场参与者的行为，防范操纵市场和虚假信息的行为，维护市场的健康运行。

6. 解决激励问题

金融体系在提供金融服务促进投融资交易过程中，具有公司治理功能。金融体系通过设立合理的股权结构来促进公司治理，如鼓励公司制定股权激励计划，使高管和员工与公司的利益相一致。同时，金融体系可以通过股东权益保护和股东表决权的规定，确保股东能够有效行使监督权和决策权，防止控股股东滥用权利。金融体系可以通过法律法规和指导性文件等方式，促使公司设立和有效运作独立董事和监事会，以提供独立的监督和决策机构，客观、公正地履行监督职责，保护中小股东和其他利益相关者的权益。金融体系要求上市公司进行全面、准确和及时的信息披露，提高市场透明度，帮助投资者和其他利益相关者了解公司情况，监督公司的经营和决策活动。

二、金融功能的宏观分析框架

经济与金融之间存在相互作用和相互制约的双向关系。经济的发展状况决定了金融的需求和规模，而金融的健康发展又为经济的稳定增长提供了必要的资金支持和服务。金融发展不足或者过度都将对经济产生不良影响和副作用。

1. 金融与实体经济的边界日益模糊

在主流经济学的理论体系中，金融因素尚未被全面纳入宏观经济学一般均衡模型框架。然而，在实际的经济环境中，金融不仅是经济领域极为重要的组成部分，而且伴随信息技术的不断进步，实体经济呈现出越发显著的金融化态势。例如，房地产原本属于流动性欠佳的资产，经过层层证券化以及信用增级，与房地产相关的证券化资产具备庞大的交易量和较高的流动性，使得美联储将房地产从实物资产中独立出来，划分到金融资产类别。如石油、粮食等实物类的大宗商品，其现货市场价格通常由期货和期权市场来决定。

可以看出，不管是实体资产还是金融资产，流动性越强，其金融特性也就越突出。另外，在传统经济学的分类体系中，金融被归入服务部门，被视为不直接创造价值的领域，与制造业保持着清晰的界限。然而，随着现代制造业服务化趋势的加深，生产的社会化、专业化及高度协作化，企业对信息生产、传递及处理等相关服务型生产资料的需求迅速增长，甚至超越了对传统实物生产资料的需求。服务环节在制造业价值链中的地位日益凸显。因此，金融、数据分析、物流、设备租赁及维修等服务型生产要素，已与劳动力、资本、技术进步及企业家精神等传统要素同等重要，成为推动产出的必要投入。

2. 经济发展对金融的决定性作用

金融是国民经济的血脉，它与经济发展紧密相连，随着经济的进步而不断发展。一个国家的经济总量和增长速度，直接决定了其金融产业的总体水平。当经济发展水平提升时，经济规模会随之扩大，人民的收入也会增加，从而导致对金融服务需求的增长。同时，这也为金融机构带来了更多的资金来源，助力其不断发展和壮大。经济的活跃性和多样性推动了金融机构不断创新，提升了金融产品和服务的供给能力，以满足经济发展的需求。随着经济发展水平的提高，资金流动和投资机会也会增多，股票市场、债券市场、期货市场等各类金融市场都会快速发展，为资金和风险的交易提供更多的渠道和平台。经济的持续稳定增长为金融体系提供了稳定的发展环境，有助于减少金融风险和不确定性。相反，如果经济出现衰退或不稳定，可能会引发金融风险增加，导致金融体系的不稳定。

经济发展的各个阶段对金融服务的需求具有差异性，由此决定了金融体系的结构、层次及发展阶段。一国的金融发展必须与其经济发展阶段相匹配，既不能超前也不能滞后。超前发展可能导致虚拟经济泡沫，一旦泡沫破裂，将对整体经济的稳定构成威胁；而滞后发展则无法为经济提供必要的金融支撑，从而限制其发展潜力。“金融过度论”指出，金融发展及金融全球化并不总是单向推动经济增长。过度扩张的金融体系可能成为经济增长的阻碍(Arcand, Berkes and Panizza, 2012; Cecchetti and Kharroubi, 2012)。具体来说，一方面，金融体系过度发展会促使经济主体过度借贷，甚至向偿债能力不足的主体提供资金，导致实体经济资源配置不当，并加剧金融体系的脆弱性；另一方面，它还会与实体经济争夺必要的实物和人力资本，对实体经济增长产生“挤出效应”(张晓朴、朱太辉，2013)。理论上，金融产品和交易的复杂化以及金融全球化有助于资源的合理配置和风险的广泛分散，但也使得金融机构的相互关联性增强，加大了风险的传染性和溢出效应(IMF, 2009)。金融创新和交易的复杂化使得金融机构自身和监管机构都难以全面评估风险承担情况，容易加深金融体系脆弱性并形成系统性金融风险。

3. 金融对经济的影响

早期的宏观经济学主要聚焦于货币层面，探究金融对经济的影响机制。瑞典经济学家维克塞尔(Wicksell, 1898)提出，利率是“金融领域”与“实体经济”之间的桥梁，货币利率向自然利率趋近的过程，会引导储蓄与投资、供给与需求发生反向变动，最终决定达到均衡状态下的经济规模。此外，利率结构的变化也可能影响资源配置的效率及经济活动的总体水平。凯恩斯认为，利率和货币供应量等金融变量是投资决策中的关键因素，经济主体借贷信用丧失和信心不足可能会导致经济陷入衰退(Keynes, 1936)。货币学派研究货币存量与经济产出之间的关联，认为货币量的变动是影响产出水平和收入变化的主导因素（Friedman and Schwartz，1963）。

也有一些学者认识到了金融体系对经济运行的重要性，分析金融体系投融资总量对经济波动的影响。费雪（1933）提出“债务通缩理论”，研究过度负债与资产价格下跌相互作用机制引发的通货紧缩效应。明斯基（Minsky，1976，1986）在凯恩斯和费雪的理论基础上建立金融脆弱性分析框架，指出为投资进行的融资活动是经济不稳定的重要根源，强调了金融体系融资结构对经济波动的影响。戴蒙德和迪布维格（Diamond and Dybvig，1983）构建的DD模型，论证了银行通过流动性转换提高经济效率，但同时也使其容易遭受“挤兑”风险，这种银行体系内在不稳定性对经济的稳定性具有重要影响。金融加速器模型（Bernanke，Gertler and Gilchrist，1996）和信贷周期模型（Kiyotaki and Moore，1997），基于信息不对称和信贷市场摩擦，研究企业资产负债表恶化和银行减少信贷供给等机制，如何放大和加速经济中的小冲击，从而引发更大的经济周期波动。格特勒和清泷信宏（Gertler and Kiyotaki，2010，2012）将DD模型与金融加速器模型相结合，分析金融中介的流动性冲击将导致资产负债表衰退，这一过程会通过金融加速器机制放大和加速经济波动。次贷危机爆发之后，学者们着手建立包含异质性金融中介的宏观经济模型，揭示出“繁荣孕育危机”的内生金融周期运作机理。研究发现，由于信息不对称以及道德风险的问题，大规模的信贷扩张会引发市场投资项目质量的降低，导致贷款银行失去提供流动性的意愿，并最终触发信贷危机。

在主流的宏观经济理论之外，金融发展理论是一个不断发展和完善的理论体系，集中探讨金融体系与经济增长之间的相互作用，包括“金融发展论”（Goldsmith，1969）、“金融抑制论”和“金融深化论”（McKinnon，1973；Shaw，1973）、“金融约束论”（Hellman，Murdock and Stiglitz，1997；青木昌彦，1998）和“金融结构论”（Allen and Gale，2002；Demirgüç-Kunt and Levine，2004）。金融发展理论不仅关注金融系统的规模和数量扩张，更关注其质量和效率的提升，强调一个高效、健全的金融系统能够优化资源配置、促进技术创新，进而推动经济增长。然而，金融抑制会阻碍储蓄向投资的有效转化，导致资源配置的不合理，进而对经济发展产生制约。为了应对这一问题，发展经济学家提出应通过金融深化来推动金融部门的发展。这要求政府部门减少对金融体系的过度干预，放松对利率和汇率的管制，使它们能够更准确地反映资金市场和外汇市场的供求状况。同时，还需要实施有效的通货膨胀控制政策，使金融体系能够以合理的利率吸收储蓄，并以适当的贷款利率为经济部门提供资金支持，从而引导资金向高效益的部门和地区流动，促进经济增长和金融体系的扩展。尽管金融深化论者强调金融制度对经济发展的推动作用，但他们却忽视了发展中国家经济结构严重失衡的现实。过度强调金融在经济发展中的作用可能会误导发展中国家过于注重虚拟资本的增长，而忽视了社会物质生产能力的提高、真实资本的增长和经济结构的改善。因此，发展中国家的金融体制改革必须与经济体制改革相协调，并有助于形成合理的产业结构，才能取得显著的效果。同时，发展中国家在推进金融体制改革时，应审慎对待金融自由化的实施速度和程度，即使在市场经济体制高度发达的国家，政府也需要对商业银行、金融机构和金融市场实施适当的监督和管理，以规范金融运作和金融秩序,防止因管理不善等原因而引发金融危机。对于发展中国家而言,由于市场经济体制和运作机制尚不完善,抵御外部冲击的能力较弱,因此更需要审慎对待金融自由化,并加强对金融业的有效监管,以确保金融业的安全和稳健发展。

三、金融体系的功能分析

(一) 金融体系功能差异

依据资本市场和商业银行在金融体系内部所占的相对比重,我们可以将一国的金融体系区分为两类:一类是以资本市场为主导的金融体系,如英国和美国;另一类则是以商业银行为主导的金融体系,如德国、法国和日本。表 2-3 详细对比了商业银行与资本市场在金融功能上的差异。就中国的金融体系而言,从静态的视角观察,它呈现出以银行为主导的特征;而从动态的发展趋势来看,它正逐步向以资本市场为主导的模式过渡。

表 2-3 商业银行与资本市场的金融功能比较

	商业银行	资本市场
跨时空转移资源	通过存款转换为贷款实现	通过股票、债券及衍生品交易实现
风险管理	通过商业银行资产负债管理实现	通过金融产品交易实现
清算与结算	通过提供支票转账等实现	通过交易所和清算所等实现
分割股份和集中资本	通过贷款实现	通过股票、债券的发行交易实现
提供价格信息	通过内部信息共享实现	通过市场范围内的信息处理与分析实现
解决激励问题	通过作为贷款人监督企业实现	通过提供股票期权等多种工具实现

资料来源:吴晓求,王广谦.金融理论与政策[M].中国人民大学出版社,2013.

通过国别比较研究发现,在经济和金融体系发展的初级阶段,资本市场的效率一般低于以银行为代表的间接融资体系,常常形成银行主导型的融资结构。随着金融市场的经济和制度基础逐渐完善,资本市场的运行效率不断提高,会形成与银行部门的互补型竞争甚至超越其成为金融市场的主导力量。从经济发展路径分析可以发现,虽然市场主导型和银行主导型的金融体系都能实现金融资源配置,但是市场主导型国家在创新技术、新兴产业上可能做得更好,如美国;而银行主导型国家在学习和推广成熟技术产业方面效率更高,如日本和德国。

(二) 金融机构功能差异

1. 商业银行的金融功能分析

商业银行是金融体系最重要的支付中介和信用中介,通过降低交易成本、提供流动性等实现金融资源配置。

(1) 信用中介。信用中介功能是指商业银行通过办理负债业务,将社会上各种闲散的货币集中起来,又通过办理资产业务,将所集中的货币投放到国民经济各部门中。商业银行信用中介功能的发挥，克服了借贷双方之间直接融资的局限性，使货币资本得到充分利用，为社会再生产过程提供了金融支持。

（2）支付中介。支付中介功能是指商业银行为客户办理各种货币结算、货币支付和转移存款等业务活动。从历史上看，支付中介功能的产生先于信用中介功能，为信用中介功能的产生创造了条件。但支付中介功能也有赖于信用中介功能的发挥，因为只有在客户确有存款的前提下，商业银行才能为客户办理支付。

（3）流动性转换。商业银行通过吸收存款，将短期的流动性转换为长期的贷款，在为社会提供投资资金的同时，满足企业和个人随时提取存款和进行支付的流动性需求。商业银行通过“借短贷长”的期限转换来开展业务，获取利差收益，但同时也承担着流动性转换的风险，一旦储户对存款安全性信心不足，容易发生银行挤兑。

（4）信用创造。商业银行的信用创造功能是指商业银行吸收活期存款后，通过发放贷款和从事投资业务，又衍生出更多的存款，从而扩大货币供应量。整个信用创造过程是商业银行和中央银行共同完成的。中央银行运用货币发行的权力调控货币供应量，而商业银行在自身体系内具体完成信用创造。

（5）降低交易成本。商业银行拥有专业的投融资知识和方法，能够评估和管理融资项目的风险，提供更精确的定价和更合理的融资条件，减少信息不对称和交易风险，从而降低交易成本。

（6）减少信息不对称风险。商业银行发放的贷款不公开交易流通，使监督的收益内部化，因此可以对借款人进行细致的审查和全面的风险评估，避免了“搭便车”行为。通过企业开设在商业银行的账户，商业银行可以了解更多关于企业资金往来的信息，通过与借款人建立长期关系，商业银行可以更好地了解借款人的经营状况和信用记录。商业银行通过抵押贷款的方式，减少贷款方违约的概率，即便违约也能有效地减少自身损失，从而有效地缓解了逆向选择和道德风险问题。

2. 投资银行的金融功能分析

投资银行是资本市场金融机构，服务或经营的内容以证券投资活动为核心。美国著名金融专家罗伯特·库恩（Robert Kuhn）依照业务经营范围大小，对投资银行给出了较广义的定义：投资银行从事部分或全部资本市场业务，包括证券承销、公司理财、企业并购、基金管理、风险投资等，但不包括向客户零售证券、消费者房地产经纪业务、抵押银行业务、保险产品经销业务等。金融服务业中只为客户（包括零售客户或机构客户）买卖证券而没有融资功能的公司，只能称为证券公司或经纪公司，不能称为投资银行。

投资银行的主要金融功能包括如下方面。

（1）跨期跨国转移经济资源。投资银行作为中介机构，通过发行股票、债券等金融工具，将资金从资本市场引入企业中，提供国际融资、跨境并购等金融服务，实现资源的配置和转移。

（2）细分股份及资产证券化。投资银行通过股份细分或者将不动产、债权等资产转化为可交易的证券等方式，为广大中小投资者提供了更多投资途径，帮助企业快速变现资产，促进了储蓄向投资的转移，提高了资金利用效率。

(3) 降低搜寻成本和交易成本。投资银行通过包销和代销的方式,帮助证券发行主体在金融市场筹集资金,能更方便地寻找交易对手,有效地降低了搜寻成本。同时,投资银行通过使用高效的交易系统和技术,提供了充足的流动性,活跃的二级市场降低了交易成本,增强了储蓄者的投资意愿。

(4) 风险分散。投资银行通过投资组合管理服务,将客户的资金进行有效的配置和管理,根据客户的风险偏好和投资目标,帮助客户构建合适的投资组合、分散投资风险和优化资产配置。

(5) 提供信息。投资银行通过自身的研究团队和专业分析师,整合和分析大量的市场信息和企业数据,为企业提供咨询服务,为投资者决策提供依据。

(6) 提供市场流动性。作为做市商,投资银行在市场上提供买卖双方的报价,并随时愿意买入或卖出一定数量的证券或其他金融资产。通过提供连续的流动性,投资银行可以吸引更多的交易参与者,提高市场的交易活跃度和流动性。

(7) 设定合理的激励制度。投资银行通过证券承销和创新金融工具设计合理的激励制度,如股权激励计划、基于企业市场价值表现的薪酬体系和奖金制度等,为解决委托代理问题提供途径。

3. 保险公司的金融功能分析

保险公司是专门经营保险业务的专业性金融机构。保险公司通过合同形式与投保人建立权利义务关系,根据合同约定向投保人收取保险费,并对合同约定可能发生的灾害事故所造成的财产损失承担赔偿保险金责任,或者当被保险人死亡、伤残、患病或者达到合同约定的年龄、期限时,承担给付保险金责任。

保险公司作为金融中介,其业务活动的实质是帮助公众将一种资产转化为另一种资产或保障,保险公司将收取的保险费投资于股票、债券及各类金融资产上,并运用这些金融资产所得的收益来支付保单所规定的权益。如果保险公司在上述资产转换过程中能够有效地以较低的费用向客户提供适当的保险服务,且能在其投资方面获得回报,它就会盈利;否则,它就要承受损失。在世界各国特别是市场经济发达的国家,保险公司是除银行外最重要的金融机构,保险公司在金融领域发挥了以下几项重要的功能。

(1) 风险转移和分散。保险公司通过收取保险费来承担被保险人的风险,并向被保险人提供赔偿。

(2) 资金汇集和投资。保险公司将大量保险费集中起来,投资证券、债券、房地产等各种资产,增加资本积累、提高盈利能力,并为保险人提供更好的保障和回报。

(3) 长期储蓄和养老计划。作为社会保障体系的重要补充,被保险人可以通过购买人寿保险来为家人提供经济支持,同时也可以通过购买养老金计划来为自己的退休生活提供稳定的收入来源。

(4) 提供金融保障和信心。被保险人可以在面临风险和不确定性时获得经济赔偿,从而减轻财务压力。企业购买信用保险、担保和保证等服务,可以获得更好的信用评级和融资条件。

不同类型的金融机构特点及功能对比见表 2 - 4。

表 2-4 不同类型的金融机构特点及功能对比

金融机构类型	特　点	功　能
商业银行	提供吸收存款、发放贷款、办理结算等服务	成为资金融通的中介，完成信用创造
投资银行	提供证券承销、并购重组等服务	聚焦资本市场运作
保险公司	承担风险并收取保险费，作为机构投资者	提供风险保障，维护金融市场稳定
基金公司	从事基金募集、管理和投资	实现规模投资、分散风险
信托公司	接受客户委托管理和处分财产	实现资产保值增值、财富管理
证券交易所和清算所	提供交易撮合、信息公告、交易结算，确保交易双方履行交割义务	提供证券交易平台，降低信用风险，维护金融市场稳定和公平
金融科技公司	运用大数据、云计算、AI 等技术，创新金融服务模式，提供一站式数字化金融服务	改变传统金融服务方式，提升金融市场效率和包容性，满足个性化金融需求

第三节　金融结构理论

在当今时代，随着世界经济的金融化程度不断加深，金融总量快速扩张、金融结构不断演进。合理的金融结构能够有效提升金融运作效率，促使金融机构不断创新，以适应经济发展的需求。金融结构的演变内生于实体经济发展对金融服务效率提高的要求。当金融结构与实体经济的需求相匹配时，能够为经济发展提供强有力的支持，引导资金流向具有发展潜力的产业和领域，推动产业结构的升级和经济发展方式的转变。随着产业结构和制度环境的持续变化，一国应该对金融结构的调整和优化做出战略规划和安排，以实现金融业与经济的良性互动和共同发展。

一、金融结构的提出

美国金融学家雷蒙德・W. 戈德史密斯(Raymond W. Goldsmith)是研究金融结构问题的开创者。在 1959 年出版的《金融结构与金融发展》中，戈德史密斯提出金融结构是一国现存的金融工具与金融机构的总和，体现了金融体系中不同组成部分的相对规模、特性和组合形式。想要理解金融系统如何运行以及如何对经济产生影响，应该观察金融结构在短期或长期的变动情况，对比不同时期的金融交易流量变化，以及不同时点的金融结构差异。戈德史密斯构建了金融结构指标体系(表 2-5)，采用国际和历史比较研究方法，揭示出金融活动如何通过改变资源配置来促进资本积累和形成。同时，金融结构的演变反映了金融发展水平的变化，并与经济增长保持协调一致的动态关系。

表 2-5　金融结构指标体系

指标名称	指标描述	衡量内容
金融相关比率(financial interrelations ratio，FIR)	金融资产市价总值/国民财富	衡量一国金融发展状况和金融深化程度，反映金融上层建筑与经济基础结构的关系
金融结构的构成比例	主要金融工具的相对发行量，以及这些金融工具在国民经济中主要部门的分布比例	衡量金融上层建筑构成状况，反映金融市场的活跃程度和金融结构的多样性
金融工具渗透程度	金融资产总额和各类金融工具余额在各个经济部门之间及其子部门之间的分布	反映不同金融工具的渗透程度，以及各部门对不同金融工具的偏好
金融机构的发育程度	各种金融机构在所有金融机构资产总额中的比例	衡量各种金融机构的相对重要性
金融中介率	金融机构在金融工具存量中拥有份额的大小	反映金融结构的机构化程度
金融相关矩阵	各种金融资产存量在金融工具种类和经济部门的分布矩阵	说明各种金融资产的发行者和持有者关系
金融结构流量	金融资产的新发行额/国民生产总值；金融总流量在各种金融工具、各个部门之间的分布；金融机构的金融交易额在金融工具流量和每种金融工具中所占的比重；各种金融工具在每个部门及其子部门金融交易额中所占比重	提供金融市场中资金流动情况的动态信息，反映金融结构的演变趋势
资金来源与运用比率	不同部门内部融资与外部融资比重，以及各部门之间的债权变化	衡量各个经济部门和子部门之间资金来源与资金运用情况

资料来源：雷蒙德・W. 戈德史密斯. 金融结构与金融发展[M]. 周朔，译. 上海：生活・读书・新知三联书店上海分店，上海人民出版社，1990.

自 1973 年起，麦金农(Mckinnon)和肖(Shaw)对发展中国家的金融状况进行了全面且深入的剖析，提出了金融深化与金融抑制理论。肖从金融中介与经济发展的内在联系出发，揭示金融深化对经济的积极作用，强调金融市场自由化不仅能够优化金融结构，实现金融资源的高效配置，还能够激发金融创新，推动金融体系的不断完善。因此，他主张减少政府的过度干预，让金融市场在自我调节中充分发挥其服务功能。麦金农则主要分析发展中国家普遍存在的金融抑制现象。他指出，由于技术水平的限制、市场发育的不完善以及政策环境的制约，发展中国家的金融服务能力和信贷资源无法满足实体经济的需求。在此情况下，政府的过度干预往往取代了市场的自我调节机制，可能导致资源配置的扭曲，因为政府倾向于将资金投向国有企业或政治关联企业，而忽视了更具效率和潜力的私营部门。为了解除金融抑制，麦金农主张适度减少政府的不当干预，提高实际利率水平，让金融市场在自我调节中实现金融资源的合理配置。

二、金融结构的基本范式——银行主导与市场主导

银行主导和市场主导模式分别代表了金融机构和金融市场在金融体系中的不同作用，因此构成了金融结构的基本范式。理论与实证研究表明，两者具有历史演变与全球实践的普遍性，适应不同经济发展阶段的需求，在功能上存在差异且能够相互补充，共同推动金融体系的稳健发展。

（一）银行主导论

银行主导论认为，银行体系相较于资本市场，在融资效率上具有显著优势，对经济发展的推动作用更为直接和有效。早在19世纪末，德国经济学家就通过对比英国和德国的经济发展，提出了银行中心金融结构优于市场中心金融结构的观点。他们认为，德国银行和企业之间的紧密联系降低了信息成本，使企业更容易找到投资项目，从而推动了德国的迅速工业化。20世纪中叶后，日本经济的快速增长也证明了主办银行制度在促进经济发展方面的有效性。

银行主导的融资模式能够高效汇聚并分配金融资源，通过专业化的信息处理机制降低信息不对称，提升融资效率。此外，银行具备强大的风险管理能力，为企业提供稳定的资金流，有利于企业长期发展。同时，银行与企业之间建立长期合作关系，可以监督企业的经营活动，促进公司治理结构的优化，还使得企业能够借助银行的跨周期流动性管理能力，更好地应对市场波动，从而增强了经济体系的整体稳定性。（Diamond，1984；Boyd and Prescott，1986；Bencivenga and Smith，1991；Allen and Gale，1994；Lamoreaux，1995；Sirri and Tufano，1998；Stultz，2000）。

银行主导型金融结构的主要弱点是更倾向于为低风险、低收益的传统行业提供融资，导致创新型企业和项目难以获得足够的资金支持，抑制了技术创新和经济增长的潜力。在银行主导型金融结构中，银行作为主要的金融中介承担了大部分的信用风险和市场风险。这可能导致风险过度集中于银行体系，一旦发生系统性风险，可能对整个金融体系造成巨大冲击。

（二）市场主导论

市场主导论强调市场机制在资源配置中具有更加重要的作用。以美国为例，随着货币市场共同基金等非银行金融机构的兴起，家庭储蓄通过更多元化的渠道转化为投资。美国资本市场的充分竞争不仅激发了金融创新，还促使机构投资者在风险管理、资产配置等方面展现出更高的专业性，为风险资本的成长创造了良好的生态环境。反观德国和日本，其以银行为中心的金融体系，虽然在稳定性方面有其优势，但在促进风险资本形成、支持创新型企业发展方面不足，一定程度上限制了这些国家在新经济领域中的竞争力。

市场主导论指出，一个健全且功能全面的证券市场在驱动投资者积极获取信息、实施企业监督、有效管理风险及加速资本流转等方面扮演着至关重要的角色。股票市场的庞大规模与高度流动性为市场参与者提供了一个高效的平台，使其能够迅速将掌握的信息转化为经济收益，激励投资者不断搜寻并分析企业信息。同时，股票市场所施加的监管压力促使企业在融资后持续受到严格的财务监督。在风险管理方面，投资者可以构建证券

投资组合进行风险分散，而二级市场的存在则进一步减轻了因资产变现困难而引发的流动性风险（Levine，1997；Greenwood and Smith，1997；Levine and Zervos，1998；Cihak and Demirgüç-Kunt，2001；Beck et al.，2009；Baum et al.，2011；Davis，2012）。

市场主导型金融结构的缺点主要体现在信息外部性和企业监控两个方面。在信息外部性上，尽管资本市场力求信息透明，但个体投资者因能力限制难以有效处理复杂信息，导致决策误导及信息利用低效，同时企业可能偏重短期业绩，忽视长期价值，加剧了信息的偏差与外部性影响。在企业监控上，市场机制更侧重于短期市场表现，难以确保对企业长期战略和运营质量的深度监督，且存在大股东损害小股东利益的风险。

两类金融结构的运行特征比较见表 2－6。

表 2－6　两类金融结构的运行特征比较

	银行主导型金融结构	市场主导型金融结构
核心特征	以商业银行为中心，银行体系发达，企业外部资金主要来自银行贷款	以资本市场为核心，金融市场发达，企业外部融资依赖股票和债券发行
信息获取与处理	银行与企业建立长期合作关系，全面搜集信息，可能存在内部治理结构及委托代理问题	企业定期披露信息，市场透明度高，市场竞争性价格机制防止信息失真
企业监控与治理	银行通过贷款条件、信贷配给等方式监控企业，银行可能作为大公司外部监督者	股东通过股东大会等机制参与企业决策，股价波动和投资者关注度构成市场压力
风险承担与分配	银行承担主要金融与经济波动风险，有助于稳定金融形势，但也容易积累系统性风险	投资者通过多样化投资组合分散风险，金融市场高度敏感性可能导致经济波动加剧
经济影响与发展阶段	适用于金融业发展初级阶段，有助于执行政府产业政策，鼓励企业规模扩张和高杠杆	适用于经济较为发达的国家，激励企业技术创新，促进风险投资和经济发展

（三）功能互补论

无论是银行体系还是金融市场，本质上都是为各类企业及产业的发展提供金融支持与服务。因此，模式的选择关键在于如何确保金融服务的整体水平和效率，而非简单地评判哪一方更为优越。金融机构与金融市场之间虽然在融资成本方面有所差异，但两者存在互补性和融合性，能够构建多样化融合形态的金融体系。

在经济发展的不同阶段，银行与金融市场扮演着截然不同的角色。对于发展尚处初级阶段的国家而言，银行构成了金融体系的支柱，其独特的借款人监督机制在降低风险、提升融资效率以及推动经济动态增长方面发挥着重要作用。然而，随着经济的逐步成熟，金融市场在处理信息不对称方面的优势日益凸显，其在金融体系中的地位也随之上升（Harris，1997；Kunt and Levine，2001；Tadesse，2002；Cull and Xu，2011；Kunt et al., 2011; Kpodar and Singh, 2011; Beck et al., 2012;林毅夫,2013)。龚强等(2014)提出,评估一个国家金融体系效率的高低,关键在于考察其金融结构是否与整体产业结构相契合。银行与金融市场作为不同的制度安排,只有当它们的制度特性与经济发展阶段相匹配时,才能充分发挥金融体系的效能。林毅夫等(2009)强调,金融体系内生于经济体系,理想的金融结构应满足不同产业和企业的融资需求。随着实体经济的演变,金融结构也应相应调整,以形成不同发展阶段下最优的金融结构演进路径。林毅夫和李志赟(2005)采用股票资产与现金及存款的比例作为衡量金融结构的指标,揭示了不同发展阶段国家金融结构的差异性,并指出存在一种动态意义上的、与经济发展阶段相匹配的最优金融结构。这意味着,从长期来看,并不存在一成不变的最优金融结构,其衡量标准在于是否能充分满足特定时期企业的融资需求。因此,一国在特定时期的要素禀赋和工业结构需要与之相适应的最优金融结构。为了提升金融体系的功能,LLSV(1998)等学者推广并完善了金融服务观和法律主导论。他们认为,合约、市场和中介等金融安排均能提供金融服务,有助于企业的外部融资和投资者保护,因此应着力完善金融体系的法律制度,以提高金融体系的整体服务水平,推动技术进步和经济发展。

三、金融结构的演进

金融结构的演进是一个逐步由简入繁、由集中趋向分散、由传统模式向现代形态过渡的过程。在早期的农业社会里,金融活动多以非正式的形式存在,如家族内部及亲朋好友间的资金借贷,尚未形成系统化的金融体系。随着工业化和城市化步伐的加速,商业银行逐渐崭露头角,成为处理存款、贷款及支付业务的核心机构,为企业及个人提供了全面的金融服务。随着经济与金融的深度融合,股票市场、债券市场及外汇市场等多元化投资平台相继涌现,为投资者提供了更为丰富的投资选项和融资渠道。此外,科技的发展对金融结构和金融服务模式产生了深刻的影响,催生了影子银行、互联网金融、移动支付及区块链等一系列新技术和新业务模式,这些变革不仅改变了人们的金融行为,也重塑了金融服务的提供方式。

(一)金融结构演进的第一阶段:银行主导阶段

国别研究表明,在金融体系的早期发展阶段,银行在满足经济主体基本金融需求、维护金融体系稳定性、进行信息处理以及推动金融创新等方面具有显著优势,使得银行先于股票市场成为至关重要的金融中介。首先,银行在满足经济主体的基本金融需求方面具有天然优势。在金融体系初建的时期,经济活动主体对于融资和支付服务的需求尤为迫切。银行作为专业的金融机构,能够提供稳定的资金来源和便捷的支付渠道,从而有效促进了经济活动的顺利进行。其次,银行在金融体系的稳定性方面发挥了重要作用。在金融发展的早期阶段,由于市场机制尚不完善,金融风险较高,银行通过其专业的风险管理能力和严格的监管制度,为储蓄者和投资者提供了一个相对安全的金融交易环境。这在一定程度上降低了金融风险,增强了金融体系的稳定性。再次,银行在信息处理方面具有优势。在金融体系构建的早期阶段,信息流通不畅,经济主体之间往往存在信息不对称的问题,银行作为中介机构,能够收集、整理并传递相关信息,降低了信息搜寻和处理的成本。这有助于储蓄者和投资者做出更为明智的决策,促进了金融资源的有效配置。最后,银行在金融创新方面发挥了引领作用。在金融体系的早期发展阶段,银行不断探索新的金融产品和服务,满足了经济主体多样化的金融需求。这推动了金融体系的创新和发展,为后来的金融市场繁荣奠定了基础。

(二)金融结构演进的第二阶段:市场主导阶段

进入20世纪,伴随着经济的持续增长,发达国家的金融体系经历了一场深刻的转型,逐渐由原先的银行核心模式演变为资本市场引领的模式。在这一转变过程中,金融机构多样化发展,保险业的地位提升,金融相关比率提高到1以上的水平,股权类证券在金融体系中占比增长(戈登史密斯,1960)。资本市场主导阶段又可以分为三个阶段:弱市场主导阶段、强市场主导阶段、证券化阶段。

(1) 弱市场主导阶段。20世纪中后期,日本及部分欧洲国家在储蓄向投资流转过程中显现出弱市场主导特征。在这一阶段,银行虽然在金融体系中仍保持主导地位,但非银行金融机构及资本市场逐步侵蚀银行的市场份额。此时的金融市场格局中,货币市场主要表现为银行间同业拆借较为活跃,资本市场则侧重于国债交易,相比之下,公司证券与票据市场的发展尚显不足,未达到成熟水平。

(2) 强市场主导阶段。20世纪中后期,英国、美国等的金融体系迈入了强市场主导阶段。这些国家的货币与资本市场在规模与复杂性上均实现了显著提升。同时,各类非银行金融机构,特别是货币市场基金与投资基金,其发展已颇具规模,这一变化使得银行资产在金融机构总资产中的占比显著缩减。储蓄方式也经历了从传统银行存款向股票、债券、基金份额及保险单等多元化形式的转变。此外,企业融资也不再主要依赖银行,转为更多地通过资本市场发行票据、债券及股票等证券筹资模式。

(3) 证券化阶段。20世纪90年代以后,信息技术的进步与制度环境的变革共同推动了金融体系的新一轮演变。信息透明度的提升与交易成本的下降,使资本市场进一步的拓展与深化,步入了证券化发展的新阶段(雷布津斯基,1997)。在此阶段,储蓄的集聚、分配以及企业的监管职能,主要依赖流通证券作为载体,并通过投资银行与资本市场的运作来实现。证券化阶段,银行的资产负债结构日益呈现出"投资银行"化的特征,其组织形态也趋向于综合化与全能化。银行将原本流动性较差的资产(如贷款)转化为可交易的证券类金融工具,通过资产证券化的方式优化其资产结构,并提升资产的流动性。同时,在负债方面,存款的比重逐渐下降,而同业存单、定期存单(certificates of deposit, CD)、债券等新型负债来源的比重不断上升。证券化阶段的另一个显著标志是金融衍生品市场的不断发展。期货、期权、互换等金融衍生品的涌现,不仅使得原生证券市场的金融风险得以量化并进行交易,而且结构化证券等衍生工具的创新还为风险的组合管理提供了便利,实现了资金配置与风险配置的分离。这一变化满足了具有不同收益与风险偏好主体的需求,从而极大地推动了证券化阶段的发展进程。

储蓄向投资转化过程中媒介的转变,即从银行主导向资本市场主导,其根本驱动力在于一系列深层次的经济与环境变革。首要因素是信息技术的进步提升了信息流通的速度与准确性,显著降低了交易成本,为资本市场的高效运作提供了技术支撑。此外,信息披露机制的优化及信息处理的专业化，增强了市场透明度，降低了信息不对称风险，进一步提升了资本市场的吸引力。同时，产权保护制度的强化与法治环境的完善，为资本市场构建了稳固的制度基石，有效减少了交易摩擦与不确定性，促进了储蓄向投资的顺畅流动。更为重要的是，随着经济的持续增长与市场主体的多元化发展，企业和投资者的需求趋于多样化，而资本市场在提供金融产品与服务方面展现出更高的灵活性与创新性，从而更好地满足了这些需求。

专栏 2-3 危机后欧洲金融结构的演变

欧洲经历次贷危机与欧债危机后，欧元脆弱性显现，经济大幅波动。为稳定经济，欧洲中央银行实施量化宽松，欧盟推行金融监管改革，金融结构因此悄然转变。欧洲金融结构的演化具备两大特征。一是债券融资规模明显扩大，贷款融资不再占据绝对优势。2012—2015 年，以银行体系为主的货币金融机构对非金融企业贷款净下降规模达 3 181 亿欧元，而同期的企业债券发行净值则增加了 3 028 亿欧元。二是以投资基金为代表的非银行中介机构崛起。以金融市场中介为主的非银行部门金融资产逐渐增加，并在 2014 年首次超过银行部门资产。

推动欧洲金融结构变化的因素是多重的，归纳起来主要包括以下三个方面。

(1) 银行贷款与非银行融资(如债券)之间存在替代效应。哈佛大学的研究表明，当出现银行提高信贷条件、存在较高的不良贷款率，或者银行股票价格偏低以及货币政策条件偏紧等情况，企业外部融资将从获得贷款转向发行债券。

(2) 低利率水平提高了对金融市场的产品需求。非常规货币政策降低了存款的利益回报，也降低了市场产品的风险溢价。出于对利润的追求，投资者会增加对风险较高的金融市场产品的购买。此外，低利率导致初期的净利差收益减少，迫使银行业“寻求收益”而从事高风险的金融市场业务，尤其是受危机影响较小的中部和北部国家。1985—2010 年，欧洲银行体系出现了杠杆率过高、高度集中以及规模过大的问题，欧盟整体银行体系总资产一度超过欧盟 GDP 的 3 倍，部分国家的这一比率甚至更高。欧盟认为，银行对私人部门的贷款急剧膨胀是危机发生的重要原因之一，因此决意加强对银行业的监管，限制银行过度发展。2013—2014 年，欧盟先后推出《资本要求指令》(Capital requirements directive Ⅳ, CRD Ⅳ)、《资本要求法规》(Capital Requirements Regulation, CRR)、《银行复苏与处置指令》(Bank Resolution and Recovery Directive, BRRD)三项银行业的重要监管法规；在欧元区启动了“单一银行机制”和“单一处置机制”，给予欧洲中央银行监管银行的权力。这些举措提高了银行体系的资本金管理要求，并对于欧元区银行的统一监管与救助机制也做了相关规定。在收紧银行监管的同时，欧盟对于非银行机构的监管相对滞后，这样的局面导致监管套利行为的出现，被欧洲中央银行认为是非银行体系资产扩大的重要原因之一。

(3) 欧盟实施了促进资本市场发展的结构性改革计划。采取结构性调整的原因主要包括以下两个方面：一是帮助实体经济部门获得更多的融资渠道，避免欧洲银行体系顺周期行为导致信贷供给不足;二是限制政府对银行体系的支持,对银行体系的过度保护会侵害纳税人的利益,制约欧洲金融一体化的实现。因此有必要采取措施支持资本市场发展,促进金融结构的平衡发展。

资料来源:汤柳.危机后欧洲金融结构的演变[J].银行家,2018(9):108-109.

(三) 金融结构演进的第三阶段:复杂金融结构阶段

1. 市场型中介趋势

一是商业银行在金融体系中充当的角色发生了变化。尽管商业银行依然是信用市场的核心主体,但其盈利模式已不再局限于传统的利差收入。当前,众多商业银行选择将信息处理任务外包,例如,依赖市场评级机构来评估企业的信用状况。因此,商业银行的新竞争优势及利润增长点已转向做市商、投资银行、贷款证券化以及信用风险管理等领域。总体来看,商业银行在处理信息不对称问题上的比较优势正在发生转变,这对银行主导型金融结构的传统支撑点构成了挑战。

二是金融中介与金融市场之间的交互活动日益频繁。盈余部门的资金现在更多地通过影子银行系统,以多种间接途径流入实体经济,这一变化增加了信息不对称程度和金融体系的复杂性。以货币市场基金为例,当居民购买基金份额时,就间接持有了基金购买的商业票据。这些商业票据一般来自某个特定目的实体,但实际发行方可能正是传统的商业银行。在负债方面,基金等财富管理工具所形成的金融契约既具有信托性质,又带有准债权债务的特征,难以用传统的直接融资和间接融资进行界定。

三是金融中介与金融工具之间的界限变得愈发模糊。传统上由商业银行等储蓄类机构提供的金融工具,已不再局限于存款类产品,而是扩展为货币市场基金、保险、信托等多种形式。同时,货币市场基金、养老金等金融工具,在功能上几乎与储蓄相当,但其运作机制却与银行存款存在显著差异。随着金融交易活动在商业银行与金融市场之间的频繁进行,这些活动的规模不断扩大,交易链条也日益延长,涉及多个不同的金融中介。这种趋势模糊了以往金融结构的清晰划分,使得信息监测与监管的难度显著提升。

2. 金融科技"新中介"和"整合化"趋势

在金融科技的推动下,传统的金融中介角色和功能正在发生转变,同时新的中介形式如金融科技企业和大型科技公司也在不断涌现。这些新中介利用大数据、人工智能、区块链等先进的技术手段,提供更加高效、便捷、个性化的金融服务。其直接或与金融机构合作提供贷款,开展供应链金融服务,拓展金融服务的场景和范围,通过整合各方资源,构建金融科技生态系统。

(1) 金融体系内部的"新中介化"

在过去的十年里,金融科技行业引领了一场重大变革,开创了以双边或多边市场中介为基石的平台化运营模式。这种创新模式最初被那些专注于支付、众筹和 P2P(peer-to-peer)借贷的金融科技企业与大型科技公司所采用,其利用高透明度和低交易成本的优势,在零售金融领域为消费者和中小企业提供了便捷的信贷服务。随后,传统金融机构如银行开始尝试平台化的运营模式,实现了在金融科技驱动下的"再中介化"过程,使其在降低交易和信息成本及增强市场流动性方面都得到了提升。随着金融科技企业与大型科技公司等“新中介”的规模不断扩大，它们不再局限于单纯的信息中介角色，而是开始整合并利用所积累的用户数据和元数据，开发出基于数据驱动和数据衍生的新功能，以此进一步拓宽其服务范围和提升价值创造能力。

(2) 金融体系内外部的“整合化”

当前阶段的金融科技创新起源于金融体系内部与外部的深度交融，金融科技企业依托其“网络效应”，为实体经济与金融体系带来了新的活力。大型科技公司如美国的GAFA（包括Google、Apple、Facebook、Amazon）和中国的BATX（包括百度、阿里巴巴、腾讯和小米）等，利用信息与通信技术（information and communication technology, ICT）搭建的数字平台，已成为金融创新的关键力量。尽管科技公司与金融科技的融合加剧了银行业的竞争，但长期来看，完全融入金融体系并非科技公司的核心利益。因此，银行也开始利用ICT来打造自己的金融科技平台，成为整合的关键点。同时，在低利率环境下，投资者对金融科技平台的“网络效应”及盈利潜力持乐观态度，推进了金融科技平台的资本化进程。这一趋势加速了金融体系的“新中介化”与“整合化”，有助于金融体系在创新、竞争、普惠、风险管理以及监管方面更加完善。

第三章　利率结构与利率决定

内容提要

利率在现代经济中具有重要地位和作用，它影响着资本配置、货币政策、资金成本和外汇市场等方面。利率是资本市场中重要的定价指标之一，反映了借款的成本，影响着资金的流动方向和规模，决定了投资者对不同资产的需求。利率的高低也影响着国际资金的流动和汇率的波动，是中央银行货币政策的重要组成部分，对经济增长和金融稳定起到关键作用。

第一节　利率及债券价值分析

一、利息的来源和本质

利息是借贷关系中借款人支付给出借人的报酬，可以看作对出借人延迟消费、放弃替代性投资收益、抵御通货膨胀、弥补流动性风险和违约风险的补偿。

马克思认为利息的实质是资本主义生产方式下的剩余价值的再分配。在资本主义社会中，资本家通过投资资本获取利润，而利息则是货币资本家将资本借给职能资本家时所得到的报酬。资本所有权与资本使用权的分离是利息产生的内在前提。而由于再生产过程的特点，导致资金盈余者和资金短缺者的共同存在，是利息产生的外在条件。因此，利息在本质上与利润一样，是剩余价值的转化形式，反映了货币资本家和职能资本家共同剥削工人的关系。

二、利率及利率体系

（一）利率定义及种类

利率是一定时期内利息额与借贷本金额的比率，是借贷资金的价格。由于本金的大小不同，利息支出高的项目不一定借贷成本就高，而利率是利息相对于本金的标准化形式，可以直接比较借贷成本的大小。因此，利率在金融领域中非常重要，是决定企业资金成本高低的主要因素，同时也是企业筹资、投资的决定性因素。

利率在现实经济生活中，有千种以上的具体形态，不同的金融产品都会有相对应的利率，可以按照不同的划分标准对利率进行分类。例如，根据计算利息的期限单位不同，利率可以表示为年利率、月利率和日利率；按照确定的主体不同，有市场利率、官定利率和公定利率；按照在借贷期内利率是否随市场变化而调整，分为固定利率和浮动利率；按照借贷时间的长短，分为长期利率和短期利率等。

在借贷过程中，由于货币贬值而发生的通货膨胀风险会降低债权人的真实收益。基于这种情况，可以把利率划分为实际利率和名义利率。实际利率是指物价不变从而实际购买力不变条件下的利率，名义利率则是包含了通货膨胀因素的利率，两者的关系可以表示为

$$i=(1+r)/(1+\pi)-1 \tag{3-1}$$

式中，r 为名义利率；i 为实际利率；π 为通货膨胀率。通常情况下，也可简化为 $i=r-\pi$，即名义利率扣除通货膨胀率即可视为实际利率。当名义利率高于通货膨胀率时，实际利率为正利率；当名义利率等于通货膨胀率时，实际利率为零；当名义利率低于通货膨胀率时，实际利率为负利率。在利率调控中，中央银行能够影响和调整的是名义利率，但对经济产生实质性影响的却是实质利率。在不同的实际利率状况下，借贷双方和企业会有不同的经济行为，划分名义利率与实际利率为分析通货膨胀下的利率变动及其影响提供了依据与工具。

（二）利率体系

利率体系是一个国家在一定时期内各类利率互相联系所构成的整体，各类利率相互影响，对资金信贷和经济运行发挥调节作用。利率体系可大致分为四个层次：中央银行利率（政策利率）、货币市场利率、商业银行利率、债券利率（图 3－1）。中央银行利率包括存款准备金利率、备付金利率、再贷款利率、再贴现利率、公开市场操作利率等，其作为政策利率发挥基石作用，引导市场利率中枢，对市场利率定价发挥指导作用。货币市场是金融机构调剂资金头寸、进行短期资金融通的市场，货币市场利率可分为债券回购利率、同业拆借利率等。商业银行利率包括存款利率、贷款利率等；债券利率包括国债利率、企业债券利率和金融债券利率等。

在多种利率并存条件下起决定作用的是基准利率，基准利率发生变动，其他利率也会相应变动，了解基准利率的变化趋势，就可以了解全部利率体系的变化趋势。基准利率是指通过市场机制形成的无风险利率，现实生活中并不存在绝对无风险的投资，通过拍卖方式发行和交易的国债利率可以近似为无风险利率，因为其依靠政府信用发行，没有违约风险。需要注意的是，基准利率必须是市场化的利率，只有市场机制才能形成整个社会的无风险利率，也只有市场化的无风险利率变化才可以使全社会其他利率按照同样的方向和幅度发生变化。

实际运用中经常将某个或者某些政策利率称为基准利率。例如，美国的基准利率主

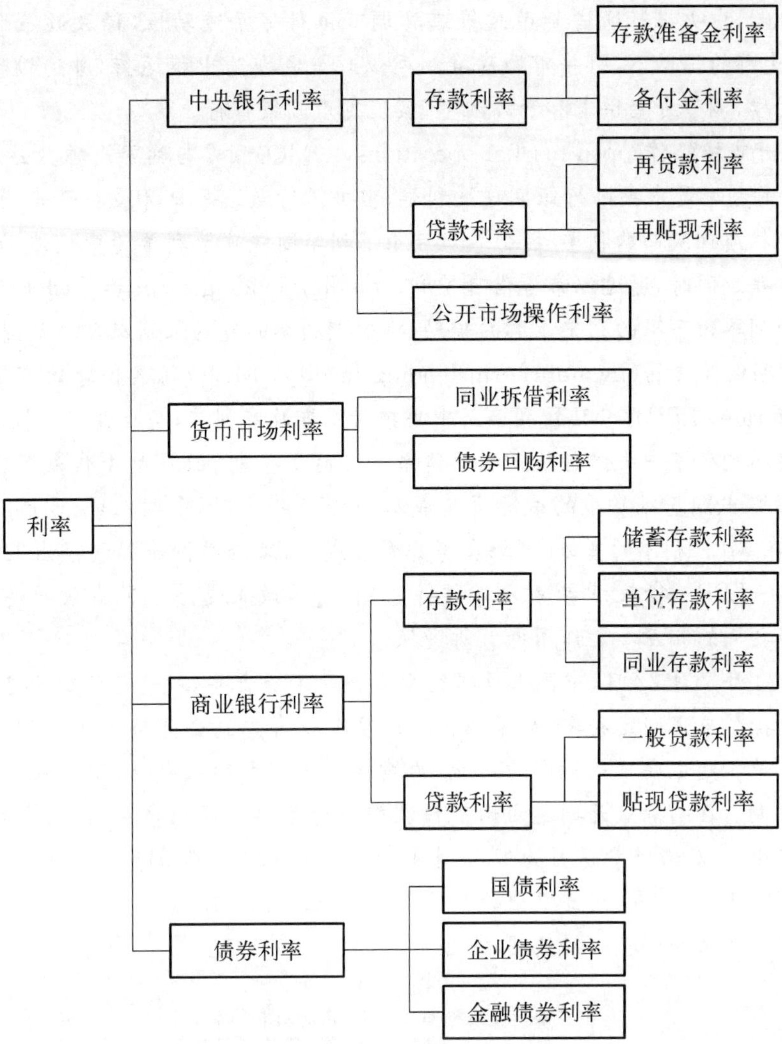

图 3-1 利率体系

要是由美联储确定的“联邦基金利率”。欧洲中央银行发布了三个指导利率：有价证券回购利率、中央银行对商业银行的隔夜贷款利率和商业银行在中央银行的隔夜存款利率。中国人民银行对商业银行等金融机构的存贷利率称为基准利率，2013 年 7 月 20 日，中国人民银行宣布取消贷款利率浮动限制，2015 年 10 月 22 日，中国人民银行取消了存款利率浮动限制，我国存贷款利率理论上进入自由浮动状态，不再要求商业银行必须按照存贷款基准利率来设定其利率水平。我国银行间市场的隔夜和 7 天期逆回购利率是衡量我国金融市场短期资金松紧程度的关键指标，长期利率的基准是 10 年期国债收益率。

专栏 3-1　中国中央银行利率体系建设与利率调控

经过近 30 年来持续推进利率市场化改革，我国已基本形成较为完整的市场化利率体系和传导机制，中央银行通过货币政策工具调节银行体系流动性，释放政策利率调控信号，在利率走廊的辅助下，引导市场基准利率以政策利率为中枢运行，并通过银行体系传导至贷款利率，调节资金供求和资源配置，实现货币政策目标。

(1) 公开市场操作(open market operations, OMO)利率与利率走廊。公开市场操作7天期逆回购利率是中央银行短期政策利率，中央银行通过每日开展公开市场操作，使存款类金融机构质押式回购利率(DR)等短期市场利率围绕政策利率为中枢波动，并向其他市场利率传导。同时，通过以常备借贷便利(standing lending facility, SLF)利率为上限、超额准备金利率为下限的利率走廊的辅助，将短期利率的波动限制在合理范围。

(2) 中期借贷便利(medium-term lending facility, MLF)利率和贷款市场报价利率(loan prime rate, LPR)。MLF利率是中央银行中期政策利率，与公开市场操作7天期逆回购利率共同构成了中央银行政策利率体系。目前1年期MLF利率代表了银行体系从中央银行获取中期基础货币的边际资金成本。2019年8月，中国人民银行推进LPR改革，报价行在MLF利率的基础上，综合考虑资金成本、风险溢价等因素报出LPR，形成了"MLF利率—LPR—贷款利率"的利率传导机制，货币政策传导渠道有效疏通，贷款利率和债券利率之间的相互参考作用也有所增强。

(3) 2024年7月22日，中国人民银行发布公开市场业务公告，宣布即日起公开市场7天期逆回购操作采用固定利率、数量招标。这主要是考虑到公开市场7天期逆回购操作利率已基本承担起主要政策利率的功能，为增强政策利率的权威性，明示操作利率，有效稳定市场预期。在明确7天期逆回购操作利率作为主要政策利率的同时，中期政策利率正在逐步淡出。以2024年7月为例，7月15日MLF利率未做调整，22日7天期逆回购操作利率下降10个基点，同日报出的LPR迅速做出反应并跟随调整。

我国利率体系和调控框架见图3-2。

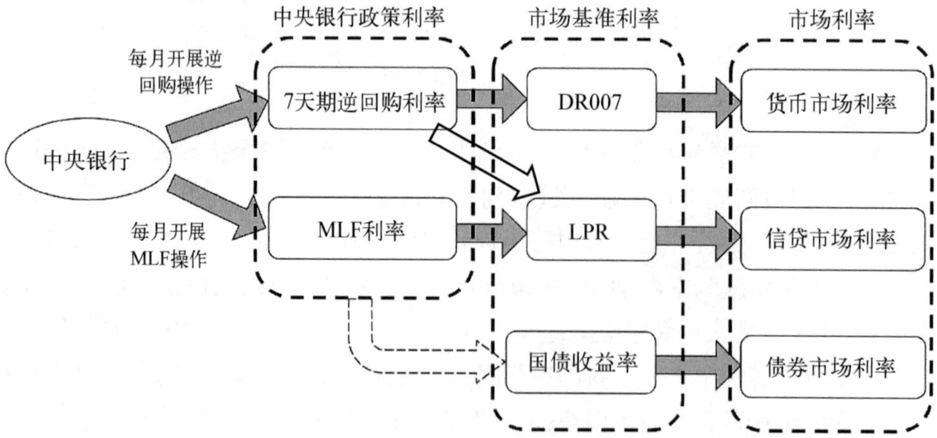

图3-2 我国利率体系和调控框架

资料来源：易纲. 中国的利率体系与利率市场化改革[J]. 金融研究，2021(9)：1-11. 中国人民银行. 2024年第二季度中国货币政策执行报告[EB/OL]. (2024-08-09)[2024-09-05]. http://www.pbc.gov.cn/goutongjiaoliu/113456/113469/5427706/index.html.

三、利率计算

利率体现了货币的时间价值，当前持有的货币可以用于经济活动中的投资，在未来获得高于本金的投资收益。现实中运用不同的计息方式，对资金收益有较大的影响。

(一) 单利和复利

按照利息是否计入本金而生息，计息可以分为单利和复利两种方式。单利是指只按本金计算利息，而不将利息加入本金进行重复计算。如果初始本金为 A，投资 n 年，年利率为 r，n 年后能得到的金额为

$$A(1+nr) \tag{3-2}$$

由于单利计息方式下投资者没有得到利息应该产生的投资收益，所以投资者会要求按照复利计息。复利是指按本金计算出的利息再计入本金，重复计算利息，也就是"利滚利"。如果初始本金为 A，投资 n 年，年利率为 r，每年复利一次，n 年后能得到的金额为

$$A(1+r)^n \tag{3-3}$$

在复利情况下，一定的利率能产生多少利息收入取决于复利次数，复利的频率越高，利息收入越能及时产生利息，最后得到的金额越多。如果每年复利 m 次，那么最后得到的金额为

$$A\left(1+\frac{r}{m}\right)^{mn} \tag{3-4}$$

以单利计算，手续简单，计算方便，借入者的利息负担也比较轻，一般来说，单利计算适用于 1 年以内的短期借贷。以复利计息则更加合理，考虑了资金的时间价值因素，反映出利息的本质特征，有利于提高资金的使用效益，并强化利率杠杆的作用，在投融资活动中普遍使用复利计息方式。

既然复利次数越多，产生的利息收入越大，那么是否可以无限次复利呢？连续复利就是这种情况，相当于每一瞬间获得的利息收入都会立即开始产生利息，这样，n 年后得到的金额为

$$A\mathrm{e}^{nr} \tag{3-5}$$

其推导过程如下所示：

$$\lim_{m\to\infty}A\left(1+\frac{r}{m}\right)^{mn}=\lim_{m\to\infty}A\left(1+\frac{r}{m}\right)^{\frac{m}{r}\cdot nr}=A\mathrm{e}^{nr} \tag{3-6}$$

其中用到了自然常数 e 的定义公式：

$$\mathrm{e}=\lim_{x\to\infty}\left(1+\frac{1}{x}\right)^{x} \tag{3-7}$$

（二）现值和终值

投资或者借贷时我们会考虑这样一个问题：现在投入 1 元，按照目前的利率水平，将来会得到多少钱？或者反过来说，为了在未来某个时点得到一定数量的资金，现在应该准备多少钱作为本金？这就是货币时间价值中的终值（future value，FV）和现值（present value，PV）概念。在每年复利一次的情况下：

$$FV = PV(1+r)^n \tag{3-8}$$

$$PV = \frac{FV}{(1+r)^n} \tag{3-9}$$

在连续复利的情况下，式(3-8)和式(3-9)变成如下：

$$FV = PV \cdot e^{rn} \tag{3-10}$$

$$PV = FV \cdot e^{-rn} \tag{3-11}$$

上式表明，同样数额的资金在不同的时点价值是不一样的，不同时点的资金价值由利率联系起来。将未来的一笔资金按照既定利率水平折算成当前价值，叫作贴现（discount），此时的利率就称为贴现率（discount rate）。

四、债券价值分析

债券是政府、企业、银行等债务人为筹集资金，按照法定程序发行并向债权人承诺于指定日期还本付息的有价证券。债券是固定收益类证券，未来的现金流（本息支付）在债券发行时已经列明。我们可以将债券未来发生的现金流贴现后加总，得到的现值就是债券的价格。一般地，假设 P 为债券的市场价格，i 为债券的票面利率（在债券发行时约定，后续不再变化），C 为每次计息的票面利息，n 为债券的剩余期限，r 为市场利率（即贴现率），V 为债券的面值，则债券市场价格表示为

$$\begin{aligned} P &= \frac{C}{1+r} + \frac{C}{(1+r)^2} + \frac{C}{(1+r)^3} + \cdots + \frac{C}{(1+r)^n} + \frac{V}{(1+r)^n} \\ &= \sum_{t=1}^{n} \frac{V \cdot i}{(1+r)^t} + \frac{V}{(1+r)^n} \end{aligned} \tag{3-12}$$

本小节中，我们在不考虑债券违约和流动性风险的情况下讨论债券的收益，这是理解并分析债券价值的基础。

（一）债券收益率

1. 到期收益率

到期收益率（yield to maturity，YTM）是指在给定债券当前价格及未来本息支付后，债券自身的内含报酬率。到期收益率忽略再投资风险，是假定投资者持有债券直到债券到期时所获得的收益率。假设有一只 2 年期的附息国债，面值是 100 元，票面利率（coupon rate）为 3%，如果债券当前的市场价格是 95 元，那么到期收益率可以计算：

$$95=\frac{3}{1+r}+\frac{3}{(1+r)^2}+\frac{100}{(1+r)^2}$$

求解得出 2 年期附息国债的到期收益率 $r=5.71\%$。

需要注意的是，以上计算方式忽略了再投资风险。所以，投资者购买该国债后，如果在第一年收到的 3 元票面利息无法进行再投资，或者再投资的收益率不等于到期收益率，那么债券到期时所有现金流的终值不一定等于用到期收益率计算出来的终值。此外，这里的计算我们没有考虑风险因素，而真实的债券收益率中包含风险溢价等因素。所以，并非到期收益率高的债券就是好的债券，也可能是由于该债券的风险更大。

债券的到期收益率与市场利率紧密联系，两者同步同向变化。这是因为对同一只债券来说，虽然债券未来的本息支付已经给定，但只要市场利率不同，这只债券现在的价格就不同，其到期收益率也就不同。市场利率提高，债券价格将降低，债券到期收益率将提高，所以债券到期收益率与市场利率保持着同向的联动关系。

2. 即期利率

如果我们要计算 2 年后一笔钱的现值，是否可以用上面 5.71%这个到期收益率来贴现呢？答案是否定的。这是因为前文的债券是付息债券，包括了 3 个时点的现金流，而我们现在要进行贴现，只需要进行终值和现值两个时点现金流的转换。这时我们应该使用的贴现利率是即期利率(spot rate)，又称为零息利率(zero rate)，它是在从现值到终值的持有期间，没有现金支付(如利息或者其他投资收益)情况下的到期收益率。

零息债券(zero coupon bond)，以低于债券票面价值的贴现方式发行，不附息票，到期时按照面值偿还。零息债券的到期收益率就是即期利率。假设有一张面值为 100 元，1 年后到期的零息债券，现在以 97 元的价格出售，可以计算出，1 年期的即期利率是 $100\div 97-1=3.09\%$。

如果有各个不同时期的零息利率，那么就可以使用不同期限的零息利率来为债券定价。但在现实世界中，超过 1 年期的国债都是附息债券，前文已经分析过这种债券的收益率不是即期利率而是到期收益率。不过我们可以从现实世界的债券价格中计算出各期限的即期利率，一种常用的方法是票息剥离法(bootstrap method)。

我们用前文中给出的 1 年期零息债券和 2 年期附息债券的信息来演示票息剥离法。1 年期零息债券的收益率就是即期利率，$r_1=3.09\%$。2 年期附息债券在第 1 年年末会付票息 3 元，在第 2 年年末付第 2 年的票息及面值共 103 元。我们可以把这两笔现金流看成是两张零息债券，分别按照 1 年期即期利率和 2 年期即期利率对其进行贴现，贴现值之和应该等于 2 年期附息债券的市场价格 95 元。这样，虽然市场上没有 2 年期的零息债券，但是我们可以计算出 2 年期即期利率，过程如下：

$$95=\frac{3}{1+3.09\%}+\frac{103}{(1+r_2)^2}$$

$$r_2=5.76\%$$

可以看到，2 年期即期利率 5.76%不同于 2 年期附息国债的到期收益率 5.71%，这是因为前者是两个时点间的即期利率，后者是包括 3 个时点的平均收益率。现在，如果一只 2 年期新债券面值为 100，票面利率为 5%，则可以用 1 年期和 2 年期的即期利率对其进行定价：

$$P=\frac{5}{1+r_1}+\frac{105}{(1+r_2)^2}=\frac{5}{1+3.09\%}+\frac{105}{(1+5.76\%)^2}=98.72(\text{元})$$

如果市场上还有期限更长的国债，可以用类似方法递推得到各个期限的即期利率。将不同期限的即期利率画在一张图上，就是即期利率曲线，可以用于给任何确定现金流定价。类似地，还可以把不同期限国债的到期收益率也画在一张图上，这就形成了国债的到期收益率曲线，简称为收益率曲线(yield curve)，这是金融市场日常业务中最常用的分析工具之一，但是到期收益率曲线不能作为计算贴现现金流的定价利率。

3. 远期利率

在前文的算例中，1 年期即期利率是 3.09%，2 年期即期利率是 5.76%，两者都是年利率，为什么不同期限的即期利率会不一样？这是因为市场预期在发挥作用。

考虑如下两种投资策略。在第一种策略中，将 100 元投资于 2 年期零息债券，持有到期可以得到 $100\times(1+5.76\%)^2=111.85$(元)。在第二种策略中，将 100 元用当前即期利率和 1 年后的 1 年期即期利率 fr 连续滚动投资 2 年，即连买 2 年 1 年期零息债券。如果不存在套利机会，以上两种策略在 2 年后得到的终值应该相等，即 $100\times(1+3.09\%)\times(1+fr)=111.85$，从中可以解出 $fr=8.50\%$。fr 就是站在现在这个时点，预期 1 年后的 1 年期即期利率，也称为远期利率(forward interest rate)，代表了市场对未来即期利率的预期。前文计算出的当前 1 年期与 2 年期即期利率之所以不一样，是因为市场预期在 1 年后，1 年期即期利率会从 3.09%的水平上升到 8.50%。

（二）久期

1. 久期概念

久期(duration)也称持续期、麦考利久期，是 1938 年由麦考利(F. R. Macaulay)提出的。它是以未来时间发生的现金流，按照收益率折现成现值，再用每笔现值乘以距离该笔现金流发生时间点的时间年限，然后进行求和，以这个总和除以债券价格得到的数值就是久期。概括来说，就是债券投资者为收到债券所提供的所有现金流平均要等待的时间。假设债券在第 n 年到期，在到期之前，会在 t_i 时刻给债券持有人提供现金流 c_i $(1\leqslant i\leqslant n)$。为了简化，这里假设用连续复利计息。债券当前价格 P 与债券到期收益率 r 之间有如下关系：

$$P=\sum_{i=1}^{n}c_i e^{-rt_i} \tag{3-13}$$

债券的久期 D 就是以每期现金流的现值与当前价格之比为权重，计算的债券各个现金流支付等待时间的加权平均：

$$D=\frac{\sum_{i=1}^{n}t_i c_i \mathrm{e}^{-rt_i}}{P}=\sum_{i=1}^{n}t_i\left[\frac{c_i \mathrm{e}^{-rt_i}}{P}\right] \tag{3-14}$$

对式(3-13)作全微分，可以看到债券到期收益率 r 的一个微小变化会对债券价格造成的影响：

$$\begin{aligned}\mathrm{d}P&=\sum_{i=1}^{n}-t_i c_i \mathrm{e}^{-rt_i}\mathrm{d}r\\&=-P\frac{\sum_{i=1}^{n}t_i c_i \mathrm{e}^{-rt_i}}{P}\mathrm{d}r\\&=-P\cdot D\cdot \mathrm{d}r\end{aligned} \tag{3-15}$$

整理后将微分符号 d 换成 Δ 可得

$$\frac{\Delta P}{P}=-D\cdot\Delta r \tag{3-16}$$

式(3-16)说明，债券到期收益率变动引起债券价格反向变动，债券到期收益率的变化幅度 Δr 乘以债券的久期 D，就是债券价格变化的比率 $\frac{\Delta P}{P}$。举例来说，一只久期为 5 年的债券，如果债券到期收益率下降 100 个基点(1%)，债券当前的价格则会上升 5%。

如果债券不是连续复利计息，而是每半年付息一次，即一年复利 m 次的时候，式(3-16)可近似为如下：

$$\frac{\Delta P}{P}=-\frac{D}{1+\frac{r}{m}}\cdot\Delta r \tag{3-17}$$

可以定义 D^* 为修正久期(modified duration)：

$$D^*\triangleq\frac{D}{1+\frac{r}{m}} \tag{3-18}$$

同样可以得到类似式(3-16)中收益率变化与债券价格变化率之间的关系式：

$$\frac{\Delta P}{P}=-D^*\cdot\Delta r \tag{3-19}$$

用久期来估算利率对债券价格的影响是一阶近似计算，因此可用久期来估计利率的微小变化对债券价格的影响。如果利率变化的幅度较大，那就需要用到二阶(债券凸性，convexity)甚至更高阶近似。此外，久期模型中利率变化是假设了各期限的利率都会同幅度变化，也就是来估算收益率曲线的平移对债券价格的影响。当我们说利率下跌 1%，久期为 5 年的债券价格上升 5%时，是假设未来 5 年里的市场利率都比之前预期的要低 1%。如果远端期限的利率下跌幅度不足 1%，那么债券价格也无法上升到 5%的水平。

麦考利久期与债券的期限之间的关系存在以下定理。定理 1：只有贴现债券的麦考利久期等于它们的到期时间。定理 2：定息债券的麦考利久期小于或等于它们的到期时间。只有仅剩最后一期就要期满的定息债券的麦考利久期等于它们的到期时间，并等于 1。定理 3：永续债的麦考利久期等于$(1+1/r)$，其中 r 是计算现值采用的贴现率。定理 4：在到期时间相同的条件下，息票率越高，久期越短。定理 5：在息票率不变的条件下，到期时间越长，久期一般也越长。定理 6：在其他条件不变的情况下，债券的到期收益率越低，久期越长。

2. 久期策略

债券投资组合的久期是其中每只债券久期的加权平均，每只债券的权重可以计算为其市场价格（或账面价值，取决于计算的具体方法）占整个投资组合市场价格（或账面价值）总和的比例。债券组合的久期决定了组合价值对利率变化的敏感性。投资者可以通过调整组合中债券的期限和比例，使投资组合的久期达到投资目的和风险管理要求。

投资者可以在债券市场实施积极的久期调整策略，基于对未来利率走势的预测来主动调整债券组合的久期。如果投资者预期利率水平会上升，可以卖出长期债券，缩短债券组合的久期，以减小利率上升后组合价值下跌的幅度。而如果投资者预期利率水平会下降，则会买入长期债券，拉长债券组合的久期，以收获利率下降带来的组合价值上升的收益。简单来说就是：利率升，短久期；利率降，长久期。

投资者也可以利用久期进行免疫。所谓免疫，就是构建这样的一个投资组合，在组合内部，利率变化对债券价格的影响可以互相抵消，因此组合在整体上对利率不具有敏感性。而构建这样组合的基本方法就是通过久期的匹配，使附息债券可以精确地近似于一只零息债券。利用久期进行免疫是一种消极的投资策略，组合管理者并不是通过利率预测去追求超额报酬，而是通过组合的构建，在回避利率波动风险的条件下实现既定的收益率目标。

3. 金融机构的久期缺口

我们可以把债券组合久期的思想扩展到整个金融机构的资产负债管理，通过计算金融机构的久期缺口估算面临的利率风险，并选择相应的策略进行管理。金融机构资产(A)和负债(L)的久期计算如下：

$$D_A = X_{1A}D_1^A + X_{2A}D_2^A + \cdots + X_{nA}D_n^A \tag{3-20}$$

$$D_L = X_{1L}D_1^L + X_{2L}D_2^L + \cdots + X_{nL}D_n^L \tag{3-21}$$

式中，$X_{1j} + X_{2j} + \cdots + X_{nj} = 1$，$j = A, L$，$X_{nj}$ 是以市值计算的各项资产或负债分别在资产组合或负债组合中所占的比重。资产或负债组合的久期就是金融机构整个资产负债表上以市值为权重的各项资产或负债久期的加权平均值。

从资产负债表可得，资产等于负债加上所有者权益（金融机构的净值），即 $A = L + E$，则有 $\Delta A = \Delta L + \Delta E$，或者 $\Delta E = \Delta A - \Delta L$。也就是说，当利率变化时，金融机构净值的变化等于资产市值的变化与负债市值的变化的差额。现在把金融机构净值变化 ΔE 的敏感性与久期联系起来，根据久期模型，假设按年复利 r 计算，可得

$$\frac{\Delta A}{A}=-D_A\frac{\Delta r}{1+r} \tag{3-22}$$

$$\frac{\Delta L}{L}=-D_L\frac{\Delta r}{1+r} \tag{3-23}$$

我们用 $\frac{\Delta A}{A}$ 或 $\frac{\Delta L}{L}$（资产市值或负债市值的比例变化）代替 $\frac{\Delta P}{P}$；用 D_A 或 D_L 表示金融机构资产组合或负债组合的久期；用 $\frac{\Delta r}{1+r}$ 反映利率的变化情况。式(3-22)和式(3-23)可以改写成

$$\Delta A=-D_A\times A\times\frac{\Delta r}{1+r} \tag{3-24}$$

$$\Delta L=-D_L\times L\times\frac{\Delta r}{1+r} \tag{3-25}$$

将式(3-24)和式(3-25)代入 $\Delta E=\Delta A-\Delta L$ 中，进行整理合并后可获得所有者权益的市场价值变化：

$$\Delta E=-[D_A-D_L\times k]\times A\times\frac{\Delta r}{1+r} \tag{3-26}$$

式中，$k=L/A$ 是资产负债率，反映了金融机构的杠杆比。利率变化对金融机构净值（ΔE）的影响可以表示为 $\Delta E=-$[杠杆调整久期缺口] $\times$ 金融机构规模 $\times$ 利率冲击的程度。

(1) 杠杆调整久期缺口 $=D_A-D_L\times k$。杠杆调整久期缺口的绝对值越大，金融机构面临的利率风险越大，反映了金融机构资产与负债久期的不匹配程度。

(2) 金融机构的规模 A。金融机构规模越大，对于任一既定的利率变化，金融机构净值所面临的风险越大。

(3) 利率冲击的程度 $=\frac{\Delta r}{1+r}$。利率的冲击越大，金融机构面临的风险越大。

对于金融机构而言，利率冲击通常由中央银行货币政策或者市场环境的变化引起，是不能被金融机构控制的外部因素。为了应对利率波动，金融机构通过调整久期缺口或金融机构资产规模来实现既定的净值目标。如在预测利率即将下降之前调整资产负债表，扩大资产规模或者加大杠杆调整久期缺口，使预期利率变化后的 ΔE 大于 0；或者在预测央行即将加息之前缩小久期缺口，最大限度地减少净值损失。

第二节 利率的风险结构和期限结构

一、利率的风险结构

任何一种债券都要承担一定的系统性风险和非系统性风险，为引导投资者接受市场投资组合的风险，必须向他们提供超过无风险利率的预期收益率，这就是风险溢价。投资者风险厌恶的程度越大，风险溢价就越高。债券利率 $r = RR + IP + DP + MP + LP + EP$，其中，$RR$ 是无风险利率、IP 是通货膨胀溢价率、DP 是违约风险溢价率、MP 是久期溢价率、LP 是流动性溢价率、EP 是汇率风险溢价率。影响债券利率的主要风险是非系统性风险，即违约风险和流动性风险；系统性风险主要包括通货膨胀风险和汇率风险。本节将主要考察期限相同的各债券利率之间的关系，即利率的风险结构，包括违约风险、通货膨胀风险和流动性风险。

（一）违约风险

借款人到期不能按约定还本付息的可能性就是违约风险，也叫信用风险。它包括两个层面：一是借款者因经营不善，没有足够的现金流来偿付到期的债务；二是借款者有足够的现金流，但没有到期还本付息的意愿。显然，债券的违约风险越大，它对投资者的吸引力就越小，因此债券发行者所应支付的利率就越高。一般来说，信用等级越高的债券，其所需支付的风险补偿率就越低；反之，风险补偿率就越高。

债券违约风险的成因可以分为外部成因和内部成因。外部成因主要包括宏观经济形势、行业环境、信用评级和融资环境等。例如，当宏观经济形势持续低迷时，企业的融资能力下降，债务负担加重，从而增加了债券违约的风险。此外，行业环境的不佳或周期性转折也可能导致企业营收下降，进而引发债券违约。信用评级机构在债券违约风险中扮演重要角色，但其评级下调往往滞后于违约事件的发生，这在一定程度上加剧了投资者的风险。融资环境的不稳定，如融资渠道被挤压和监管政策的变化，也会增加债券违约的风险。债券违约风险的内部成因则主要包括企业战略、公司治理、企业流动性和股利派发等。错误的经营决策、盲目扩张和投资、公司治理结构的缺陷以及流动性不足都是导致债券违约的重要因素。

（二）通货膨胀风险

在前文中我们已经进行过分析，由于通货膨胀会降低货币的购买力，投资者考虑的应该是实际利率而非名义利率。实际利率 i 为名义利率 r 扣除通货膨胀率 π 影响后的利率：

$$1+i=\frac{1+r}{1+\pi}，则\ i=\frac{1+r}{1+\pi}-1=\frac{r-\pi}{1+\pi} \tag{3-27}$$

1. 费雪效应

经济学家欧文·费雪最早提出名义利率随着通货膨胀率的变化而变化，因而这种关系被称为费雪效应(Fisher effect)。在投资金融资产时,面向未来的预期收益,投资者考虑的不是实际通货膨胀率而是预期通货膨胀率,这样,预期名义利率 r^e 等于预期实际利率 i^e 加上预期通货膨胀率 π^e 再加上两者的乘积,即 $r^e = i^e + \pi^e + i^e\pi^e$。费雪认为,预期实际利率是一个由经济中长期因素决定的稳定指标,所以预期名义利率将随着通货膨胀预期保持同步调整。市场上的投资者一旦预期通货膨胀率提高,就要求对未来货币购买力的下降给予补偿,而当期实际通货膨胀率的上升会形成通胀率继续上升的预期,从而推高名义利率。如果预期通货膨胀率下降,就会进入相反的过程,导致预期名义利率下降。

2. 哈罗德-凯恩斯效应

英国经济学家哈罗德认为,通货膨胀影响实际利率而非名义利率。根据凯恩斯的流动性偏好理论,名义利率主要由货币的供给与需求决定。哈罗德认为,只要通货膨胀不影响货币的需求与供给,那么不论通货膨胀预期如何变化,名义利率都将保持不变。通货膨胀会导致货币的实际购买力下降,从而影响投资者对未来收益的预期,进而改变他们对实际利率的要求。因此,预期通货膨胀的上升只会降低实际利率;反之亦然。

3. 理论与现实的关系

现实经济中,当通货膨胀率上升时,投资者往往会要求更高的名义利率以补偿通货膨胀带来的货币贬值风险,但预期通货膨胀率与预期名义利率之间一一对应的关系并不成立。首先,通货膨胀并不是完全可以预期;其次,轻微的通货膨胀可能引发财富效应,即人们为抵消通货膨胀带来的财富贬值会增加储蓄和资金供给,从而形成预期名义利率下降的压力。同时,通货膨胀的收入效应和税收效应都可能带来储蓄增加,降低预期名义利率上升的幅度。总之,现实经济中受到多种因素影响,名义利率的上升幅度一般小于预期通货膨胀率的上升幅度。

(三) 流动性风险

流动性风险,是指债券不能在短期内以合理价格变现的风险。资产在较短的时间以接近市价的价格转换成现金就具有较高的流动性,而将一项投资性资产转化成现金所需要的时间和成本就是流动性溢价(liquidity premium)。从变现能力来看,人们可能更倾向于银行存款而非债券,对于债券则更倾向于国债而非企业债。这样,为了弥补投资者持有企业债券而丧失一定流动性的损失,企业债券的发行者必须提高其债券利率,这一部分增加的利率就是流动性溢价。

债券市场的流动性风险受到四个因素影响: ① 即时性,是指交易在时间上是否能够立即执行,交易的即时性越强,市场的流动性越高,流动性风险越低;② 市场宽度,是指交易价格偏离市场有效价格的程度,在特定的时间内,如果买方的溢价很小或卖方的折价很小,则该市场流动性越高,流动性风险越低;③ 市场深度,是指在不影响当前价格条件下所吸收的成交量,在特定价格上成交数量越多,则市场越有深度,流动性风险越低;④ 市场弹性,是指由于一定数量的交易导致价格偏离均衡水平后恢复到均衡价格的速度,如果由于临时性的订单不平衡导致价格发生变化后,新的订单立即大量进入,则市场具有弹性,流动性风险偏低。

二、利率的期限结构

期限不同的债券即便具有相同的风险、流动性和税率，债券利率也不尽相同。利率期限结构(term structure of interest rate)是指在某一时点上，不同期限资金的收益率与到期期限之间的关系，通常用收益率曲线(yield curve)来表示。收益率曲线(图 3 - 3)纵轴为债券的收益率，横轴为债券的期限，呈现向右上方倾斜的趋势，表明长期收益率高于短期收益率。收益率曲线也可以呈现出其他形态，如水平线、向下倾斜的曲线，甚至出现上述部分或全部收益率曲线形态的组合。

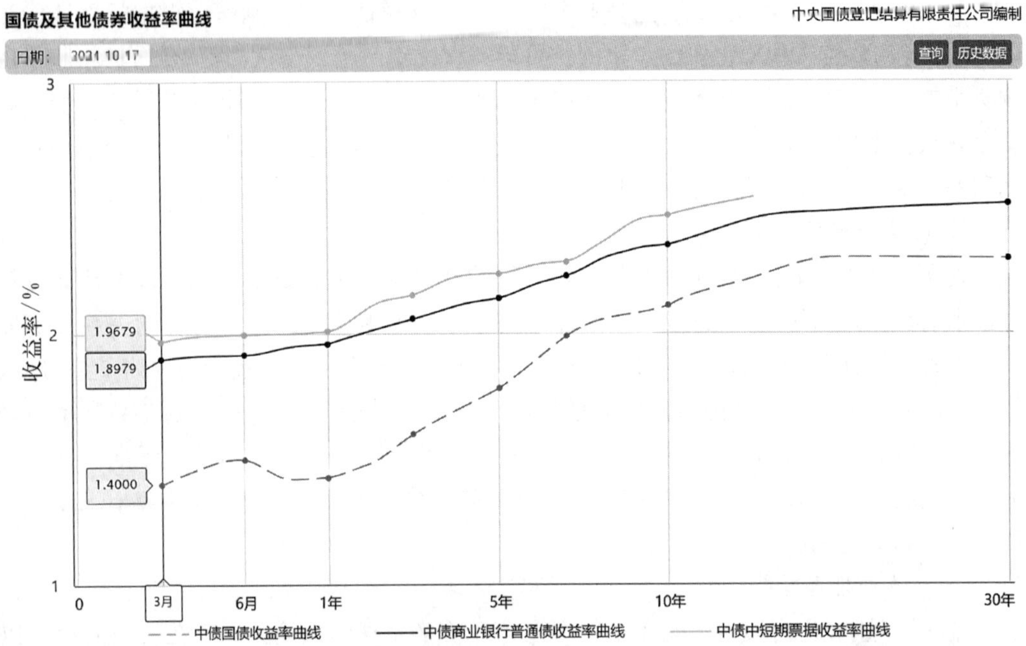

2024-10-17	3月	6月	1年	3年	5年	7年	10年	30年
中债国债收益率曲线 /%	1.4000	1.4989	1.4279	1.5989	1.7805	1.9888	2.1084	2.2950
中债商业银行普通债收益率曲线 /%	1.8979	1.9148	1.9596	2.0571	2.1392	2.2279	2.3508	2.5147
中债中短期票据收益率曲线 /%	1.9679	1.9960	2.0084	2.1529	2.2370	2.2848	2.4681	

注：表中三个月期限国债收益率是用于计算SDR利率的人民币代表性利率。

图 3 - 3　债券收益率曲线

资料来源：中国债券信息网(https://yield.chinabond.com.cn/)。

收益率曲线能反映不同期限的资金供求关系，揭示市场利率的总体水平和变化方向，为投资者从事债券投资和政府有关部门加强债券管理提供可参考的依据。收益率曲线是其他债务工具(如抵押贷款和银行贷款)的利率基准，而且收益率曲线形状的变动可以预测经济产出及其增长的变动。收益率曲线一般具有以下三个特征：不同期限的债券收益率有同向运动的趋势；收益率曲线通常向上倾斜；短期债券收益率的波动通常要比长期债券收益率的波动大。为了解释和分析收益率曲线的不同形态，学者们主要提出了三种理论：预期理论、流动性升水理论和市场分割理论。

（一）预期理论

预期理论假设把当前对未来利率的预期作为决定当前利率期限结构的关键因素。该理论认为，投资者对于债券的期限没有偏好，债券之间可以完全替代，长期债券利率等于债券到期期限内所有短期利率预期值的平均值。简单来说，预期理论在假设中剔除了利率风险和再投资风险，认为远期利率是对未来即期利率的无偏估计。如果买卖债券的交易成本为零，而且上述假设成立，那么投资者购买长期债券并持有到期时，获得的收益与同样期限内购买短期债券并滚动操作获得的收益相同。该理论可以表示为

$$(1+{}_{t}r_{n})^{n}=(1+{}_{t}r_{1})(1+{}_{t+1}r_{1t}^{e})\cdots(1+{}_{t+n-1}r_{1t}^{e}) \tag{3-28}$$

式中，${}_{t}r_{n}$ 为期限为 n 期的债券在 t 时期的利率；${}_{t}r_{1}$ 为期限为 1 期的债券在 t 时期的利率；${}_{t+1}r_{1t}^{e}$ 为在 $(t+1)$ 期的期限为 1 期的债券在 t 时期的预期利率；${}_{t+n-1}r_{1t}^{e}$ 为在 $(t+n-1)$ 期的期限为 1 期的债券在 t 时期的预期利率。

举例： 假设今年 1 年期无风险利率为 3%，人们预期明年的 1 年期无风险利率为 3.5%，后年的 1 年期无风险利率为 4%，大后年的 1 年期无风险利率为 5%，则今年的 4 年期无风险利率为

$$\begin{aligned}{}_{1}r_{4}&=\sqrt[4]{(1+{}_{1}r_{1})(1+{}_{2}r_{1t}^{e})(1+{}_{3}r_{1t}^{e})(1+{}_{4}r_{1t}^{e})}-1\\&=\sqrt[4]{(1+3\%)(1+3.5\%)(1+4\%)(1+5\%)}-1=3.87\%\end{aligned}$$

以同样的方法可以计算 ${}_{1}r_{2}=3.25\%$，${}_{1}r_{3}=3.5\%$，则可以绘制出简单的收益率曲线，见图 3-4。

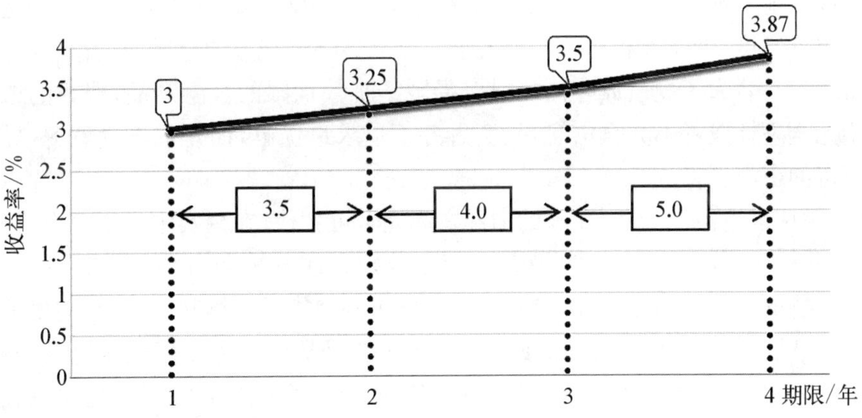

图 3-4 收益率曲线

预期理论认为，长期债券的收益率反映了人们对未来短期债券收益率预期的变化。如果预期长期债券收益率偏离短期债券滚动投资的平均收益率，人们将进行买空和买空的期限套利直到两者趋于一致。同时，从收益率曲线的形状可以判断当前投资者对于未来短期利率的预期。如果投资者预期未来短期利率上升，则收益率曲线向上倾斜；如果预期未来短期利率下降，则收益率曲线向下倾斜；如果预期未来短期利率和当前利率保持一

致，则收益率曲线呈现水平状态。但是预期理论难以解释为什么收益率曲线通常向上倾斜。因此，该理论在解释利率期限结构方面存在着一定的缺陷。

（二）流动性升水理论

流动性升水理论在预期理论基础上考虑了债券的价格波动风险。相较于短期债券，长期债券因承载了更高的不确定性，其流动性相应减弱。为了弥补这一风险敞口，投资者会要求额外的报酬，即所谓的“流动性升水”，使得长期即期利率等于未来短期预期利率平均值加上一定的流动性风险溢价。可见，流动性升水理论承认长短期债券之间具有可替代性，但并不像预期理论所说的那样具有完全可替代性。

根据流动性升水理论，收益率曲线的形状反映了市场预期利率和流动性升水两方面的信息。上斜收益率曲线，表明市场预期未来短期利率既可能上升，也可能不变，还可能下降，但下降幅度小于流动性溢价；下斜收益率曲线，表明市场预期未来短期利率将会下降，下降幅度大于流动性溢价；水平收益率曲线，表明市场预期未来短期利率将会下降，下降幅度等于流动性溢价。

流动性升水理论不仅有助于解释收益率曲线为何总是向上倾斜，而且能够解释期限越长，收益率越平坦的原因。观察收益率曲线的形状可以发现，短期债券和中期债券的流动性差异较大，而长期债券的流动性差异较小。这是因为，随着债券期限的延长，债券流动性减弱的边际效应递减，所以 30 年期与 20 年期债券的流动性差异比 1 个月与 1 年期债券的流动性差异要小得多。

（三）市场分割理论

市场分割理论认为，由于存在法律、偏好或其他因素的限制，投资者和债券的发行者都不能无成本地实现资金在不同期限的证券之间的自由转移。强式的市场分割是由于政府的某些规章制度，借款人和贷款人被要求只能交易特定期限的金融产品；半强式的市场分割是市场参与者为了规避风险而将投资局限于某一期限的金融产品；弱式的市场分割是由于不完全理性或者不完全信息，投资者并不追求最优解，而是追求满意解，导致投资局限于特定的市场。

因此，预期理论假设“不同期限的债券之间完全可替代”在现实中是不完全成立的，证券市场并不是一个统一的无差别的市场，而是分别存在着短期市场、中期市场和长期市场。短期市场的主要参与者是商业银行、非金融机构和货币市场基金等，它们更关注的是本金安全性和资产流动性。长期市场的参与者主要是那些债务期限结构比较长的机构，如人寿保险公司、养老基金等，这些机构对资产的流动性要求相对较低，更注重收入和现金流的确定性。短期和长期市场的参与者通常不会进行投资期限之间的转换，每个细分市场的供求状况决定其利率水平。中期市场的参与者成分比较复杂，容易转换为短期或者长期市的场参与者。

根据市场分割理论，上斜收益率曲线意味着短期债券市场的均衡利率水平低于长期债券市场的均衡利率水平；下斜收益率曲线意味着短期债券市场的均衡利率水平高于长期债券市场的均衡利率水平；峰型收益率曲线表明中期债券市场的均衡利率水平最高。因此，政府可以通过对几个细分市场的供求进行调控从而影响收益率曲线的形状，中央银行可以在不完全影响长期利率的情况下调整短期利率。该理论较好地解释了同业拆借市场长期利率较为稳定，而短期利率经常大幅波动的现象，但现实中当收益率变化时，不同期限的债券大多趋向于同步变化，因此市场分割的作用是有限的。

三、利率结构的信息含义

利率结构蕴含了反映宏观经济状况的信息，收益率曲线的形态对于分析经济运行状况和未来趋势具有重要的作用。

收益率曲线的斜率可以提供经济增长的预测。如果曲线向上倾斜，即长期利率高于短期利率，可能预示着经济增长的预期较为乐观；反之，如果曲线向下倾斜，即短期利率高于长期利率，可能意味着经济增长的预期较为悲观。这是因为长期利率通常反映了市场对未来经济和通货膨胀的预期，而短期利率更受市场流动性和货币政策的影响。

收益率曲线的平坦度可以提供通货膨胀预期和货币政策的预测。如果曲线趋于平坦，即长短期利率之间的差距较小，可能表示市场对未来通货膨胀压力和货币政策的预期较低；反之，如果曲线趋于陡峭，即长短期利率之间的差距较大，可能意味着市场对未来通货膨胀压力和货币政策的预期较高。

收益率曲线的反转(inverted yield curve)可以提供经济衰退的预测。如果短期利率高于长期利率，即曲线出现反转，可能预示着经济衰退的风险增加。这是因为银行等信贷机构通常采用短借长贷获取利差，当收益率曲线反转时，利差缩小甚至可能变为负值，从而压缩银行的利润率，导致银行发放信贷更加谨慎，贷款减少，经济增长放缓。收益率曲线反转还会形成自我实现的衰退预期，当收益率曲线反转时，市场预期未来经济疲软，经济主体变得谨慎，从而引发衰退，这可能导致中央银行降息，从而使短期利率下降。

第三节　利率总水平的决定

一、古典利率决定理论

古典利率决定理论是指 19 世纪末到 20 世纪 30 年代古典经济学派对利率形成和决定的理论观点，主要包括庞巴维克的迂回生产理论、马歇尔的均衡利率理论、维克塞尔的自然利率理论、费雪的时间偏好与投资机会利率理论。根据古典利率决定理论，利率主要由实际因素决定，贷放的资金来源于储蓄，对资金的需求主要来自投资，储蓄和投资达到均衡时决定社会利率总水平。

古典利率决定理论通过分析储蓄 S 和投资 I 等实际经济因素，阐述了利率的变动机制。其中，生产率影响边际投资倾向，导致投资流量随利率 r 上升而减少，形成递减函数关系；同时，边际储蓄倾向影响储蓄，使储蓄流量随 r 上升而增加，构成递增函数关系。利率的变动由投资与储蓄流量的均衡状态决定，通过调整利率 r，可以自动调节储蓄 S 和投资 I 达到平衡，从而保持经济的充分就业状态。

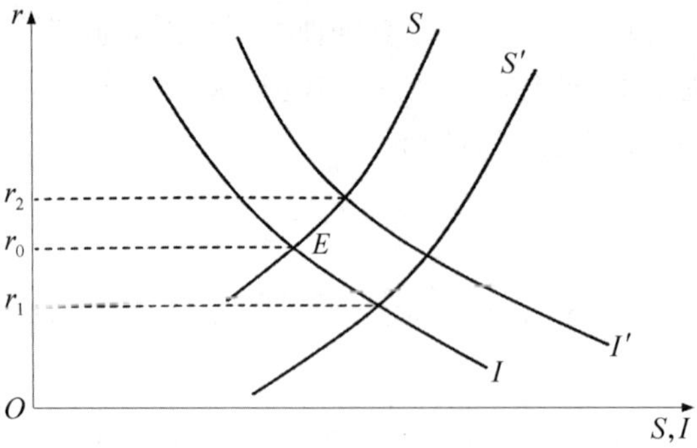

图 3-5 古典利率决定理论

如图 3-5 所示，S 代表资本供给，I 代表资本需求，均衡时相交于 E 点，利率水平为 r_0。如果投资 I 不变，储蓄 S 增加到 S' 会使利率水平由 r_0 下降到 r_1；若储蓄 S 不变，投资 I 增加到 I'，则均衡利率由 r_0 上升到 r_2。

古典利率决定理论是局部均衡理论，利率的功能是使储蓄与投资实现均衡。该理论着重于实物因素如时间偏好和资本边际生产率，却忽略了货币金融因素对利率的作用，因此具有片面性，难以充分解释现代金融体系的复杂性。

二、流动性偏好利率理论

20 世纪 30 年代爆发的世界经济危机中利率无法自动调解实现经济的均衡，这对古典利率决定理论带来了挑战。1936 年，凯恩斯在其著作《通论》中，阐释了流动性偏好理论。

（一）货币供求决定利率水平

凯恩斯认为利息是放弃货币流动性所得的报酬，而非古典利率决定理论所述的节欲或推迟消费的报酬。在现代货币经济中，货币作为特殊资产，具有完全流动性和最小风险性，因此获取货币需支付报酬，即利息，作为对放弃流动性的补偿。利息是货币现象，仅在充分就业且投资不再增加实际收入时，投资减少当前消费形成“强迫储蓄”，利息才可视作对推迟消费的报酬。

凯恩斯假定人们可用来贮藏财富的资产主要有货币和债券两种。货币的回报率为零，债券是货币唯一的替代资产，它的预期回报率等于利率 r。利率上升会增加持有货币的机会成本，从而降低货币的吸引力和需求。在收入和价格水平等其他经济变量都不变的情形下，货币需求与利率呈负相关关系，表现为货币需求曲线 M_d 向右下方倾斜（图 3-6）。凯恩斯假设货币供给由中央银行决定，由于中央银行不以盈利为目的，因此货币供给是不受利率影响的一条垂线 M_s。货币供给曲线与需求曲线相交于 E 点，达到均衡。当市场状态偏离均衡点 E 时，无论是利率过低导致的货币需求过剩，还是利率过高引起的货币需求不足，都会通过买卖债券调整货币持有量，进而促使利率变动，使货币需求回归 E 点，实现新的均衡。

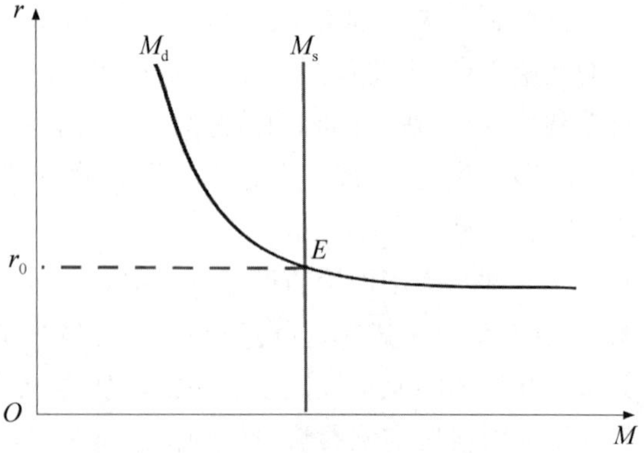

图 3-6 货币市场的均衡

（二）均衡利率的变动

凯恩斯认为影响货币供求的主要因素包括收入效应、价格水平效应和货币政策导致的货币供给变动(图 3-7)。

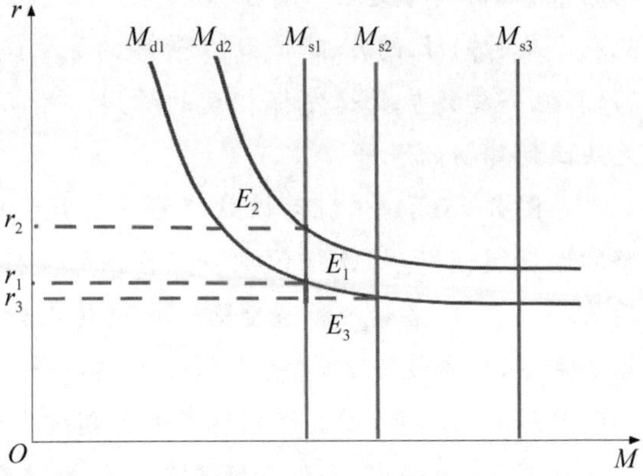

图 3-7　货币供给与需求变动对利率的影响

(1) 收入的变动：经济扩张时，收入和财富的增加导致人们希望持有更多货币以满足交易和财富贮藏需求，从而使货币需求曲线从 M_{d1} 向右移动至 M_{d2}，均衡点从 E_1 点移动到 E_2 点，均衡利率随着收入的增加从 r_1 上升至 r_2。

(2) 价格水平的变动：凯恩斯认为人们关注的是实际货币量，即货币的购买力。物价上涨时，为保持实际购买力不变，人们会持有更多名义货币，导致货币需求曲线从 M_{d1} 向右移动至 M_{d2}，均衡点从 E_1 点移至 E_2 点，价格水平的上升使均衡利率从 r_1 升至 r_2。

(3) 货币供给的变动：中央银行实行扩张性货币政策将导致货币供给曲线向右移动。从图 3-7 可见，货币供给曲线将从 M_{s1} 移至 M_{s2}，均衡点由 E_1 点移至 E_3 点，即供给曲线 M_{s2} 与需求曲线 M_{d1} 的交点，均衡利率从 r_1 降至 r_3。这就是说，在其他因素不变的情况下，货币供给的增加将导致利率的下降。

(4) 货币供求的变动：当货币供求两因素同时变动时，利率的变化取决于这两方面因素变动力度的净效应，即两条曲线移动的最终幅度。若中央银行增加货币供给且物价上升，货币供给与需求曲线均右移。利率的具体变化由两曲线相对位置决定：若同步移动，利率不变；若供给曲线移动幅度大于需求曲线，利率下降；反之则利率上升。此逻辑同样适用于其他因素影响利率的情况。

(三) 流动性陷阱对利率的影响

凯恩斯认为，当利率降至某一临界水平时，货币需求会变得无限大，原因在于债券价格已接近峰值，任何微小的利率上升都会导致债券价格大幅下跌，使债券投资者面临高亏损风险。此时，即便中央银行增加货币供给，人们也更倾向于持有现金而非购买债券，这种现象被称为“流动性陷阱”。如图 3-7 所示，当货币供给曲线从 M_{s2} 右移至 M_{s3} 时，由于利率无法进一步降低，扩张性的货币政策对刺激投资、就业和产出将不起作用。

专栏 3-2　　**货币供给对利率的影响**

一般而言，货币供给的增加可以立即降低均衡利率，因此加快货币供给增长速度的流动性效应可以立即发挥作用。然而，增加货币供给需要时间来提高物价水平和收入，进而对利率产生影响，因此，收入效应和价格效应发挥作用存在着时滞。同样可以提高利率的通货膨胀预期效应发挥作用的时间可长可短，这取决于货币供给增长率提高时人们调整其通货膨胀预期的速度。

图 3-8 列示了三种可能性。分别描述了在时间 T 提高货币供给增长速度后，随着时

间的推移,利率的反应。图 3-8(a)反映的情况是,流动性效应的作用超过了其他效应,因此利率从时间 T 的 r_1 降低到了最终的 r_2。流动性效应迅速降低利率,但随着时间的推移,其他一些效应开始发挥相反的作用。然而,由于流动性效应的作用最大,利率最终也无法回到其初始水平。

在图 3-8(b)中,流动性效应的作用小于其他效应,并且由于预期通货膨胀率向上调整的速度缓慢,通货膨胀预期效应作用的发挥十分滞后。最初,流动性效应降低利率,之后收入效应、价格效应和通货膨胀预期效应开始发挥作用并提高利率。由于这些效应占据了主导,利率最终上升,并超过起初的水平,达到 r_2。在短期内,货币供给增长速度的提高的确降低了利率,但最终利率攀升并超过了最初的水平。

在图 3-8(c)中,人们会随着货币供给增长速度的加快迅速提高其对通货膨胀率的预期,因此通货膨胀预期效应最大,且可以迅速发挥作用。开始,通货膨胀预期效应迅速超过流动性效应,利率立即开始攀升。一段时间后,由于收入效应和价格效应也开始发挥作用,利率将进一步攀升,最终的结果是利率远远超过其初始水平。这一结果清楚地表明,提高货币供给增长速度并不能降低利率,放慢货币增长才能实现调低利率的目的。

对于经济政策制定者而言,一个重要的问题是这三种情形中哪一种最接近现实情况。如图 3-8(a)所示,流动性效应的作用超过了其他效应,要降低利率,就应当提高货币供给的增长速度。如图 3-8(c)所示,其他效应超过了流动性效应,且通货膨胀预期效应可以立即发挥作用,那么就应当降低货币供给的增长速度。如图 3-8(b)所示,其他效应超过了流动性效应,但预期通货膨胀率的调整十分缓慢,那么增加还是降低货币供给增长速度,就取决于政策制定者更关注的是长期还是短期效果。

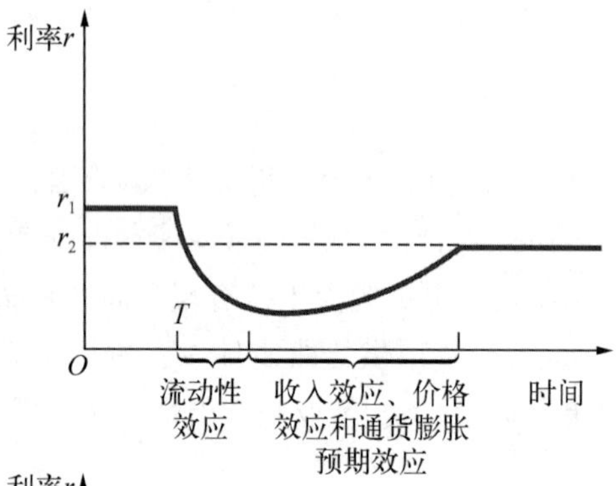

(a) 流动性效应大于其他效应

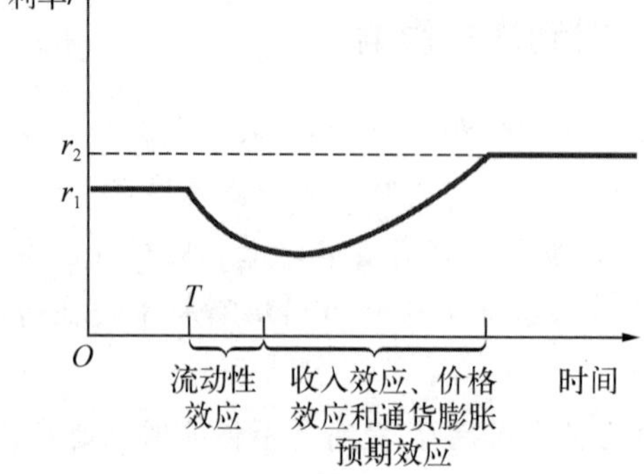

(b) 流动性效应小于其他效应,预期通货膨胀率的调整十分缓慢

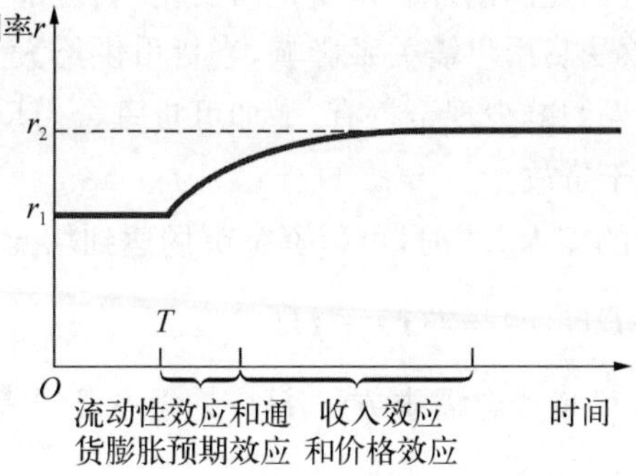

图 3-8 货币供给增长率上升对利率的影响

资料来源：弗雷德里克・S. 米什金. 货币金融学[M]. 郑艳文，荆国勇，译. 11 版. 北京：中国人民大学出版社，2016：93-95.

三、可贷资金利率理论

1937 年，罗伯逊(D. H. Robertson)把货币因素和实质因素结合起来，在完善古典学派的储蓄投资理论和凯恩斯流动性偏好理论基础上提出了可贷资金利率理论(loanable-funds theory of interest)。这一理论受到了瑞典学派(又称"斯德哥尔摩学派")的重要代表俄林(B. G. Ohlin)等的支持，认为利率是由借贷资金的供给与需求的均衡点所决定，并成为一种较为流行的利率理论。

（一）可贷资金的需求

可贷资金的需求包括居民、企业、政府和外国对信贷资金的需求以及货币余额的窖藏，即由投资 $I(r)$ 和窖藏 $H(r)$ 两部分组成，表示为

$$L^d = I(r) + H(r) \tag{3-29}$$

居民的信贷需求主要受非价格因素影响，对利率变动缺乏弹性；企业的信贷需求则与利率水平负相关，且具有较高的利率弹性；政府的信贷需求主要基于社会需求和公众福利，受利率影响较小；外国对信贷资金的需求与本国和外国的利差有较明显关系；同时，货币余额的窖藏也会影响可贷资金的需求，且窖藏行为是利率的递减函数。综合来看，可贷资金的总需求与利率呈负相关关系，其需求曲线向右下方倾斜。

（二）可贷资金的供给

可贷资金的供给主要来自国内储蓄、银行系统的信用创造、外国贷款和货币余额的非窖藏，表示为

$$L^s = S(r) + \Delta M(r) + DH(r) \tag{3-30}$$

国内储蓄由居民、企业和政府储蓄构成，主要受收入水平影响，利率通过收入效应、替代效应和财富效应对储蓄产生复杂影响，但总体上储蓄随利率递增。银行系统通过信用创造形成货币供给，中央银行调控商业银行信用创造能力，影响可贷资金供应，其中商业

银行创造的信用货币随利率递增。外国贷款随国内外利差变化而变化，利差加大时，资金流向高利率国家。货币余额的非窖藏现象受货币供需关系影响，当货币供给大于需求时，人们增加现金持有，减少可贷资金；反之，人们减少现金持有，增加可贷资金。反窖藏部分随利率递增，人们更倾向于将窖藏货币用于贷放。

当可贷资金的供给 L^s 等于可贷资金的需求 L^d 时，可贷资金市场达到均衡，表示为

$$S(r)+\Delta M(r)+DH(r)=I(r)+H(r) \tag{3-31}$$

可以将可贷资金供给方的 $DH(r)$ 和可贷资金需求方的 $H(r)$ 合并得到货币净窖藏 $\Delta H(r)=H(r)-DH(r)$，则均衡条件写为

$$S(r)+\Delta M(r)=I(r)+\Delta H(r) \tag{3-32}$$

此时的利率便是均衡利率，见图 3-9。

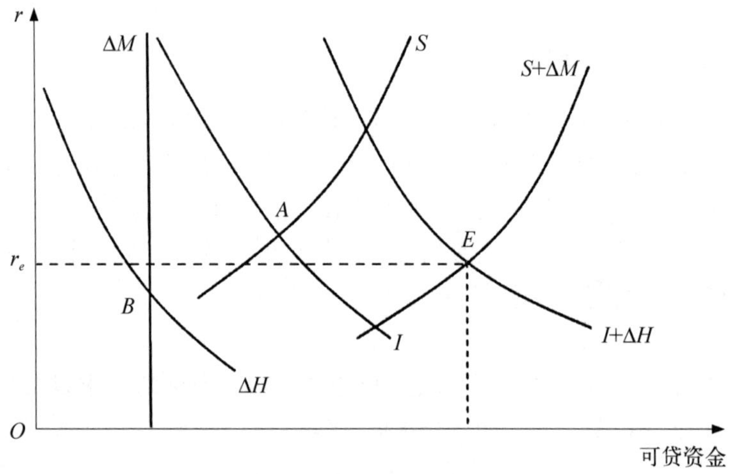

图 3-9 可贷资金市场的均衡

四、理性预期利率理论

20 世纪 70 年代，以卢卡斯(Lucas，1976)等为代表的一些经济学家引入了理性预期的概念，强调市场参与者对未来经济状况的理性预期对经济决策和市场行为的影响。理性预期学派假设市场参与者是理性的，其会尽力获取和处理信息来形成正确的预期，并根据这些预期做出决策。在借贷市场上，市场参与者对未来利率的预期会直接影响其对借贷和投资的决策。如果市场参与者预期利率将上升，他们可能会倾向于提前借款或增加投资，以避免未来利率上升导致借贷成本增加。相反，如果市场参与者预期利率将下降，他们可能会暂缓借款或减少投资，以等待更低的利率。因此，市场预期将在一定程度上影响实际的市场利率水平。

预期内的信息会被市场参与者提前消化并体现在资产价格和利率上，信息发生时反而对市场没有什么影响；但超出预期的新信息会对市场价格产生影响。例如，当经济过热

和持续通货膨胀时，人们预期中央银行将会加息，导致金融市场在加息前就已做出反应，资产价格下跌，利率上升，其变化的幅度取决于预期加息的幅度。中央银行因在组织、网络、研究、监管等方面具有优势，掌握更多关于经济运行及货币政策的相关信息，使其对私人部门的利率预期能够起到举足轻重的作用。中央银行是金融市场的重要参与者，其就货币政策相关信息的沟通行为主要通过信号渠道和协同渠道影响利率变化。信号渠道是指中央银行向金融市场传递信号，创造信息；协同渠道是指中央银行通过沟通减少市场参与者信息和预期的异质性，使利率更真实地反映经济基本面。中央银行可以通过发布《货币政策执行报告》、新闻发布会、演讲、采访等形式向金融市场披露相关信息，主动引导私人部门形成中央银行合意的预期，进而使实际利率逐渐向均衡利率逼近。

第四章 货币供求与货币政策

内容提要

在现实经济中,货币是经济运行不可或缺的润滑剂,商品、服务、资产以货币计价,货币成为各种交易的媒介。货币如何影响实体经济和价格体系是货币理论关注的重点问题。货币理论建立货币供求的均衡框架,研究货币的持有动机和决定因素、货币供给机制和货币供给量调控,以及货币政策目标、传导机制和实施效果。

第一节 货币需求

一、货币需求的含义

货币需求,可界定为在既定的时间区间内,社会各经济主体为达成正常的生产、经营以及各类经济活动的目标,而保留或占有一定货币的动机与行为倾向。满足各种经济活动需求所必备的货币数量,被称作货币需求量。故而,货币需求实为一种受各类客观经济变量所左右的对货币的持有意向或要求,是人们在自身所拥有的全部资产中,按照客观需求判定应当以货币形式持有的数量或份额。

货币需求可以划分为微观和宏观两个层面。微观货币需求聚焦于微观经济实体的资产配置决策过程,探究家庭或者企业在给定的财富水平、利率水平、物价水平等经济条件下,如何确定其持有的货币量,以实现机会成本最小化与收益最大化。宏观货币需求是所有微观经济主体货币需求之和的宏观呈现,考量在既定的经济体系和制度框架下,整个社会需要多少货币量来有效地承担交易媒介、支付媒介以及价值贮藏等重要职能。两者分别从不同角度考察货币在经济体系中的作用和需求情况,在实际经济生活中密不可分,共同构成货币需求体系。

二、主要的货币需求理论

(一) 马克思的货币需求理论

马克思的货币需求理论建立在他对商品经济和货币本质的深刻认识之上。他认为货币是固定充当一般等价物的特殊商品，货币的产生源于商品交换的需要。《资本论》第三卷中写道："现实流通的货币量是由商品的价格和交易量决定的。银行券的流通也受这个规律的支配。"所以，马克思认为物价和交易量决定现实流通的货币量。

马克思在研究金属货币的流通机制时指出："就一定时间的流通过程来说，商品的价格总额/同名货币的流通次数＝执行流通手段职能的货币量。"其公式如下：

$$M=\frac{PQ}{V} \tag{4-1}$$

式(4－1)深度揭示了货币需求的三个维度：商品交易总量 Q、商品价格水平 P 和货币流通速度 V。货币流通速度，即单位货币在既定期间内的平均周转次数，属于调节货币需求量的关键变量之一。在商品价格总额保持不变的情况下，货币流通速度与货币需求量呈反向变动关系；反之，若货币流通速度稳定，货币需求量会随着商品价格总额(商品交易总量与商品价格水平的乘积)的增加而上升。

银行券等纸币是金属货币的符号，其流通规律仍然受到商品价格总额和货币流通速度的制约。纸币的发行量必须以流通中所需要的金属货币量为基础，如果纸币发行量超过了流通中所需要的金属货币量，就会引发通货膨胀；反之，如果纸币发行量不足，就可能导致通货紧缩。

马克思的货币需求分析从宏观经济的角度出发，阐明了商品流通是决定货币流通的基础。尽管马克思的货币需求公式具有重大的理论价值，然而其分析基础主要集中在金属货币，因此在应用于现代经济体系时，必须充分考虑信用货币体系的复杂性和新特点，以便更全面地把握货币需求的动态变化。

(二) 货币学派的货币需求理论

1. 古典货币数量论

(1) 现金交易说及交易方程式

现金交易说，由美国经济学家欧文·费雪在其1911年的著作《货币购买力》中明确提出，为古典货币数量论提供了最清晰的现代表述。费雪强调，货币的价值不仅在于其本身，更在于其作为交换媒介的功能，用于满足人们对商品和劳务的需求。他认为，在一定时期内，社会的货币支出总量必然等于商品和劳务交易量的货币总值，这一思想构成了现金交易说的核心，深刻揭示了货币数量、流通速度、交易量与物价水平之间的内在联系。其公式如下：

$$MV=PT \tag{4-2}$$

式中，左方为货币流通数量 M 乘以货币流通速度 V，表示用以购买商品的货币总值；右方为一定时期各种商品的加权平均价格 P 乘以社会商品总交易量 T，表示商品交易总值。若 V 和 T 保持不变，M 的增加将直接导致 P 的正比例上升；若 M 和 T 不变，V 的提高将引起 P 的正比例上升。

费雪认为货币流通速度受支付习惯、技术进步等因素影响，短期内可视为常量。同理，在充分就业状态下，社会商品总交易量也可以视作常数。所以货币供应量对物价变动起决定性作用，物价的变动则是货币供应量变动的结果，通过控制货币供应量，政府可以影响物价水平和经济活动水平。

该交易方程式为理解货币需求提供了简洁而有力的框架，但忽略了货币的价值贮藏等功能。在货币功能多样化的现代经济环境下，现金交易说的解释力相对有限。

(2) 现金余额说及剑桥方程式

现金余额说，又称剑桥方程式，由马歇尔、庇古等剑桥学派的经济学家创立。该理论从货币的价值贮藏手段功能出发，从个人资产选择的角度，构建了货币需求的理论模型。他们认为，人们持有货币主要出于交易媒介和财富贮藏的需要，以便于交易和预防意外。货币持有额和个人财富总额成正比，和持有货币的机会成本(如其他资产的收益率)成反比，同时会随着货币持有者对未来收入、支出和物价的预期上升而增加。在现金余额说的框架下，经济中的货币供给和货币需求会自动趋于均衡，在充分就业状态下，货币需求同人们的财富或名义收入保持一定的比率。其公式如下：

$$M = KPY(0 < K < 1) \tag{4-3}$$

式中，M 为货币需求，K 为人们愿意以货币形式持有的名义收入的比例系数，P 为一般物价水平，Y 为总产出。

剑桥方程式表明，在 K 和 Y 相对稳定的情况下，货币需求与物价水平成正比。如果货币供给增加，物价水平也会相应上升，以保持货币需求与供给的均衡。虽然剑桥方程式与费雪的交易方程式结论相似，但剑桥学派的理论更强调个人选择意愿对货币需求的影响，并隐含地承认利率因素会影响货币需求。

2. 弗里德曼的现代货币数量论

1956 年，米尔顿·弗里德曼发表论文《货币数量论：一种新的阐释》，提出了现代货币数量论的框架，从实证角度分析货币持有的实际状况，研究在不同经济情境下，决定个体或经济体货币持有量的多元化因素。弗里德曼指出，决定货币需求的核心要素涵盖了财富总量的规模、财富构成中人力资本与非人力资本的比例、各类资产(包括货币)的预期收益率，以及货币相较于其他资产所能提供的特定效用，这些效用还受到非收入因素的显著影响，如个人的货币偏好、对未来经济稳定性的预期，以及技术变迁与制度环境等外部条件。基于上述综合考量，弗里德曼构建了一个更为复杂的货币需求模型：

$$\frac{M_d}{P} = f\left(r_m, r_b, r_e, \frac{1}{P} \cdot \frac{\mathrm{d}P}{\mathrm{d}t}, w, \frac{Y_p}{P}, u\right) \tag{4-4}$$

式中，M_d 为名义货币需求量，P 为价格水平，r_m 为货币预期收益率，r_b 为债券预期收益率，r_e 为股票预期收益率，$\frac{1}{P} \cdot \frac{\mathrm{d}P}{\mathrm{d}t}$ 为商品预期收益率，w 为非人力财富占总财富的比例，Y_p 为名义永久性收入，用来代表财富，u 为影响货币需求的其他因素。

弗里德曼根据美国 1892—1960 年的资料，用最小二乘法估算出美国的实际货币需求与永久性收入和利率间的关系如下：

$$\ln\frac{M_d}{P}=3.003+1.394\ln Y_p-0.155\ln r \tag{4-5}$$

$$R^2=0.99$$

式中，M_d 包括活期和定期存款，r 为 4～6 个月的商业票据利率，R^2 为相关系数。

弗里德曼指出，人们对货币的需求主要取决于持久收入，也就是对长期平均收入的预期值，而非当下的现期收入。在对美国 1892—1960 年这段时期的研究中，他发现持久收入较为稳定，不像现期收入那样起伏较大。因此，基于持久收入的货币需求也相对稳定。例如，在经济繁荣或衰退的不同阶段，尽管现期收入会有显著变化，但人们基于长期收入预期，对货币的需求不会出现剧烈波动。

弗里德曼分析了货币供应量与经济活动的关系，认为长期货币中性而短期货币非中性。在长期中，货币供应量的变化仅仅影响物价水平，而对实际经济变量（如产出、就业等）并无实质性影响。例如，在某些时期货币供应量大幅增加，但从长期来看，经济的实际产出并未相应大幅增长，主要表现为物价的上涨。在短期内，货币供应量的变化会对经济活动产生作用。当货币供应量增加时，会致使利率下降，刺激投资和消费，进而推动经济增长。但这种影响是暂时的，随着人们对物价预期的调整，经济会逐渐回归长期均衡状态。弗里德曼认为货币政策的主要目标应该是控制通货膨胀，而不是刺激经济增长。主张实行稳定且可预测的货币政策，即按照固定的货币增长率供应货币。他认为这样能够避免货币政策的随意性和不确定性，为经济提供稳定的货币环境。

尽管弗里德曼的货币理论摒弃了货币流通速度为常数的传统假设，但他仍坚持认为货币供给在决定名义总收入方面扮演着核心角色，这一立场使他得出了与古典货币数量论相一致的结论。因此，弗里德曼的货币数量理论实质上是对传统货币数量说的现代诠释与重构，故而被誉为“现代货币数量论”，这一理论在保留货币数量说精髓的同时，也融入了新的经济分析视角与假设。

（三）凯恩斯的货币需求理论

1. 流动性偏好理论

凯恩斯在著名的《通论》中，摒弃了古典学派视货币流通速度为常量的观点，提出了着重强调利率重要性的货币需求理论。凯恩斯指出，人们持有货币的需求源于满足流动性偏好，即公众愿意以货币形式持有财富和收入的愿望与心理。流动性偏好与利率呈反向变动关系，当利率较低时，货币需求即流动性偏好会提高；相反，利率较高时，流动性偏好降低，人们始终在持有货币所获效用与放弃货币所得收益之间进行权衡。因此凯恩斯的货币需求理论又被称为流动性偏好理论，该理论提出了影响货币需求的三个动机：交易动机、预防动机和投机动机。

货币的交易动机和预防动机共同形成了货币的交易需求。这种需求与收入紧密相关，收入越多，货币的交易需求就越大。这是因为随着收入的增加，人们的开支必然会相应增加，交易的数量会增多，进而人们的预防需求也会变得更多。由此可见，货币的交易需求与收入的变化方向是一致的。其公式如下：

$$M_1 = L_1(Y) \tag{4-6}$$

式中，M_1 表示满足交易需求的货币需要量，L_1 表示决定于收入水平的货币需求函数，Y 表示国民收入。

投机动机也被称为资产动机，由此产生的货币需求为资产性货币需求。在只考虑货币和债券两种资产的情况下，资产性货币需求由市场利率的高低所决定。市场利率越高，持有货币的机会成本越高，货币需求量就越低。其公式如下：

$$M_2 = L_2(r) \tag{4-7}$$

式中，M_2 表示满足资产需求的货币需要量，L_2 表示决定于利率水平的货币需求函数，r 表示利率。

这样，货币的总需求量公式如下：

$$M = M_1 + M_2 = L_1(Y) + L_2(r) \text{ 或 } M = L(Y,\ r) \tag{4-8}$$

凯恩斯严格区分了名义货币余额和实际货币余额。他强调，货币的真正价值应通过其所能交换的实际商品和服务来衡量。假设经济体中的每一件商品价格均翻了一倍（物价总水平翻倍），那么原先所持有的一定量名义货币的购买力将减半。基于以上分析，凯恩斯提出，人们追求的并非名义货币数量，而是在考虑了物价变动后具有真实购买力的实际货币余额（real money balances），其公式如下：

$$\frac{M_d}{P} = L(Y,\ r) \tag{4-9}$$

式(4-9)表明实际货币余额需求与名义利率 r 负相关，与实际收入 Y 正相关。

凯恩斯的货币需求理论认为货币流通速度并非常量，而是会根据市场利率的变动灵活调整。我们可以将流动性偏好函数改写成如下公式：

$$\frac{P}{M_d} = \frac{1}{L(Y,\ r)} \tag{4-10}$$

式(4-10)两边都乘以 Y，当货币供给等于货币需求时，得到货币流通速度如下：

$$V = \frac{PY}{M} = \frac{Y}{L(Y,\ r)} \tag{4-11}$$

式(4-11)展示了货币需求与利率之间的反向关系：随着利率水平的上升，货币需求减少，提升货币在经济体系中的流通效率，即流通速度加快。鉴于利率在经济运行中经常波动，货币流通速度也会随之发生变动。这一理论充分考虑到利率变动对货币流通速度及整体经济活动的深远影响，直接挑战了货币数量论长期秉持的“名义收入主要由货币供应量变动决定”的观点。

2. 凯恩斯货币需求理论的发展

20 世纪 50 年代后凯恩斯的货币需求理论得到了进一步的研究和扩展。鲍莫尔在交易性货币需求分析中考虑了利率因素，提出平方根定律，表明交易性货币需求规模与收入呈正相关，与利率呈负相关。惠伦(Whalen)在预防性货币需求分析中加入利率因素，得出立方根定律，表明预防性货币需求与非流动性成本(变现手续费)和净支出方差呈正相关，与利率呈负相关。托宾在投机性货币需求分析中考虑了预期的不确定性，得出托宾资产组合理论，证明了投机性货币需求与利率的负相关关系。

第二节　货币派生与供给

一、货币供给

货币供应量，是指在特定时期内，一个国家或地区经济体系中流通的货币总量，反映了经济中的流动性状况。名义货币供应量是不考虑物价水平变化的货币存量，实际货币供应量反映剔除了物价水平变化影响之后的实际货币购买力。从静态视角分析，货币供应量体现为经济体系中各种形式的货币性资产组成的总存量，包括现金(纸币和硬币)、活期存款(可以随时提取的银行存款)，以及其他一些短期的、流动性较高的金融资产。从动态视角来看，货币供应是金融机构(主要是中央银行和商业银行)在一定时期内向经济体系注入货币的行为。这个过程涉及信贷活动，即银行通过贷款和其他信用工具向市场提供资金，从而增加经济中的货币供应量。

货币供给的主要内容包括货币层次的划分、货币创造过程和货币供给的决定因素等。在金属货币体系下，货币供应量的增长受到币材禀赋(如黄金)的限制。在现代信用体系中，中央银行创造现金，商业银行通过信贷活动创造存款货币，两者共同参与货币供给过程。中央银行从事金融管理活动，通过实施货币政策工具(如再贷款再贴现、调整存款准备金率、公开市场操作等)来影响货币派生和供给，实现控制通货膨胀和经济增长的目标。

二、货币创造

(一) 原始存款和派生存款

在现行纸币制度框架下，中央银行扮演着货币的最终缔造者与调控枢纽的角色。然而，公众与企业日常使用的货币并非直接源自中央银行，而是经由中央银行发行后，首要投放至金融体系内部，特别是商业银行系统。商业银行在运营活期储蓄业务时，展现出独特的货币创造能力。其存款构成可划分为两大类别：原始存款与派生存款。原始存款包括直接以现金形式存入银行的资金，以及能增强银行准备金基数的存款(如来自中央银行的支票存款)。相对地，派生存款则是商业银行通过贷款发放、贴现服务、投资活动等方式间接生成的存款，亦被称为衍生性存款。原始存款构成了商业银行信用扩张与派生存款创造的基础。

(二) 存款货币创造过程

1. 存款派生

中央银行向商业银行发放再贷款或者公开市场操作时,就是在创造货币。例如,当中央银行向商业银行发放10亿元再贷款时,其资产负债表上的资产端增加10亿元贷款,负债端则增加10亿元商业银行存款。商业银行的资产负债表相应地在负债端增加10亿元中央银行再贷款,在资产端增加10亿元中央银行存款。这一过程便完成了货币的第一步扩张,使银行体系增加了10亿元的原始存款(图4-1)。

中央银行资产负债表

资产	负债
再贷款 10亿元	商业银行存款 10亿元

商业银行资产负债表

资产	负债
中央银行存款 10亿元	中央银行再贷款 10亿元

图4-1 中央银行发放10亿元再贷款形成原始存款

商业银行在中央银行的存款是银行间的支付结算工具。中央银行为维护金融体系稳定,确保商业银行在面对资金流出时仍能保持一定的流动性,要求商业银行在中央银行账户的存款必须按照一定比例(法定存款准备金率,required deposit reserve ratio,RRR)保留不得随意动用的资金,即法定存款准备金(required deposit reserve)。商业银行在满足了法定存款准备金要求后,剩余部分可以自由支配,用于贷款发放、投资或其他营利性活动,这就是超额存款准备金(excess deposit reserve),是商业银行盈利能力的重要来源。

假设法定存款准备金率为20%,也就是商业银行每吸收1元存款,就必须在中央银行存放0.2元作为法定存款准备金。再假设商业银行从中央银行获得10亿元再贷款前未吸收任何存款,无需锁定法定存款准备金。因此,这10亿元存款全部以超额存款准备金的形式存在,由银行自由支配。

为了获取利息收入,商业银行倾向于将这笔资金全部贷出。然而,贷款并非以现金形式直接交付给借款人,而是通过增加其在商业银行的存款账户余额来实现。这一过程导致商业银行的资产(贷款)增加10亿元,同时负债(企业存款)也相应增加10亿元(图4-2左侧)。这标志着商业银行通过贷款直接创造了等额的存款,而这些存款就是经济中新增的、可用于支付的货币。

当企业收到贷款并将其作为存款存入银行后,商业银行在中央银行的准备金结构发生变化。按照20%的法定存款准备金率,其中2亿元转化为法定存款准备金,而剩余的8亿元则保持为超额存款准备金。值得注意的是,这一过程中并未发生实际的资金流动,仅是账户余额的重新分配和调整。

至此,商业银行的资产负债表调整如下:总资产从最初的10亿元(全部为超额存款准备金)增加到20亿元,包括10亿元的贷款和10亿元的准备金(其中2亿元为法定存款准备金，8 亿元为超额存款准备金）；同时，总负债也增加到 20 亿元，包括 10 亿元中央银行贷款和 10 亿元企业存款。这一变化反映了商业银行以中央银行的 10 亿元再贷款为基础，通过贷款活动使经济体系新增 10 亿元的广义货币（10 亿元新增存款），从而实现了货币的创造和扩张（图 4－2 右侧）。

商业银行资产负债表变化

资产	负债
超额存款准备金　−10亿元① 对企业的贷款　+10亿元② 法定存款准备金　+2亿元④ 超额存款准备金　+8亿元⑤	企业存款　+10亿元③

商业银行资产负债表

资产	负债
法定存款准备金　2亿元 超额存款准备金　8亿元 对企业的贷款　10亿元	中央银行贷款　10亿元 企业存款　10亿元

图 4－2　商业银行第 1 轮货币创造

商业银行的货币创造是一个连续且动态的过程。在首轮投放 10 亿元贷款后，银行仍保留 8 亿元的超额存款准备金，可以重复之前的贷款发放流程，再次创造存款。新一轮的贷款规模只能达到 8 亿元，银行的负债端随之再增企业存款 8 亿元。同时，为了满足法定存款准备金的要求，新增的 8 亿元存款中，有 1.6 亿元转化为法定存款准备金，而剩余的 6.4 亿元则作为超额存款准备金留存。

经过这一轮贷款投放和存款创造，商业银行的法定存款准备金总额上升至 3.6 亿元，超额存款准备金总额则减少至 6.4 亿元。与此同时，银行对企业的贷款总额累积至 18 亿元，负债端的存款总额也相应增加至 18 亿元。最终，商业银行的总资产从最初的 10 亿元扩展至 28 亿元（图 4－3）。

商业银行资产负债表变化

资产	负债
超额存款准备金　−8亿元⑥ 对企业的贷款　+8亿元⑦ 法定存款准备金　+1.6亿元⑨ 超额存款准备金　+6.4亿元⑩	企业存款　+8亿元⑧

商业银行资产负债表

资产	负债
法定存款准备金3.6亿元 超额存款准备金6.4亿元 对企业的贷款　18亿元	中央银行贷款　10亿元 企业存款　18亿元

图 4－3　商业银行第 2 轮货币创造

商业银行的货币创造理论上可以进行多轮操作，直到所有准备金都转变为法定存款准备金，没有剩余的超额准备金来发放新的贷款。但实际上，为了满足客户提款的需求和其他因素，商业银行通常会保留一部分超额准备金。为了深入理解商业银行创造广义货币的能力，我们从理论上探讨没有超额准备金剩余的极限状态。在这种情况下，如果中央银行规定的法定存款准备金率为 20%，银行的原始存款 H 为 10 亿元，通过连续的贷款操作，可以创造出的贷款总额为 $H+(1-\mathrm{RRR})H+(1-\mathrm{RRR})^2H+\cdots=\frac{H}{\mathrm{RRR}}=\frac{10}{20\%}=50$（亿元）。其中，1/RRR 是存款乘数，表示每单位准备金能够支持的最大存款扩张倍数。存款准备金率 RRR 越低，存款乘数越大，商业银行在持有相同数量的原始存款时，能够创造的货币量也就越多。因此，存款准备金率是中央银行调控货币供应量的重要货币政策工具，其调整对经济有着重要的影响。

2. 现金漏损

现实经济中经济主体会使用现金进行交易，这类支付看似独立于银行体系之外，但企业和居民的现金来自从银行账户的取款。设想一位客户从银行存款中取出 5 万元现金，这会使银行账户发生什么变化呢？首先，银行负债端会相应减少 5 万元的存款记录。同时，为了满足客户需求，银行资产端中的库存现金（保险柜中的现金）也会减少 5 万元。商业银行的库存现金归根结底是由中央银行提供的（中央银行负责货币的印制与发行）。因此，为了维持足够的现金储备以应对未来的取款需求，商业银行需要从其存放在中央银行的超额存款准备金中划拨出 5 万元，转换为库存现金。这一操作导致银行资产负债表上，资产一侧的超额存款准备金减少 5 万元，而库存现金增加 5 万元。客户的取款行为促使商业银行的资产负债表规模缩减，同时减少了超额存款准备金。随后，随着银行存款基数减少 5 万元，原本被锁定的法定存款准备金中有 1 万元得以释放，转变为超额存款准备金（图 4-4）。

商业银行资产负债表变化

资产		负债	
库存现金	−5万元②	存款	−5万元①
库存现金	+5万元③		
超额存款准备金	−5万元④		
法定存款准备金	−1万元⑤		
超额存款准备金	+1万元⑥		

图 4-4　储户提现 5 万元时银行资产负债表的变化

可以看出，客户从储蓄账户中提取现金，不仅减少了银行的负债（存款），还引起了资产端的调整，尤其是库存现金与超额存款准备金之间的转换。这一过程缩减了银行可用于信贷投放的资金池，还直接影响到银行资产负债表的总体规模，抑制了货币的派生和供给能力。

3. 银行间结算

现实世界中不会只有一家银行，如果银行体系由多家机构构成，企业获取贷款后，资金可能不局限于单一银行体系内循环，而是跨行流动，如存入另一家银行或作为支付手段转移至收款方的开户行。此类跨行存款转移，虽然资金路径更加复杂，但并不改变货币派生与银行体系运作的基本逻辑。

具体而言，当 A 银行向 B 银行转账 10 万元存款时，可能有多种交易动机，包括但不限于个人客户在不同银行间转移资金、企业间支付账款导致的资金流动，或是信贷资金跨行使用等。这种交易引发的资金转移触发了银行间的清算需求。

银行将其在中央银行的超额存款准备金作为结算工具实现跨行清算。在存款转移过程中，A 银行因负债端减少 10 万元存款而相应减少其超额存款准备金 10 万元，同时，B 银行则因负债端增加等额存款而增加其超额存款准备金 10 万元，整个银行体系的超额准备金规模不变。这一过程在确保银行体系内资金顺畅流动的同时，不会引起货币的派生和供给，因此，前述分析在拓展至多银行体系时仍具有适用性(图4-5)。

A银行资产负债表变化

资产	负债
超额存款准备金−10 万元②	存款 −10万元①

B银行资产负债表变化

资产	负债
超额存款准备金+10万元④	存款 +10万元③

图4-5 商业银行间存款的转移

从以上分析中我们可以看出，首先，尽管银行间结算过程中各银行的超额准备金余额可能会有所调整，但整体而言，中央银行的超额准备金总量保持不变。同样，尽管银行间的资产配置可能会发生变化，但整个银行系统的总资产规模维持稳定。这意味着，银行间的资金转移和资产重新分配并不会导致存款的创造或货币供应量的增加。因此，在探讨货币派生和供给时，我们通常将焦点放在整个银行系统而非单个银行的贷款和存款分布上。

其次，银行间的资金结算主要依赖超额存款准备金作为支付手段。鉴于大多数交易，特别是大额交易，都是通过商业银行系统进行的，超额存款准备金实际上成为经济中的主要支付工具。中央银行对这一支付工具的规模有着决定性的影响，能够通过调整存款准备金率和执行公开市场操作等货币政策工具来调控超额准备金的数量。这赋予了中央银行对经济活动的强大影响力。特别是，如果中央银行大幅减少银行间市场的超额准备金规模，可能会显著制约经济活动，甚至在极端情况下触发金融危机。

三、基础货币与货币乘数

货币供给量由中央银行、商业银行及社会公众共同创造。其中，中央银行是货币创造的源头，通过投放基础货币(base money)为商业银行提供流动性；商业银行则基于中央银行提供的基础货币，通过存贷循环不断创造出新的存款，即新的货币供给量。货币供给量公式如下：

$$M = m \cdot B \tag{4-12}$$

式中，M 为货币供给量，m 为货币乘数，B 为基础货币。

1. 基础货币的定义及其影响因素

基础货币，亦称作货币基数(monetary base)或高能货币(high-power money)，是经济体系核心货币的组成部分，包括流通中的现金与商业银行所持准备金总额。它是货币供给体系的根基，代表货币发行机构净负债状态，为商业银行创造存款货币提供基础与保障。要深入分析基础货币规模及动态变化，可从货币当局(中央银行)资产负债表出发进行探讨(表4-1)。

表 4-1 中央银行资产负债表概览

资　产	负　债
国外资产：外汇、黄金及特别提款权	货币发行：流通中现金
对政府债权：政府债券和财政借款	存款性金融机构存款准备金
对金融机构债权：再贷款、再贴现、公开市场操作	政府存款
对政府债权	国外负债
其他资产	其他负债及资本项目

从中央银行资产负债表可以看出：

基础货币＝流通中现金＋存款性金融机构存款准备金

＝(外汇、黄金及特别提款权－国外负债)＋(对政府债权－政府存款)＋对金融机构债权＋(其他资产－其他负债及资本项目)

＝国外资产净额＋政府债权净额＋对金融机构债权＋其他资产净额

由于资产负债表满足会计恒等式，以上国外资产净额、政府债权净额、对金融机构债权、其他资产净额四项中任何一项或几项变动，都会引起基础货币的变动。归纳起来为以下两点。

(1) 在保持基础货币之外的中央银行负债不变的情况下，任何中央银行资产规模的扩大都会引起基础货币的增加。

(2) 若中央银行资产项目保持不变，中央银行负债中除基础货币项目外的其他部分发生减少，会引起基础货币相应增加。

中央银行对基础货币的调控比对银行存款准备金的调控更加精准。如果一国的金融市场比较发达，通过公开市场买卖政府债券是中央银行调控基础货币最灵活的方式。每当中央银行在公开市场进行一定数量的政府债券买卖时，基础货币便会随之等量增减，但这种操作对银行存款准备金的影响却具有不确定性，可能导致银行存款准备金的变化，也可能导致现金的变化，或者对两者共同产生影响。银行存款准备金的数量还会受到储户存取款的影响，中央银行对储户的这种资产转换行为难以控制，限制了其对存款准备金的调控能力。不过这只是基础货币内部构成的变化，中央银行仍能对基础货币的总数量进行较为精准的调控。

如果一国金融市场不够发达，还不具备开展公开市场操作的条件，中央银行会通过再贷款和再贴现来控制基础货币。当中央银行发放或收回再贷款和再贴现时，基础货币会等量增加或减少。中央银行通过再贷款和再贴现不一定能达到基础货币的调控目标，因为是否进行再贷款和再贴现的主动权掌握在商业银行手中，中央银行难以完全控制。

2. 货币乘数

货币乘数(monetary multiplier)用于衡量中央银行投放或回笼一单位基础货币，能够对货币供应量产生多大的影响，反映了中央银行基础货币的投放对货币供应总量扩张的倍数效应。在基础货币保持一定时，货币乘数越大，货币创造越多；货币乘数越小，货币创造越少。

以下介绍杰里·乔顿（Jerry L. Jordan）、艾伯特·贝尔格（Albert E. Burger）、罗纳德·泰根（Ronald L. Teign）等经济学者提出的比较有代表性的乔顿模型。首先定义：M_1 为狭义的货币存量（现金＋活期存款）；B 为基础货币（公众持有现金＋商业银行准备金）；C 为公众持有现金；D 为活期存款；T 为定期存款；R_d 为法定活期存款准备金；E 为超额准备金；R_t 为法定定期存款准备金；r_d 为活期存款法定准备金率（R_d/D）；e 为超额准备金率（E/D）；r_t 为定期存款法定准备金率（R_t/T）；t 为定期存款比率（T/D）；c 为现金比率（C/D）。

根据定义：$M_1=C+D$，$B=C+R=C+R_d+R_t+E$

$$m_1=\frac{M_1}{B}=\frac{D+C}{R+C}=\frac{D+C}{r_d\cdot D+r_t\cdot T+E+C}=\frac{D+c\cdot D}{r_d\cdot D+r_t\cdot T+e\cdot D+c\cdot D} \quad (4-13)$$

分子、分母同时除以 D，则：

$$m_1=\frac{D+c\cdot D}{r_d\cdot D+r_t\cdot T+e\cdot D+c\cdot D}=\frac{1+c}{r_d+r_t\cdot t+e+c} \quad (4-14)$$

$$M_1=B\cdot\frac{1+c}{r_d+r_t\cdot t+e+c} \quad (4-15)$$

由上述乔顿模型可知，货币乘数是由多种复杂因素决定的，而这些因素分别受货币当局、商业银行和非银行公众等不同经济主体行为的影响。

我们把乔顿模型中的货币定义为广义货币供给 M_2，用 m_2 来表示广义货币乘数，则公式如下：

$$m_2=\frac{M_2}{B}=\frac{D+C+T}{R+C}=\frac{D+c\cdot d+t\cdot D}{r_d\cdot D+r_t\cdot T+e\cdot D+c\cdot D}=\frac{1+c+t}{r_d+r_t\cdot t+e+c} \quad (4-16)$$

$$M_2=B\cdot\frac{1+c+t}{r_d+r_t\cdot t+e+c} \quad (4-17)$$

第三节　货币政策

货币政策是指中央银行为实现宏观经济目标，如经济增长、物价稳定、充分就业和国际收支平衡，而采取的一系列调控货币供应量和利率的方针、政策和措施的总称。货币政策的实施包括设定政策目标、选择政策工具、实施政策操作以及监测政策效果等环节，通过影响金融市场的运行和商业银行的信贷行为，进而影响整个经济体的货币流通和信用状况。

一、货币政策目标和工具

中央银行制定和执行货币政策，是通过实施货币政策工具，作用于货币政策中介目标，进而实现货币政策最终目标(final goals of monetary policy)的过程。

1. 货币政策最终目标

货币政策最终目标是指中央银行运用货币政策操作期望达成的最终经济状态，通常包括物价稳定、经济增长、充分就业、国际收支平衡以及金融稳定。这些最终目标既相互依存，又内在冲突。例如，从长期来看，充分就业与经济增长目标一致，但短期内两者存在"菲利普斯曲线"所描述的替代关系。所以，中央银行在特定时期的货币政策目标选择是宏观经济调控中的重要议题，包括单目标论、双目标论和多目标论。单目标论主张货币政策仅选择物价稳定或经济增长作为单一目标，以避免目标冲突。双目标论认为应兼顾稳定物价和经济增长，因为经济增长是物价稳定的物质基础，物价稳定又是经济增长的必要条件。多目标论则认为应在总体上兼顾各个目标，并在不同时期以不同目标为相对重点，力求在多个目标之间找到最佳平衡点，实现经济的全面协调发展。

《中华人民共和国中国人民银行法》规定："货币政策目标是保持货币币值的稳定，并以此促进经济增长。"因此，我国货币政策的两大最终目标是币值稳定和经济增长。另外，中国人民银行也高度关注国际收支平衡、人民币汇率和金融稳定，实施宏观审慎监管和调控政策。

2. 货币政策中介目标

(1) 中介目标的选取条件

中央银行不能将货币政策最终目标作为货币政策实施的判断标准。因为货币政策最终目标也是宏观经济政策目标，并非仅受货币政策的影响。而且货币政策只能对最终目标产生间接影响，这一过程往往耗时较长，可能跨越一年至数年不等，如果中央银行据此对货币政策进行修正，可能存在滞后性和误判，难以保证政策调整的及时性与准确性。为此，中央银行需要在货币政策工具和最终目标之间选定一些变量作为观测指标(如货币供应量、利率等)，作为最终目标的监测器，称之为货币政策中介目标(intermediate goals of monetary policy)。

货币政策中介目标应符合以下四个条件。① 相关性：中介目标必须与货币政策最终目标指标相关，即中央银行能够通过调控中介目标来实现其最终目标。② 可控性：中介目标必须是中央银行运用政策工具能够有效调控的指标。③ 可测性：中介目标应该是能够较为准确统计和监测的指标。④ 抗干扰性：中介目标的变化应该主要反映货币政策的实施效果，减少外来因素干扰对货币当局决策准确性的影响。

(2) 货币政策中介目标的选择

货币供给量或者利率对经济活动都有重要的影响，是中央银行通常选择的中介目标，但两者在可控性、可测性和抗干扰性方面各具利弊。货币供给量具有较高的可控性，在总量上也易于观测，能够直接作用于物价水平与总需求，对经济增长有着突出影响。不过，伴随金融市场的日益复杂，货币需求函数的不稳定性加大了对货币供给量的调控难度。与之不同，利率作为市场资金成本的直接体现，名义利率容易观测，但实际利率的形成机制较为复杂。虽然中央银行能够运用多种方式影响名义利率，但对实际利率的控制相对较弱。下面比较两者在经济波动冲击下的作用机制。

① 商品市场的冲击

商品市场的冲击会使 IS 曲线发生移动。图 4-6(a)演示了中央银行以货币供给量为中介目标，通过公开市场操作或利率调整达到控制既定货币量的要求。如果一个正向冲击使 IS 曲线从原有的 IS_1 右移到 IS_2，均衡点将从 E_1 右移到 E_2，利率由 r_1 上升到 r_2，总需求由 Y_1 增加到 Y_2。如果发生的是负向冲击，将使 IS 曲线从 IS_1 左移到 IS_3，均衡点将从 E_1 左移到 E_3，利率由 r_1 下降到 r_3，总需求由 Y_1 减少到 Y_3。

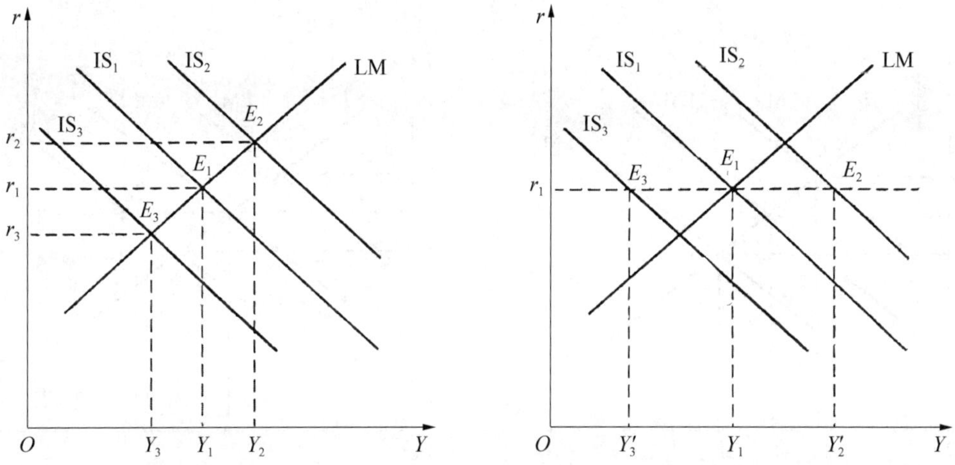

(a) 以货币供给量为中介目标　　(b) 以利率为中介目标

图 4-6　应对商品市场冲击不同政策目标的影响

资料来源：陈学彬. 金融理论与政策：宏观分析视角[M]. 上海：复旦大学出版社，2012.

图 4-6(b)演示了中央银行以利率为中介目标，通过公开市场操作或货币量调整达到既定利率目标的控制要求。如果发生商品市场的冲击，由于要保证利率目标 r_1 不动，正向冲击将导致总需求由 Y_1 增加到 Y_2'，负向冲击将导致总需求由 Y_1 减少到 Y_3'。对比图 4-6(a)可以看出，前者对产出的影响更大($Y_2'-Y_3'>Y_2-Y_3$)。因此，在面对商品市场的外来冲击时，以利率为中介目标比以货币供给量为中介目标导致产出和总需求的波动更大。

② 货币市场的冲击

货币市场冲击将使 LM 曲线发生移动。图 4-7(a)演示了当货币需求变动时，中央银行调整利率以达到既定的货币供给量中介目标。如果发生负向的货币需求冲击，LM 曲线从 LM_1 右移到 LM_2，均衡点将从 E_1 右移到 E_2，利率由 r_1 下降到 r_2，总需求由 Y_1 增

加到 Y_2。如果发生正向的货币需求冲击，LM 曲线从 LM_1 左移到 LM_3，均衡点将从 E_1 左移到 E_3，利率由 r_1 上升到 r_3，总需求由 Y_1 减少到 Y_3。

图 4－7(b)演示了中央银行以利率为中介目标时，为保证利率稳定，必须调整货币供应量以抵消货币需求冲击的影响。当发生负向冲击即货币需求减少时，LM 曲线从 LM_1 右移到 LM_2，将导致利率下降到 r_2，此时中央银行必须相应减少货币供应，使 LM_2 回移到 LM_1，利率稳定在 r_1，总需求也保持在 Y_1 不变。当发生正向冲击即货币需求增加时，中央银行相应增加货币供给，维持原有的利率和总需求水平不变。对比图 4－7(a)和图 4－7(b)，显然当面对货币市场冲击时，以利率为货币政策中介目标导致总需求的波动更小。

综上可见，为减少外部冲击对总需求的影响，当冲击来自商品市场时，中央银行应选择货币供给量作为中介目标；而当冲击来自货币市场时，中央银行应选择利率作为中介目标。那么，当同时存在两种冲击时，哪一个中介目标更好？能否两个都作为中介目标呢？

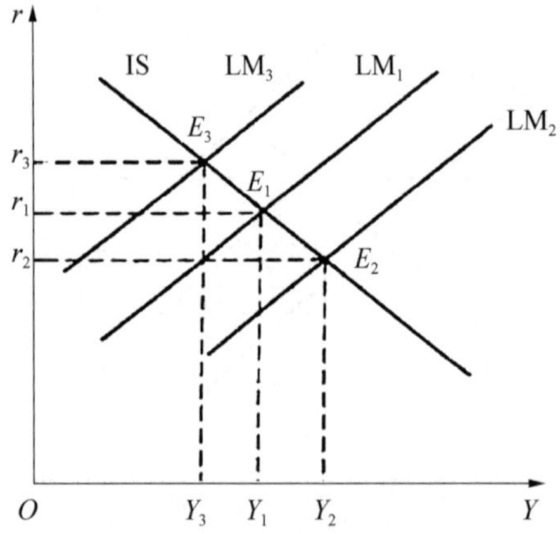

(a) 以货币供给量为中介目标

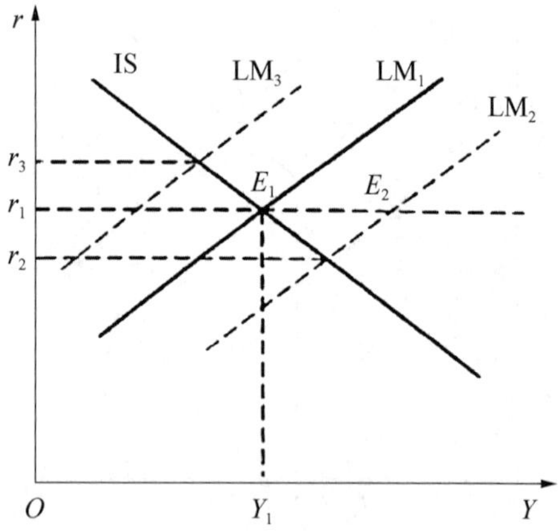

(b) 以利率为中介目标

图 4－7　应对货币市场冲击不同政策目标的影响

资料来源：陈学彬. 金融理论与政策：宏观分析视角[M]. 上海：复旦大学出版社，2012.

③ 不能同时选择两者作为中介目标

当中央银行选择货币供应量或者利率作为中介目标时，只能控制住其中一个，而允许另一个自由移动。如图 4－8 所示，如果以货币供给量为中介目标，中央银行将无法同时控制利率。假设货币供给量的预期目标定在 M^* 位置，初始货币需求位于 MD_0，利率位于 r_0。但如果货币需求从 MD_0 移动到 MD_1 或 MD_2，必须允许利率在 r_1 和 r_2 之间波动，否则就无法实现货币供应量稳定在 M^* 的目标。

如图 4－9 所示，如果中央银行以利率为中介目标，将不能同时控制货币供给量。中央银行希望将目标利率定在 r^*，如果货币需求从 MD_0 移动到 MD_1，为使利率不会升高，中央银行必须将货币供给量从 MS_0 增加到 MS_2；如果货币需求从 MD_0 移动到 MD_2，为使利率不会降低，中央银行必须将货币供给量从 MS_0 减少到 MS_1。

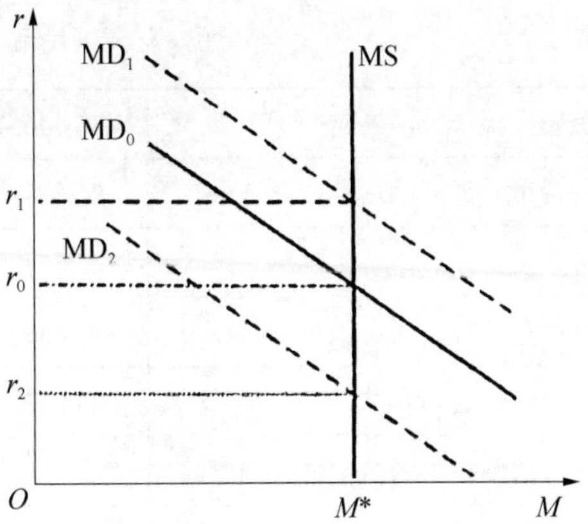

图 4-8 以货币供给量为中介目标

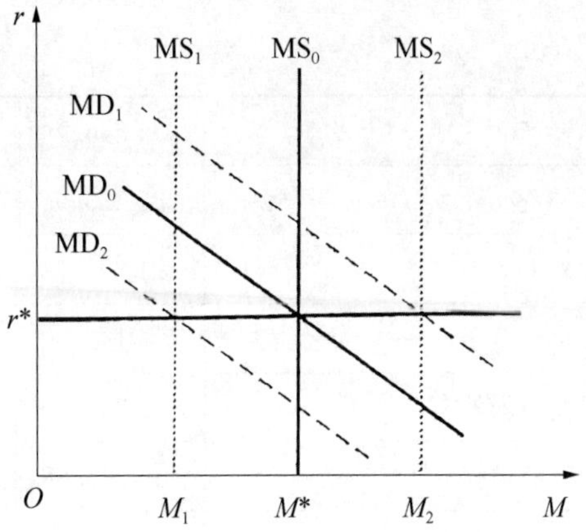

图 4-9 以利率为中介目标

资料来源：陈学彬.金融理论与政策：宏观分析视角[M].上海：复旦大学出版社，2012.

通常情况下，各国中央银行会根据本国经济发展阶段、金融市场成熟度及政策调控需求来选定中介目标。例如，在通货膨胀高企、物价稳定成为首要任务时，中央银行通过控制货币供应量，能够有效抑制过度需求减缓通货膨胀压力。相反，当经济增长成为主要政策目标，且通货膨胀不再构成威胁时，利率则成为中央银行更为理想的中介目标。以美国为例，其货币政策中介目标的选择经历了动态调整过程。20 世纪 50—60 年代，美国经济稳定增长，通货膨胀相对温和，利率成为货币政策中介目标。进入 20 世纪 70 年代，面对经济增长停滞与通货膨胀并存的滞胀挑战，货币供给量被选为新的中介目标。随着金融创新和金融市场的发展，货币供给量的计量难度加大，可靠性受到质疑。20 世纪 90 年代以后，美联储将利率重新确立为中介目标。在 2008 年金融危机等期间，传统货币政策工具面临挑战，美联储将利率降至历史低位，通过直接购买金融资产实施量化宽松政策(quantitative easing, QE)。

3. 货币政策工具

货币政策中介目标的统计频率不高，一般存在时滞，中央银行对货币政策中介目标并不能精确地控制。中央银行作为基础货币的创造者，对基础货币的数量和价格有很强的掌控力。所以，中央银行每日通过货币政策工具(monetary policy instruments) 调控基础货币，进而实现货币政策中介目标和最终目标。

借助中国人民银行的资产负债表，可以了解中央银行实施货币政策工具改变基础货币数量的办法。中国人民银行的资产负债表(表 4-2)中负债方的“储备货币”就是基础货币，主要包括“货币发行”——中国人民银行发行的人民币现钞、“其他存款性公司存款”——商业银行存放在中央银行的存款准备金(包括法定存款准备金和超额存款准备金)，还包括“非金融性公司存款”。

在货币政策传导机制中，超额存款准备金扮演着至关重要的角色，它是商业银行间资金流动与支付结算的核心工具，不仅是商业银行正常运营的基础，还深刻影响着金融市场的资金供给与交易活跃度。因此，货币政策的制定与实施，往往将超额存款准备金作为关

表 4-2 中国人民银行资产负债表(2024 年 6 月)

单位：亿元人民币

总资产	**436 546.79**	**总负债**	**436 546.79**
国外资产	235 325.91	储备货币	371 285.63
外汇	2218 99.72	货币发行	122 507.22
货币黄金	4 192.60	其他存款性公司存款	225 480.77
其他国外资产	9 233.60	非金融性公司存款	23 297.64
对政府债权	15 240.68	不计入储备货币的金融性公司存款	6 701.58
其中：中央政府	15 240.68	发行债券	1 550.00
对其他存款性公司债权	165 509.41	国外负债	4 347.01
对其他金融性公司债权	3 800.20	政府存款	41 319.43
对非金融性公司债权		自有资金	219.75
其他资产	16 670.58	其他负债	11 123.38

资料来源：中国人民银行官网(http://www.pbc.gov.cn/)。

键调控对象。要调整超额存款准备金的数量，主要有两种途径：一是调整“其他存款性公司存款”的总量，即改变商业银行的存款基础；二是调整法定存款准备金率，通过改变缴存比例来间接影响超额存款准备金的规模。以 2023 年为例，中国商业银行体系吸收的存款总额约为 250 万亿元，这意味着存款准备金率每变动 1 个百分点，都将导致商业银行超额存款准备金发生约 2.5 万亿元的显著变化。而 2023 年大型商业银行超储率(银行存款准备金率与实际存款准备金率之差)为 2.25%，显示出存款准备金率调整对超额存款准备金具有极强的调控效力。因此，存款准备金率被视为货币政策的“重量级工具”，其调整通常慎之又慎，即便进行微调，也常以 0.5 个百分点为单位进行。

中国人民银行还可以通过多种渠道调整基础货币，包括但不限于“再贷款”(中国人民银行基于信用向商业银行提供的贷款)、“再贴现”(商业银行以其持有的未到期票据为质押，从中国人民银行获得贷款)以及“逆回购”(商业银行以持有的债券为抵押，从中国人民银行获取贷款)。此外，随着金融市场的不断发展，中国人民银行还创新性地推出了常备借贷便利(SLF)、中期借贷便利(MLF)以及抵押补充贷款(PSL)等新型货币政策工具，进一步丰富了其向商业银行提供流动性的手段。值得注意的是，当这些借款到期时，资金将自动回笼至中国人民银行，导致基础货币相应减少。

从中央银行(中国人民银行)的资产负债表结构来看，资产端中的“国外资产”占据了显著比例，且主要由外汇构成，这形成了所谓的“外汇占款”。外汇占款的增减主要受到国际收支状况的影响，特别是外汇净流入的变动。当外汇流入增加时，国内居民和企业会将更多的外汇兑换成人民币，这一过程通过商业银行最终传导至中央银行，导致外汇占款增加，进而可能影响到商业银行的存款基础以及超额存款准备金的规模。

中国人民银行的资产中还包含“对政府债权”，这主要是指中国人民银行持有的中国政府发行的债券。然而，《中华人民共和国中国人民银行法》第二十九条明确规定：“中国人民银行不得对政府财政透支，不得直接认购、包销国债和其他政府债券。”这一法律条款体现了中国人民银行在保持货币政策独立性和财政纪律方面的严格自律。尽管如此，在实际操作中，中国人民银行确实持有一定数量的国债，这主要源于特定历史时期的特殊情况，例如，2017 年持有的约 1.52 万亿元国债，系中国投资有限责任公司成立时财政部发行的特别国债所致。排除这一特殊情况外，中国人民银行持有的国债数量相对较少，且较少参与国债市场的日常交易。相比之下，在全球范围内，许多其他国家的中央银行（如美联储）将买卖政府债券视为调控基础货币的重要手段。当中央银行在市场上购入国债时，实际上是在向市场注入基础货币，增加市场的流动性；反之，当中央银行出售所持有的国债时，则是从市场中回收基础货币，收紧流动性。这一系列操作，连同之前提及的中央银行向商业银行提供的贷款，共同构成了公开市场操作的核心内容，是各国中央银行实施货币政策时最为常用且灵活的工具之一。

在中国人民银行的资产负债表中，负债端占据显著位置的是“政府存款”项目，该部分的主要构成为财政部存放于中国人民银行的国库资金。财政存款的变动会直接反映在基础货币量的变化上。然而，财政存款的增减更多是由财政收支状况决定，并由财政部主导，因此对于中国人民银行而言，财政存款的变动具有相当的被动性。为应对这种被动变化对基础货币稳定性的影响，中国人民银行需灵活运用其他货币政策工具进行对冲操作，以维持货币市场的平衡。

专栏 4－1　2024 年第一季度货币政策操作

中国人民银行密切关注第一季度末流动性变化，特别是新《商业银行资本管理办法》正式实施对季末金融机构流动性管理和货币市场交易行为的影响，加强流动性分析和市场监测，灵活把握公开市场操作的力度和节奏，在季末及时加大逆回购操作规模，保持流动性合理充裕。一季度，银行间市场存款类机构 7 天期回购加权平均利率（DR007）围绕公开市场操作利率平稳运行，均值为 1.87%，比上年同期低 16 个基点，季末也未出现明显波动。

此外，中国人民银行继续每月开展中央银行票据互换（central bank bills swap，CBS）操作，助力提升银行永续债的二级市场流动性。同时，坚持常态化在中国香港地区发行人民币中央银行票据，并结合离岸市场投资需求，增加了部分品种的发行规模。第一季度，中国人民银行在中国香港地区发行 3 期共 700 亿元人民币中央银行票据，包括 3 个月期央票 300 亿元、6 个月期央票 250 亿元和 1 年期央票 150 亿元，其中 6 个月期央票增发 100 亿元，对于增加中国香港地区离岸市场高等级人民币资产供给，促进离岸人民币货币市场和债券市场健康发展发挥了积极作用。

开展常备借贷便利和中期借贷便利操作。第一季度，中国人民银行累计开展中期借贷便利操作1.9万亿元，期限均为1年，利率为2.5%。3月末，中期借贷便利余额为7.2万亿元，比年初增加1 230亿元。及时开展常备借贷便利操作。第一季度，常备借贷便利累计开展操作62亿元，3月末余额为34亿元。常备借贷便利利率有效发挥了利率走廊上限的作用，维护了货币市场的平稳运行。3月末，隔夜、7天、1个月常备借贷便利利率分别为2.65%、2.80%、3.15%。

下调金融机构存款准备金率。前瞻性降准0.5个百分点。2月5日，为保障春节前资金供应，向银行体系提供长期稳定、低成本资金，中国人民银行下调金融机构人民币存款准备金率0.5个百分点，释放中长期流动性超过1万亿元。此次降准有利于传递加大宏观政策调控力度的政策信号，提振市场信心，也有利于优化中央银行向银行体系供给流动性的结构，降低银行体系资金成本每年近100亿元。本次降准后，金融机构加权平均存款准备金率为7.0%。

资料来源：中国人民银行. 2024年第一季度中国货币政策执行报告[EB/OL]. (2024-05-10)[2024-08-01]. http://www.pbc.gov.cn/zhengcehuobisi/.

二、常规货币政策

在新古典一般均衡框架下，假设个人持有货币不仅作为交易媒介，还能直接增加其效用水平，可以将货币直接纳入效用函数(money in the utility, MIU)。效用函数中的货币是经过名义价格水平调整后以真实购买力衡量的货币存量。消费者的效用函数公式如下：

$$u(c, M/P) \tag{4-18}$$

MIU将"货币即时间"的概念融入经济分析之中。消费者的效用不仅由消费品满足，也包含可自由支配的闲暇时间。在以物易物交易下，消费者为了交易匹配需要耗费更多时间，限制了交易的频率和效率。货币的引入克服了需求双重耦合，降低了搜寻和匹配交易对象的时间成本，从而间接地提升了消费者效用。

在MIU模型中，经济体系中的所有交易均通过货币作为媒介完成，这使得模型中的变量需要划分为名义变量和真实变量两大类。名义变量通常用大写字母表示，度量单位是货币；真实变量用小写字母表示，以消费品或服务的实际数量作为计量单位。

1. 货币需求

为简化分析，可以构造2期时序图(图4-10)。假设企业的生命只有1期，企业的股权完全归居民所有。每期企业向居民租赁资本、购买劳动力，完成生产后清算解散。在第1期期初，居民拥有劳动力与l、资本存量k_0和货币量M_0。完成第1期的生产后，资本获得回报率R_1，居民收到工资收入W_1，向政府缴纳税收T_1，还可以选择购买政府发行的名义债券B_1，这些债券将在第2期以名义利率R_{b2}支付利息并归还本金。因此，在决策过程中，居民会综合考虑消费、储蓄(包括购买债券)以及保持一定水平的真实货币持有量(节约交易的时间成本)，以最大化其跨期效用。

在第1期期末，政府向社会投放新的货币增加流通中的总货币存量M_1，获得铸币税

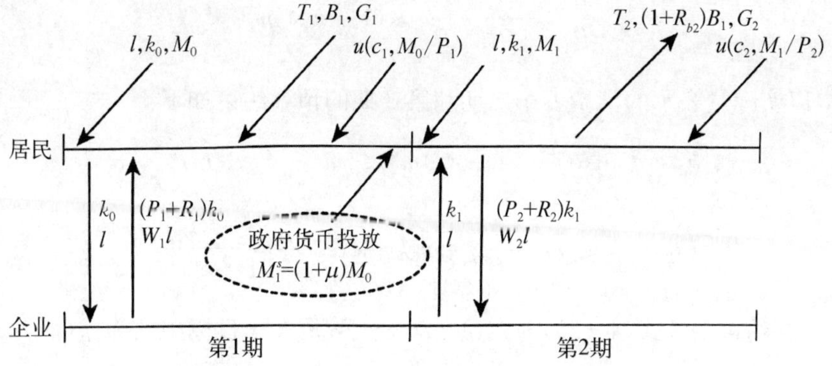

图 4-10　2 期时序图

资料来源：徐高.宏观经济学二十五讲：中国视角[M].北京：中国人民大学出版社，2019.

(seigniorage)收入，与常规的税收收入及政府债券发行所得共同构成了政府财政支出 G_1 的基础。消费者在第 1 期没有机会使用新增货币，因此新增货币只会影响第 2 期的效用，不会纳入第 1 期的消费者效用函数。

居民效用函数公式如下：

$$U=u(c_1,\ M_0/P_1)+\beta u(c_2,\ M_1^d/P_2) \tag{4-19}$$

式中，M_1^d 是居民第 2 期的货币需求，同时我们假设消费与货币持有在效用函数中是可分的，两者互不干扰，各自独立地影响居民的总效用。这样两期的总效用等于第 1 期的效用与第 2 期效用贴现之和：

$$U=u(c_1)+v(M_0/P_1)+\beta[u(c_2)+v(M_1^d/P_2)] \tag{4-20}$$

居民第 1 期和第 2 期的预算约束分别如下：

$$P_1c_1+P_1k_1+T_1+B_1+M_1^d\leqslant M_0+P_1k_0+R_1k_0+W_1l \tag{4-21}$$

$$P_2c_2+T_2\leqslant M_1^d+P_2k_1+R_2k_1+W_2l+(1+R_{b2})B_1 \tag{4-22}$$

式中，B_1 是居民第 1 期政府名义债券的购买量，R_{b2} 是政府名义债券第 2 期的名义利率。预算约束的含义是居民各期内的名义总支出(不等式左侧)，小于或等于居民各期内的名义总收入(不等式右侧)。如果将预算约束两边同时除以对应时期的价格，将名义量转化为实际量，那么第 1 期预算约束两边同时除以 P_1 可得

$$c_1+k_1+t_1+b_1+\frac{M_1^d}{P_1}\leqslant m_0+k_0+r_1k_0+w_1l \tag{4-23}$$

式中，小写字母代表实际变量，即 $t_1\equiv T_1/P_1$，$b_1\equiv B_1/P_1$，$r_1\equiv R_1/P_1$，$w_1=W_1/P_1$，$m_0\equiv M_0/P_1$。但是，由于第 1 期期末的新增货币 M_1^d 是在第 2 期进入效用函数的，所以第 2 期的名义货币持有量 M_1^d 需要除以 P_2 形成实际货币持有量，即 $m_1^d\equiv M_1^d/P_2$。我们可以继续定义第 1 期到第 2 期的通货膨胀率为 $\pi_2(1+\pi_2\equiv P_2/P_1)$，则

$$\frac{M_1^d}{P_1}=\frac{M_1^d}{P_2}\cdot\frac{P_2}{P_1}=(1+\pi_2)m_1^d \tag{4-24}$$

这样，以实际量表示的消费者第1期和第2期的预算约束如下：

$$c_1+k_1+t_1+b_1+(1+\pi_2)m_1^d\leqslant m_0+k_0+r_1k_0+w_1l \tag{4-25}$$

$$c_2+t_2\leqslant m_1^d+k_1+r_2k_1+w_2l+\frac{1+R_{b2}}{1+\pi_2}b_1 \tag{4-26}$$

消费者在约束条件式(4-25)与式(4-26)之下，最大化目标函数为式(4-20)。设定拉格朗日函数如下：

$$\begin{aligned}\mathrm{L}=&u(c_1)+v(m_0)+\beta[u(c_2)+v(m_1^d)]+\\&\lambda_1[m_0+k_0+r_1k_0+w_1l-c_1-k_1-t_1-b_1-(1+\pi_2)m_1^d]+\\&\lambda_2[m_1^d+k_1+r_2k_1+w_2l+\frac{1+R_{b2}}{1+\pi_2}b_1-c_2-t_2]\end{aligned} \tag{4-27}$$

其一阶条件为

$$\frac{\partial \mathrm{L}}{\partial c_1}=0\Rightarrow u'(c_1)=\lambda_1$$

$$\frac{\partial \mathrm{L}}{\partial c_2}=0\Rightarrow \beta u'(c_2)=\lambda_2$$

$$\frac{\partial \mathrm{L}}{\partial m_1^d}=0\Rightarrow \beta v'(m_1^d)-\lambda_1(1+\pi_2)+\lambda_2=0$$

$$\frac{\partial \mathrm{L}}{\partial k_1}=0\Rightarrow \lambda_1=\lambda_2(1+r_2)$$

$$\frac{\partial \mathrm{L}}{\partial b_1}=0\Rightarrow \lambda_1=\lambda_2\frac{1+R_{b2}}{1+\pi_2}$$

消去其中的拉格朗日乘子可得

$$u'(c_1)=\frac{1}{1+\pi_2}\beta[u'(c_2)+v'(m_1^d)] \tag{4-28}$$

$$u'(c_1)=\beta u'(c_2)(1+r_2) \tag{4-29}$$

$$u'(c_1)=\beta u'(c_2)\left(\frac{1+R_{b2}}{1+\pi_2}\right) \tag{4-30}$$

结合式(4-29)与式(4-30)，可得

$$1+r_2=\frac{1+R_{b2}}{1+\pi_2} \tag{4-31}$$

式(4-31)是费雪方程式，揭示了名义利率、实际利率和通货膨胀率之间的内在联系。可以简化为$R_{b2}=r_2+\pi_2$，即名义利率等于实际利率加上通货膨胀率。

以上两期模型中推导的跨期优化条件在多期模型中仍然是成立的。我们可以改变名义债券和货币存量一阶条件的下标时间，把表示第 1 期的下标 1 改成下标 t，表示第 2 期的下标 2 改成 $t+1$，可得

$$u'(c_1)=\beta u'(c_{t+1})\left(\frac{1+R_{t+1}}{1+\pi_{t+1}}\right) \tag{4-32}$$

$$u'(c_t)=\frac{1}{1+\pi_{t+1}}\beta[u'(c_{t+1})+v'(m_t)] \tag{4-33}$$

注意，这里的 m_t 是 t 期居民为$(t+1)$期所累积的实际货币量，也就是$(t+1)$期的货币总量。

将式(4-32)代入式(4-33)，消去 $u'(c_t)$可得

$$u'(c_{t+1})R_{t+1}=v'(m_t) \tag{4-34}$$

如果假设效用函数为常相对风险规避效用函数(CRRA)：

$$u(c)=\frac{c^{1-\sigma}}{1-\sigma},\ v(m)=\frac{m^{1-\sigma}}{1-\sigma} \tag{4-35}$$

则式(4-34)可以化为如下：

$$\frac{c_{t+1}}{m_t}=R_{t+1}^{1/\sigma} \tag{4-36}$$

式中，左侧是 t 期的实际货币流通速度，c_{t+1} 也可以看成是总产出 GDP，等式左侧就是以总产出计算的货币流通速度。等式右侧与名义利率紧密相关。这就揭示了一个核心经济学原理：名义利率的变动直接影响着货币流通速度，当名义利率上升时，货币流通速度随之加快。从货币需求层面分析，名义利率的上升降低了对真实货币余额(货币流通速度的倒数)的需求。因为高利率环境下，人们更倾向于减少现金持有，将资金投入生息资产中，这将提高货币流通速度。

在货币需求方程比较稳定的情况下，以货币供应量或者以利率作为调控中介目标差别不大。但现实中的货币需求方程并不稳定，会受金融创新、经济环境和政策干预等多种因素的影响。相比货币总量调控，利率调控具有更高的灵活性，可以通过影响资金成本和投资预期来应对货币需求的不确定性。

2. 泰勒准则

下面介绍中央银行如何调控名义利率来实现其货币政策目标。如果中央银行将名义利率固定在某个水平不变，是否能够消除来自货币和金融层面对实体经济的冲击，从而有

利于经济的平稳增长呢?我们首先引入附加预期的新凯恩斯菲利普斯曲线(new Keynesian Phillips curve):

$$\pi_t = E_t\pi_{t+1} + \kappa(\tilde{y}_t - \tilde{y}_n) \tag{4-37}$$

式中,E_t 是 t 期形成的期望,$\kappa=\alpha(1-\theta)/\theta$ 是一个正的参数。$\tilde{y}_t=\lg(y_t)$ 是 t 期真实产出的对数,$\tilde{y}_n=\lg(y_n)$ 是自然产出水平的对数。其表明决定通货膨胀率的两个关键因素:一是对未来的通货膨胀预期 $E_t\pi_{t+1}$ 越高,当前的通货膨胀 π_t 越高;二是当前产出 $\tilde{y}_t-\tilde{y}_n$ 越高,当前通货膨胀 π_t 越高。

假设效用函数是 CRRA,再把预期符号加入式(4-32)中,并将贴现因子 β 替换为贴现率 ρ 的形式 ($\beta=1/(1+\rho)$),可得

$$c_t^{-\sigma} = \frac{1}{1+\rho}E_t\left[c_{t+1}^{-\sigma}\ \frac{1+R_{t+1}}{1+\pi_{t+1}}\right] \tag{4-38}$$

两边同时取对数得到:

$$-\sigma\lg(c_t) = -\lg(1+\rho) - \sigma E_t\lg(c_{t+1}) + E_t\lg(1+R_{t+1}) - E_t\lg(1+\pi_{t+1}) \tag{4-39}$$

让 $\tilde{c}_t=\lg(c_t)$,运用 $\lg(1+\Delta)\approx\Delta$ 替换式中相关变量,并已知 R_{t+1} 在 t 期已经确定,可改写如下:

$$\tilde{c}_t = E_t\tilde{c}_{t+1} - \frac{1}{\sigma}(R_{t+1} - E_t\pi_{t+1} - \rho) \tag{4-40}$$

在均衡条件下,产出的增长率等于消费的增长率,可改写如下:

$$\tilde{y}_t = E_t\tilde{y}_{t+1} - \frac{1}{\sigma}(R_{t+1} - E_t\pi_{t+1} - \rho) \tag{4-41}$$

式(4-41)是动态 IS 曲线(dynamic IS curve),表明当前产出由两方面因素决定:一是对未来产出的预期 $E_t\tilde{y}_{t+1}$ 越高,当前产出 $\tilde{y}_t$ 越高;二是当前真实利率 $R_{t+1}-E_t\pi_{t+1}$ 越低,当前产出 $\tilde{y}_t$ 越高。

新凯恩斯模型(new Keynesian model)的两个关键方程——式(4-37)与式(4-41),共同构建了货币政策分析框架,用于探讨中央银行将名义利率固定于某一恒定水平时可能引发的经济后果。模型引入预期因素,形成包含产出与通货膨胀两个内生变量的差分方程组。经过数学严格推导可以证实,在名义利率固定不变的情况下,产出与通货膨胀会偏离均衡,无法维持经济的稳定状态。

假设由于特定原因,经济对未来通货膨胀的预期 $E_t\pi_{t+1}$ 升高。在名义利率 R_{t+1} 维持不变的情况下,这直接导致真实利率 $R_{t+1}-E_t\pi_{t+1}$ 的下滑。根据动态 IS 曲线的逻辑[式(4-41)],若对未来产出的预期保持不变,真实利率的下降将刺激经济产出 $\tilde{y}_t$ 增加。随后,依据新凯恩斯菲利普斯曲线[式(4-37)]的原理,产出 y_t 的增长与通货膨胀预期

$E_t\pi_{t+1}$ 的提升共同推动了实际通货膨胀 π_t 的攀升。这一过程中，通货膨胀的上升又进一步强化了通货膨胀预期，从而形成了一个正反馈机制，导致通货膨胀与产出不断攀升，逐渐偏离稳定状态，系统趋向不稳定。相反，若某种因素导致通货膨胀预期下降，类似的正反馈也会反向发生，造成产出与通货膨胀的持续下滑。这一系列现象表明，当名义利率固定且不对通货膨胀做出相应调整时，货币政策难以实现稳定经济与通货膨胀的双重目标。

核心问题在于，固定名义利率下，真实利率与产出之间出现了反向变动关系，即真实利率呈现反周期特性：经济过热时真实利率偏低，加剧了通货膨胀压力；经济低迷时真实利率偏高，抑制了复苏动力。为打破这一恶性循环，泰勒准则(Taylor principle)提出了解决方案：名义利率的调整幅度应超过通货膨胀预期的变化幅度，确保真实利率随通货膨胀预期的升降而顺周期变动。具体而言，每当通货膨胀预期上升(或下降)一个百分点时，名义利率应相应上调(或下调)超过一个百分点，以维持或提升(或降低)真实利率，从而有效应对通货膨胀压力或经济衰退风险。

泰勒准则的核心在于强调货币政策的内生性，即利率政策应紧密贴合经济(特别是通货膨胀)状况的变化而灵活调整。这意味着中央银行在设定名义利率时，并非拥有绝对自主权，而是必须基于对当前经济形势的分析和判断，选择最符合经济稳定需要的利率水平。因此，中央银行应遵循相机抉择的原则，动态调整利率政策，以实现稳定通货膨胀和促进经济增长的终极目标。

专栏 4-2　**美联储的“泰勒规则”**

泰勒规则是美联储货币政策制定中的重要工具之一。它是由斯坦福大学的约翰·泰勒教授于 1993 年提出的，深刻影响了美联储乃至全球中央银行的政策制定框架。泰勒规则本质上是一种基于经济数据的货币政策规则，它强调通过调整名义利率来应对通货膨胀与产出缺口的变化，旨在实现物价稳定与经济增长的双重目标。这一准则构建了一个包含通货膨胀率、产出缺口等关键经济变量的利率设定模型，为货币政策的量化分析提供了坚实的理论基础。可以将美联储实施货币政策调控利率的行为方式总结为泰勒规则：

$$r=0.5\times(p-2)+0.5\times(\tilde{y}_t-\tilde{y}_n)+p+2 \tag{4-42}$$

在泰勒规则的指引下，美联储通过调整联邦基金利率(federal funds rate, FFR)来影响货币市场、信贷市场等多个经济领域，进而调控总需求、就业和物价水平。联邦基金利率作为美国金融市场中至关重要的隔夜拆借利率，是美联储货币政策调控的核心工具。美联储定期召开联邦公开市场委员会(Federal Open Market Committee, FOMC)会议，基于对当前及未来经济状况的深入分析，共同决定 FFR 的目标水平。为实现这一目标，美联储灵活运用公开市场操作等货币政策工具，通过增减基础货币的供应量来引导 FFR 在目标值附近波动并趋于稳定。特别是自 2015 年起美联储引入利率走廊(interest rate corridor)机制，更是为市场提供了一个清晰的利率波动区间，有效稳定了 FFR 的波动范围，减少了市场的不确定性。

自泰勒规则诞生以来，其理论框架与实际应用均经历了显著的演进与调整。面对全球经济环境的不断变化和货币政策理论的持续深化，泰勒规则不断融入新的经济变量和考量因素，以适应复杂多变的经济形势。在次贷危机后，美联储相继提出伯南克规则 $r=0.5\times(p-2)+1\times(\widetilde{y}_t-\widetilde{y}_n)+p+2$ 和耶伦规则 $r=0.5\times(p-2)+1\times(\widetilde{y}_t-\widetilde{y}_n)+0.5\times(l-66.5)+p+2$。尤其是在金融危机等极端经济事件的冲击下，美联储对泰勒规则进行了深刻的反思与适应性调整，通过引入逆周期调节机制、加强宏观审慎管理等措施，增强了货币政策的韧性与应对能力。这些调整不仅体现了货币政策理论的创新与发展，也彰显了泰勒规则在复杂经济环境中的适应性和生命力。

资料来源：徐高．宏观经济学二十五讲：中国视角[M]．北京：中国人民大学出版社，2019.

3．货币政策传导路径

货币政策有效性的核心在于传导路径的顺畅程度。货币政策传导路径，是指从中央银行对基础货币的创造，到这些货币最终影响实体经济中居民和企业等经济主体的经济活动全过程。一个顺畅的传导机制意味着，在这条路径上的各个环节，利率作为资金的价格信号，能够无阻碍地传递，确保每个市场中的资金供需达到平衡，市场实现出清。

货币政策传导的顺畅性，关键在于套利机制在各个环节中的有效运作。套利活动主要体现在以下三个方面。

（1）期限套利：这是短期利率与长期利率之间的套利行为，决定了期限利差（term premium）。例如，投资者可以利用隔夜利率与长期国债（如 10 年期国债）之间的利差进行套利，通过滚动借入隔夜资金购买长期国债，以获取利差收益。当期限套利活跃时，中央银行对短期利率的调控能够影响并传导至各期限的利率水平。值得注意的是，货币政策的有效性还依赖中央银行的预期管理。中央银行通过政策信号和官员言论来引导市场预期，进而影响市场利率和实体经济行为。通过预期管理，中央银行能够在不直接调整基准利率的情况下，对金融市场和实体经济产生深远影响。

（2）信用套利：这涉及无风险资产（如国债）与风险资产（如企业债券、股票）之间的权衡。无风险资产提供确定的回报率，而风险资产则因存在违约或价格波动风险而需要更高的回报率以补偿风险。当中央银行调整无风险利率时，风险资产的回报率也会相应调整，以维持两者之间的风险溢价平衡。这一过程确保了金融市场的稳定与效率。

（3）金融市场与实体经济间的套利：金融市场利率作为实体经济融资成本的反映，其水平直接影响实体经济的投资决策。当金融市场利率低于实体经济投资项目的名义回报率时，企业有动力从金融市场融资进行投资；反之，则抑制投资活动。这种套利机制确保了金融资源的有效配置，促进了经济增长。

在货币政策的有效实施中，其传导路径的顺畅性至关重要，这一路径通过金融市场中的套利机制将中央银行调控的短期利率与实体经济的投资回报率紧密相连。当货币政策传导机制运行顺畅时，中央银行对名义利率的调整并非孤立行为，而是必须与经济实体的实际状况相契合，确保名义利率与实体经济的投资回报率保持动态平衡。这一结论与我们在新凯恩斯模型中的分析不谋而合，强调了货币政策内生于经济状况的基本原则。

泰勒准则在中央银行名义利率调控中的重要性不言而喻。泰勒准则要求中央银行在设定名义利率时，必须充分考虑实体经济的通货膨胀预期及其变化。假设金融市场初始名义利率与实体经济投资回报率相等，若通货膨胀预期上升，实体经济名义投资回报率将随之增加。此时，若中央银行未能将金融市场名义利率提升至足够水平（至少与通货膨胀预期增幅相匹配），则金融市场融资对实体经济而言将变得极具吸引力，导致过度融资、货币扩张加速及潜在的高通货膨胀风险。相反，若通货膨胀预期下降而中央银行名义利率下调幅度不足，则可能引发通货紧缩。因此，遵循泰勒准则，保持名义利率与实体经济状况的动态匹配，是维护物价稳定和经济平衡增长的关键。

三、非常规货币政策

在探讨货币政策的演进历程时，次贷危机无疑成为一个重要的分水岭。在此之前，货币政策主要遵循着传统框架，即中央银行通过调整短期利率来影响经济，这一模式通常被称为常规货币政策（orthodox monetary policy）。然而，次贷危机的爆发及其后续影响，不仅深刻改变了全球经济格局，也促使货币政策操作发生了根本性的转变。为了应对次贷危机后的经济衰退，中央银行普遍采取了包括零利率政策、量化宽松等在内的非常规货币政策（unorthodox monetary policy）。这些政策手段旨在通过直接干预金融市场、增加货币供应量和降低长期利率等方式，来刺激经济增长和恢复市场稳定。

非常规货币政策并非对常规货币政策的简单否定，而是对其在极端经济环境下的自然扩展和深化。如果经济环境能够回到次贷危机前的正常状态，那么非常规货币政策工具也可以退出舞台。即便如此，非常规货币政策是基于现代货币理论、金融市场微观结构理论以及宏观经济学的最新研究成果，为中央银行提供了更加灵活和多样的政策选项。

1. 货币政策传导路径的阻塞

货币政策传导路径的阻塞的根源可归结为两大方面：一是银行体系资产负债表受损导致的信贷收缩；二是流动性陷阱的存在。

(1) 资产负债表受损导致的信贷紧缩

次贷危机中，欧美银行因持有大量次级按揭贷款等“有毒资产”而遭受重创，资产负债表严重受损，资本金大幅缩水。在严格的监管要求（如资本充足率）下，受损的资产负债表限制了银行的信贷发放能力，阻碍了金融体系向实体经济的资金流动。因此，即便中央银行向银行体系注入大量基础货币，这些资金也大多被用于修复银行自身的资产负债表，而非直接支持实体经济，从而造成了货币政策传导的阻塞。

日本提供了一个典型的由资产负债表受损而引发的长期通货紧缩案例。其中，资产负债表衰退理论深刻揭示了 20 世纪 90 年代日本房地产泡沫破裂后经济的长期困境。在泡沫膨胀期间，日本居民与企业因房地产价值的飙升而显著增加了财富，进而利用这些资产作为抵押，大量借入信贷以扩大消费和进一步投资房地产市场。然而，随着泡沫的最终破裂，房地产价格急剧下跌，导致居民和企业的资产价值大幅缩水。尽管资产价值大幅下降，但之前累积的债务却保持相对刚性，并未因资产贬值而自动减少。这种资产与负债之间的不对称变化，严重恶化了众多居民和企业的资产负债表状况，使得其债务负担异常沉重。为了应对这一困境，居民和企业不得不采取保守的财务策略，即减少消费和投资支出，转而增加储蓄以偿还债务。此举直接导致了国民储蓄意愿的普遍上升和总需求的显著下降。总需求的萎缩进一步加剧了物价水平的负增长，即通货紧缩现象的出现。在通货紧缩的环境下，由于债务通常以名义价值计算，其实际价值（相对于购买力而言）反而因物价下降而上升，从而进一步加重了负债者的经济负担，抑制了其支出意愿，形成了一个恶性循环。上述过程严重抑制了日本国内的信用扩张速度，货币政策传导路径受阻，限制了经济活动的复苏动力。尽管日本后续长期采用非常规货币政策，日本经济依然陷入了长达数十年的低增长、低通货膨胀（甚至通货紧缩）困境，这一时期被广泛称为“失去的二十年”。

（2）流动性陷阱

回顾式（4－36），可将方程式左边分子、分母同时乘以 P_{t+1}，这里 $M_t=P_{t+1}m_t$ 为 $(t+1)$期的名义货币总量，则公式可以变形如下：

$$M_t=\frac{P_{t+1}c_{t+1}}{R_{t+1}^{1/\sigma}} \tag{4-43}$$

式（4－43）就是著名的流动性陷阱。因为当中央银行将名义利率 R_{t+1} 降低至趋近于0时，名义货币总量 M_t 趋近于无穷大。这时即使中央银行继续增发货币也无法降低名义利率 R_{t+1}，人们将货币储存起来，而不是用于投资或消费。货币需求弹性会变得无限大，再宽松的货币政策也无法影响价格 P_{t+1} 与真实消费 c_{t+1}，使得货币政策失效。

为了更直观地理解流动性陷阱及其对货币政策传导机制的阻碍这一现象，我们首先需要明确名义利率的零下限（zero lower bound）概念，并进而分析其在实体经济中的实际影响。

① 名义利率的零下限

名义利率，作为衡量资金存入银行所获收益的基准，其特性之一在于存在一个理论上的最低界限，即零下限。当名义利率降至零或接近零时，意味着储户将资金存入银行不再能获得正的利息收入。若名义利率进一步降低至零以下，储户将面临资金缩水的风险，从而激发其将资金从银行取出、转而持有现金的动机。然而，由于持有大量现金伴随着较高的安保和交易成本，轻微的负利率可能尚不足以促使储户立即行动。尽管如此，这一选项的存在构成了名义利率无法持续低于零的重要约束，我们因此将这一界限称为“名义利率的零下限”。

② 名义投资回报率与流动性陷阱

在实体经济中，名义投资回报率反映了投资活动的预期收益。名义投资回报率由两部分组成：真实投资回报率和通货膨胀预期。真实投资回报率反映了投资项目的内在盈利能力，而通货膨胀预期则衡量了未来物价水平的变化对投资回报的潜在影响。值得注意的是，与名义利率不同，名义投资回报率在某些情况下可能降至零以下，即由于市场波动、投资失误、经济周期等因素，投资活动非但不能带来收益，反而可能导致资金损失。当经济中存在投资过剩时，大量投资项目可能陷入破产清算状态，此时边际投资的真实投资回报率也会为负。当名义投资回报率降至零以下时，市场参与者对未来经济前景的预期变得悲观，投资意愿大幅下降。

即便真实投资回报率保持正值，名义投资回报率也可能因通货膨胀预期的负向变化而降至零以下。在通货紧缩的情境下，货币的实际购买力上升，而商品和服务的价格普遍下降。这导致投资者持有货币的机会成本降低，相比之下，实体经济中的投资活动变得相对缺乏吸引力。因为投资者可能发现，即使投资项目能够产生一定的真实回报，但将这些回报转换为现金后，其价值仍可能低于初始投资本金。因此，在通货紧缩的环境下，名义投资回报率容易陷入负值区间。

③ 流动性陷阱与货币政策的非对称性

当实体经济的名义投资回报率普遍为负时，金融市场中实体经济的融资需求将大幅下降。此时，中央银行即使采取降低名义利率的宽松货币政策，也难以有效刺激实体经济的融资活动。因为投资者在名义投资回报率为负的情况下，缺乏足够的激励去借入资金进行投资。这时经济进入流动性陷阱，货币政策的传导路径受阻，常规货币政策工具在刺激经济方面的效果大打折扣。

流动性陷阱还提示我们，货币政策在调控实体经济融资方面表现出明显的非对称性。中央银行可以通过回收基础货币等手段将名义利率推升至任意高水平，从而有效抑制实体经济的融资活动。然而，在面临名义利率零下限的约束时，中央银行却难以通过进一步降低利率来刺激实体经济融资。因此，在实体经济名义投资回报率较低的情况下，常规货币政策在提升融资投放、刺激经济增长方面的能力受到严重限制。

2. 非常规货币政策操作

(1) 非常规货币政策操作框架

当常规货币政策因货币政策传导路径阻塞而面临失效时，中央银行可以动用非常规货币政策的工具箱，并且按照非常规货币政策的操作框架进行宏观调控。2002 年美联储前主席本·伯南克(Ben Bernanke)发表了题为《通货紧缩：预防与应对策略》的演讲，不仅前瞻性地预见了潜在的经济挑战，更详细勾勒了中央银行在面对通货紧缩威胁时的策略框架，这一框架实质上成为后续非常规货币政策操作的蓝本。

伯南克的演讲融入了其对日本长期通货紧缩困境的深入观察的启发。他指出，通货紧缩往往源自总需求的急剧下滑，迫使企业不断降价以吸引买家。为有效预防和应对这一现象，他强调需综合运用货币政策与财政政策以提振支出，并提出了具体的“四步策略框架”。

第一步，常规货币政策极限操作：首先，中央银行会通过常规手段不断调低短期基准利率，直至触及零利率下限，即所谓的“流动性陷阱”。

第二步，量化宽松政策：若短期利率调整已至极限仍不足以刺激经济，中央银行将采取量化宽松措施，直接购买长期国债，以压缩期限利差，进而压低长期利率。此举不仅推高了国债价格，降低了长期无风险利率，还显著扩张了中央银行的资产负债表。

第三步，风险资产购买：若长期无风险利率的降低仍未能有效激发实体经济信贷活动，中央银行将进一步介入市场，直接购买风险资产如抵押贷款支持证券(MBS)，以此压缩风险溢价，降低长期风险利率水平。

第四步，财政货币化支持：作为最终手段，若上述措施均未能打破经济低迷僵局，中央银行将配合政府实施大规模减税和财政扩张政策，甚至不惜采用“直升机撒钱”的方式，即中央银行直接发行货币填补财政赤字，以政府支出直接刺激需求增长。此举确保了即使在极端经济环境下，货币政策与财政政策也能协同作用，促进经济复苏。

伯南克的四步策略框架展现了非常规货币政策操作的清晰逻辑，即当传统货币政策传导机制受阻时，中央银行通过直接干预目标市场（从金融市场到实体经济），绕过阻塞环节，确保政策意图的有效传达。这一过程体现了货币政策从间接调控向直接干预的深化，是货币政策在特殊经济环境下的重要扩展与必要手段。随着目标市场越来越接近实体经济，非常规货币政策措施也愈发显得激进与直接，从而确保了货币政策在复杂经济环境中的有效性。

（2）非常规货币政策操作工具

① 非常规货币政策框架下的核心工具：量化宽松

量化宽松（quantitative easing，QE），亦被称为大规模资产购入（large scale asset purchases），其本质在于中央银行通过直接购买大量资产，向市场注入基础货币，以此作为经济刺激的手段。值得注意的是，尽管公开市场操作同样涉及债券买卖以释放流动性，但 QE 与之存在显著区别。首先，两者目标导向不同：公开市场操作旨在通过债券买卖调整市场利率至预设水平，一旦目标达成，流动性投放即告一段落；相反，QE 则聚焦于通过购买既定规模的资产（往往是巨额）来注入基础货币，其效果不受市场利率波动的直接影响，强调“数量胜于价格”。其次，资产类型与期限结构不同：公开市场操作多聚焦于短期国债的交易，直接影响短期利率；而 QE 则广泛涉及长期国债及长期风险资产[如抵押支持证券（MBS）]，直接作用于长期利率，从而更深远地影响经济的融资成本和投资活动。

QE 的实施导致了中央银行资产负债表规模的迅速扩张，并显著延长了持有资产的平均到期期限。以美联储为例，其资产规模在 2008 年次贷危机前尚不足 1 万亿美元，但通过三轮 QE 操作，至 2014 年已激增至 4.5 万亿美元，实现了资产规模的飞跃式增长。其间，美联储持有的中长期国债及 MBS 规模均大幅上升，进一步体现了 QE 对金融市场和经济环境的深远影响。

② 其他非常规货币政策工具

为配合量化宽松政策，中央银行还可以采用前瞻性指引（forward guidance）、负利率政策（negative interest rate policy，NIRP）、扭曲操作（operation twist）等多种非常规货币政策组合。

前瞻性指引是指中央银行通过书面和言语等方式加强与社会公众的沟通，传递有关经济金融形势、货币政策取向和预期政策目标等方面信息，意在降低信息不对称，引导市场预期朝着央行意图的目标靠拢。前瞻性指引通过提高市场透明度，引导市场参与者形成与政策目标相一致的预期，有助于增强货币政策的有效性和前瞻性。

负利率政策是指商业银行存放在中央银行的存款或准备金不但不能获得利息，反而要支付费用的政策措施。负利率政策可以降低商业银行的借贷成本，从而刺激银行放贷和经济活动。通过向商业银行收取费用，中央银行鼓励银行将资金用于贷款和投资，而不是存放在中央银行。但负利率政策也有明显的弊端，可能引发金融市场的扭曲和不稳定，同时增加金融机构的运营成本。

扭曲操作是指中央银行通过买入长期债券并卖出等额短期债券，以压低长期国债收益率，从而影响金融市场利率结构的政策措施。与量化宽松相比，扭曲操作主要关注于债券市场的期限结构，而量化宽松则更侧重于增加货币供应。扭曲操作通过改变市场上长短期债券的供求关系，压低长期利率，同时保持短期利率相对稳定。降低长期利率有助于降低企业和个人的借贷成本，从而刺激投资和消费，促进经济增长。

总体来看，次贷危机后发达国家中央银行采取的非常规货币政策，有效稳定了金融市场，刺激了经济增长，并促进了通货膨胀目标的实现。随着经济复苏态势的确立，各国逐步退出宽松政策，包括加息和缩表，开启货币政策正常化进程。2020 年新型冠状病毒疫情暴发后，鉴于严重的通货紧缩形势，各国又再次转入非常规货币政策模式，除了沿用以上的非常规货币政策工具外，还采用贷款便利工具（中央银行向金融机构提供低息贷款、鼓励其向企业和个人提供信贷支持）、直接支持企业（中央银行直接或通过政府向企业提供贷款、补贴支持）等方式，以稳定金融市场、促进就业和支持经济复苏。

第五章 公司金融理论

内容提要

在没有摩擦的情况下，所有净现值为正的项目都应该得到融资，此时融资方式的选择及由此形成的企业资本结构就不再重要。但现实中各种摩擦的存在使得大量投资机会无法获得融资，企业的资本结构也就对公司价值产生了影响。公司金融的研究正是希望解释这一现象并找到潜在的各种各样的金融摩擦。我们将从无摩擦的MM定理开始讲述公司金融理论的发展，并通过一个一般性的框架解释摩擦对企业融资的影响，最后通过将这一抽象模型具体化简单介绍不完备合约的相关内容。

第一节　传统的公司金融理论

公司金融的研究范畴包括公司的融资、投资、上市和兼并等决策及其对公司市场价值的影响。繁多的理论框架和复杂的理论体系是公司金融学研究的基本特征，不同的现象可能需要不同的公司金融理论予以解释。其中，MM定理、破产成本和权衡理论，以及啄序融资理论是国际上传统的公司金融学研究中最经典的公司金融理论。

一、MM定理

1958年，莫迪利亚尼和米勒发表的《资本成本、公司财务和投资理论》一文确立了公司金融作为独立学科的地位，奠定了现代资本结构理论的基石。他们证明，在无摩擦条件下，公司的市场价值与公司的资本结构无关，即著名的MM定理。基于MM定理，公司金融逐步形成了一套建立在新古典经济学框架下的理论体系。

（一）无税条件下的MM定理

经典的MM定理建立在一系列严格的假设之上：① 企业的经营风险可使用息税前利润(earnings before interest and tax, EBIT)予以衡量，有相同经营风险的企业即处于同一风险等级；② 现在和将来的投资者对企业未来的EBIT估计完全相同，即投资者对企业未来收益和取得这些收益所面临风险的预期是一致的；③ 证券市场完善，不存在交易成本；④ 投资者可与公司一样以同等利率获得借款，所有负债利率均为无风险利率；⑤ 投资者预期的 EBIT 不变，即假设公司的增长率为零，公司所有的现金流量都是固定的永续年金；⑥ 公司的股利政策与公司价值无关，公司发行新债不影响已有债务的市场价值。

无税条件下的 MM 定理包括总价值命题和杠杆权益成本命题两个命题。

命题 1：总价值命题

对于任一公司 j，只要投资者预期的 EBIT 相同，那么无论是否负债经营，处于同一风险等级的公司的总价值均取决于预期的 EBIT 和同一风险等级上的资本化利率：

$$V_j = E_j + D_j = \frac{\text{EBIT}}{r_0} \tag{5-1}$$

式中，V_j 表示公司 j 的总市场价值，E_j 表示公司 j 权益股份的市场价值，D_j 表示公司 j 负债的市场价值，EBIT 表示公司 j 的预期的息税前利润，r_0 表示与公司 j 在同一风险等级上的资本化利率。

可见，任何公司的价值与其资本结构完全无关。以上公式可以等价转换为

$$\frac{\text{EBIT}}{E_j + D_j} = \frac{\text{EBIT}}{V_j} = r_0 \tag{5-2}$$

可见，公司的总资本成本等于同一风险等级的无负债经营公司的资本化利率(无杠杆权益资本成本)，而与其资本结构完全无关。在 MM 定理的框架下，如果同一风险级别的公司之间不满足上述两项公式，那么资本市场则处于非均衡状态，市场中会相应出现套利活动，且这种套利活动会一直持续到同一风险等级的公司的市场价值回归到相等为止。因此，命题 1 通常表示为

$$V_{\text{L}} = V_{\text{U}} = \frac{\text{EBIT}}{r_0} \tag{5-3}$$

式中，V_{L} 表示有负债的杠杆公司 L 的总市场价值，V_{U} 表示无负债的完全权益公司 U 的总市场价值。

对这一命题的另一种理解是，由于公司价值取决于未来现金流(EBIT)的折现，而在给定公司资产和风险特征的情况下，投资有负债和无负债公司所能得到的现金流是相同的，因此两个公司的价值也应该相同。值得注意的是，如果现实中负债水平的变化会影响公司的决策，就会导致不同负债水平的公司未来现金流和公司价值出现差异，MM 定理也将不再成立。

命题 2：杠杆权益成本命题

由于有负债的杠杆公司具有较高的风险，作为补偿，其公司股东应具有较高的期望收益率。如前所述，在无税条件下，资本市场处于均衡状态下的公司加权平均资本成本等于同一风险等级的完全权益公司的无杠杆权益成本。MM 理论认为，负债经营的公司的权益资本成本(杠杆权益资本成本)等于同一风险等级的无负债经营的公司的权益资本成本

(无杠杆权益资本成本)与风险补偿报酬之和。其中,风险补偿报酬的大小取决于公司杠杆比例,以及无杠杆权益资本成本与债务资本成本之差。公司的负债率越高,风险补偿报酬率相应越高,从而导致负债经营下的权益资本成本上升。

具体而言,公司的现金流归属于股东和债权人,因此杠杆权益资本成本 r_E(公司股东的期望收益率)为

$$r_E = \frac{\text{EBIT} - r_D \cdot D}{E} \tag{5-4}$$

式中,r_D 表示债务成本。而公司的总价值取决于预期的 EBIT 和其风险等级对应的资本化利率,即

$$V = E + D = \frac{\text{EBIT}}{r_0} \tag{5-5}$$

将 $\text{EBIT} = r_0 \cdot (E + D)$ 代入可得

$$r_E = \frac{r_0(E + D) - r_D \cdot D}{E} = r_0 + \frac{D}{E}(r_0 - r_D) \tag{5-6}$$

因此,杠杆公司的权益资本的期望收益率是公司负债与权益之比的正比例线性函数,表明了股东的期望收益率会随着公司财务杠杆的增加而增加。

(二)有税条件下的 MM 定理

1. 有公司税的 MM 定理

由于利息在税前支付,而股东分红在税后支付,公司可以通过增加负债而减少企业所得税的缴纳,即"税盾"。存在公司税的条件下,由于负债的税盾作用能产生财务杠杆效应,这会降低公司的总资本成本,从而提高公司的总市场价值。

假设杠杆公司 L 和完全权益公司 U 的预期息税前收益 EBIT 和经营风险相同,但具有不同的资本结构,那么在存在公司税率 T_C 的条件下,完全权益公司 U 的税后现金流量为 $\text{EBIT} \times (1 - T_C)$。

完全权益公司 U 的公司价值 V_U 为其每年税后现金流量的现值:

$$V_U = \frac{\text{EBIT} \times (1 - T_C)}{r_0} \tag{5-7}$$

式中,r_0 为完全权益公司的资本成本,此处为税后现金流量的贴现率。

杠杆公司 L 的公司价值 V_L 为其每年税后现金流量的现值与税盾现值之和:

$$\begin{aligned} V_L &= \frac{\text{EBIT} \times (1 + T_C)}{r_0} + \frac{T_C \cdot r_D \cdot D}{r_D} \\ &= V_U + T_C \cdot D \end{aligned} \tag{5-8}$$

式(5-8)是存在公司税情形的命题 1(总价值命题)的具体表达式。式(5-8)中的第

一项是没有债务税盾时公司的现金流量，该项与完全权益公司的价值相等。杠杆公司的价值是完全权益公司的价值加上 $T_C \cdot D$（税率乘以债务的价值）。$T_C \cdot D$ 是永续性现金流量情形下税盾的现值。由于税盾会随着债务额的增大而增加，从而加大了杠杆公司与完全权益公司的差距，因此公司可以通过债务替代权益来提高总现金流量及公司价值。

由于在无增长永续性模型中，所有的盈利都作为股利支付给股东，换言之，流入公司的现金流量等于股东获得的现金流量：

$$V_U \cdot r_0 + T_C \cdot D \cdot r_D = E \cdot r_E + D \cdot r_D \tag{5-9}$$

式中，等号左边等于无杠杆公司获得的现金流和税盾之和，右边等于有杠杆公司的现金流。上式两边同除以 E，并减去 $D \cdot r_D / E$，重新整理后可得

$$r_E = \frac{V_U}{E} \times r_0 - (1 - T_C) \times \frac{D}{E} \times r_D \tag{5-10}$$

由于杠杆公司的价值 $V_L = V_U + T_C D = D + E$，因此 $V_U = E + (1 - T_C) \times D$，代入可得

$$\begin{aligned} r_E &= \frac{E + (1 - T_C) \times D}{E} \times r_0 - (1 - T_C) \times \frac{D}{E} \times r_D \\ &= r_0 + \frac{D}{E} \times (1 - T_C) \times (r_0 - r_D) \end{aligned} \tag{5-11}$$

这与最初的 MM 理论的命题 2 是相对应的。从式(5-11)中可以看出，随着负债的增加，杠杆公司的权益资本成本 r_E 也随之上升，但是在考虑了公司税因素的情形下，我们会发现 r_E 上升的速度比不考虑税收因素情形下 r_E 上升的速度要慢一些。换言之，在公司税因素的影响下，杠杆公司权益资本的上升比无税情况下减少了 $D/E \cdot (r_0 - r_D) \cdot T_C$。正是这个原因，才使杠杆公司的价值要比完全权益公司的价值增加了税盾 $T_C \cdot D$。

2. 米勒模型

尽管修正的 MM 理论充分考虑了公司所得税因素，但忽略了个人所得税因素。米勒模型在同时考虑公司所得税和个人所得税因素的情形下，说明了杠杆经营对公司价值的影响作用。米勒模型认为，由于个人所得税在某种程度上抵减了债务利息的税盾作用，因此仅考虑公司税的 MM 模型高估了负债经营对公司价值的作用。

考虑个人所得税率，在未来现金流量稳定的前提下，完全权益公司 U 的公司价值为公司每年支付了公司所得税以及股东支付股息和资本所得税后的现金流量的现值：

$$V_U = \frac{\text{EBIT} \times (1 - T_C)(1 - T_E)}{r_0} \tag{5-12}$$

式中，T_C 表示公司所得税率；T_E 表示个人投资者的股票收益分配个人所得税率。可以看到，与只有公司税的情况下相比，个人所得税的存在降低了完全权益公司的公司价值。

对于同时考虑公司所得税和个人所得税因素的情形下的杠杆公司 L，其股东和债权

人的年现金流量 CF 为

$$
\begin{aligned}
CF &= \text{股东每年现金净流量} + \text{债权人每年现金净流量} \\
&= (EBIT - I)(1 - T_C)(1 - T_E) + I(1 - T_D) \\
&= EBIT(1 - T_C)(1 - T_E) - I(1 - T_C)(1 - T_E) + I(1 - T_D)
\end{aligned} \tag{5-13}
$$

式中，I 表示公司每年负债需要支付的利息额，T_D 表示个人的债券利息收益所得税率。式中第一项 $EBIT(1-T_C)(1-T_E)$ 为完全权益公司的税后现金净流量，其现值按完全权益资本成本 r_0 折现；第二项和第三项反映了由债务利息支付引起的税后现金净流量，这一部分与债务利率的风险相同，因此其可以按债务资本成本折现。据此可得杠杆公司 L 的公司价值为

$$
\begin{aligned}
V_L &= \frac{EBIT(1 - T_C)(1 - T_E)}{r_0} - \frac{I(1 - T_C)(1 - T_E)}{r_D} + \frac{I(1 - T_D)}{r_D} \\
&= V_U + \frac{I(1 - T_D)}{r_D}\left[1 - \frac{(1 - T_C)(1 - T_E)}{1 - T_D}\right]
\end{aligned} \tag{5-14}
$$

由于税后利息支付额 $I(1-T_D)$按债务资本成本 r_D 资本化后的结果为债务的市场价值 D，即 $D = \frac{I(1 - T_D)}{r_D}$，代入式(5-14)即可得到著名的含个人税收因素的米勒模型：

$$
V_L = V_U + \left[1 - \frac{(1 - T_C)(1 - T_E)}{1 - T_D}\right] \times D \tag{5-15}
$$

MM 定理的三个发展阶段所建立的公司价值模型是相互联系的，其方法和结论都没有发生根本性改变，区别仅仅在于所得税因素的考虑。然而 MM 定理所依赖的完美资本市场假设与现实世界存在诸多差异，正是后来很多学者对 MM 定理的质疑和异议，推动了资本结构理论的进一步发展，并从中产生了一系列可以直接在实际中得以运用的理论。

二、破产成本和权衡理论

权衡理论是对有税条件下 MM 定理的扩展。MM 定理中不存在破产费用的假设与现实相背离。在其他条件不变时，企业破产的概率与负债比率呈正相关。企业负债一旦增加到无力支付债权人的固定债务利息时，债权人就有权对该企业进行清算。随着资产负债比例的上升，杠杆公司的债务资本成本也将呈现上升趋势，企业的破产风险概率加大，并在破产时会相应承担破产费用。20 世纪 70 年代发展的权衡理论(图 5-1)，主要探讨了企业存在财务危机和破产成本的情况下，市场价值与资本结构的关系。根据权衡理论，破产风险是制约企业无限追求税盾优势的关键因素。罗比切克和迈尔斯(Robichek and Myers，1966)指出，虽然债务融资可以为企业带来避税收益，但随着债务的增加，也会引起公司破产的风险和成本上升，因此公司的最优资本结构是在负债的预期税收收益与预期破产成本之间进行的权衡。

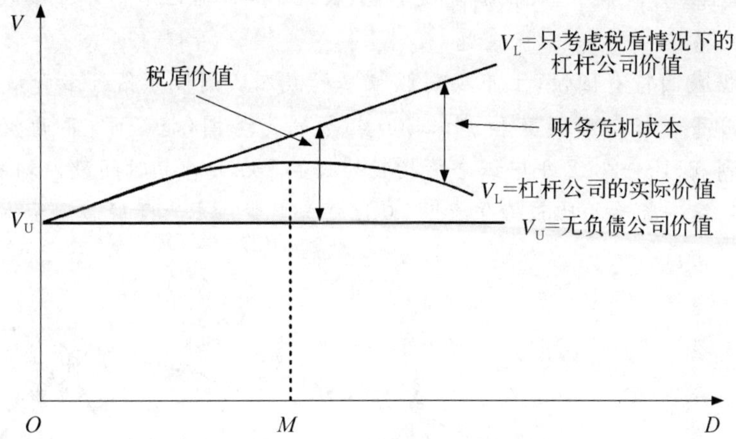

图 5-1　权衡理论

但之后的研究表明，相对于预期税收收益，如果只考虑直接破产成本，破产成本远远小于避税收益，因而无法解释实际中较低的负债水平。因此经济学家又从破产所引起的利益相关者损失的角度来讨论破产的间接成本，即财务困境成本。非财务利益相关者，如消费者、供应商、员工、政府等，虽然不直接拥有股权和债权，但其同样受到公司破产的影响，可能因为破产风险的加大而选择放弃购买商品、跳槽、催收货款等，从而影响公司的正常经营活动。

此外，另一部分文献在静态权衡理论的基础上，开始从动态角度研究企业的权衡问题，由此形成了一个新兴的领域，即动态公司金融理论（Leland，1994；Demarzo and Fishman，2007；Bolton et al.，2019；Demarzo and He，2021）

三、啄序融资理论

迈尔斯和梅吉拉夫（Myers and Majluf，1984）提出了著名的啄序融资（pecking order）理论，他们认为，如果存在非对称信息，股票就会被市场错误定价。这是因为在信息不对称的条件下，内部管理者比资本市场其他参与者掌握着更多关于企业前景的信息，这导致在股票（或项目）被低估时，公司内部管理者不愿意发行股票为投资项目筹集资金，而在股票（或项目）被高估时更倾向于发行股票。因此，公司如果发行股票，则会向股票市场传递经营不佳的负面信号，进而引起股价的下降。在这种情况下，为了避免股东权益受损，利用对信息敏感性不强的资金来源来代替股票为投资项目融资是较好的选择。对一个新的投资项目来说，融资的顺序为首先内部融资，在内部融资不足时公司才会选择外部融资方式，外部融资的顺序是由低风险到高风险排列的债务，最后才是股票融资。

专栏 5-1　中国情境下的啄序融资理论

根据啄序融资理论，公司会采用留存收益、债权融资、股权融资这样的融资顺序。但在中国情境下，股权融资往往优先于债权融资。目前，对于中国上市公司融资偏好问题的解释主要从上市公司规模小、股权融资成本低、股权结构不合理和资本市场发展不完善等角度展开。

首先，根据我国特有国情，上市公司股权融资成本实则低于债务融资成本。图 5－2 为 2010—2022 年中证全债指数和沪深 300 指数的走势图（将 2010 年开盘首日均记为 100），可以看到，2010—2022 年中证全债指数的收益率在大部分时间段内均高于沪深 300 指数的收益率，这一粗略的比较似乎表明，我国债务融资成本大于股权融资成本。

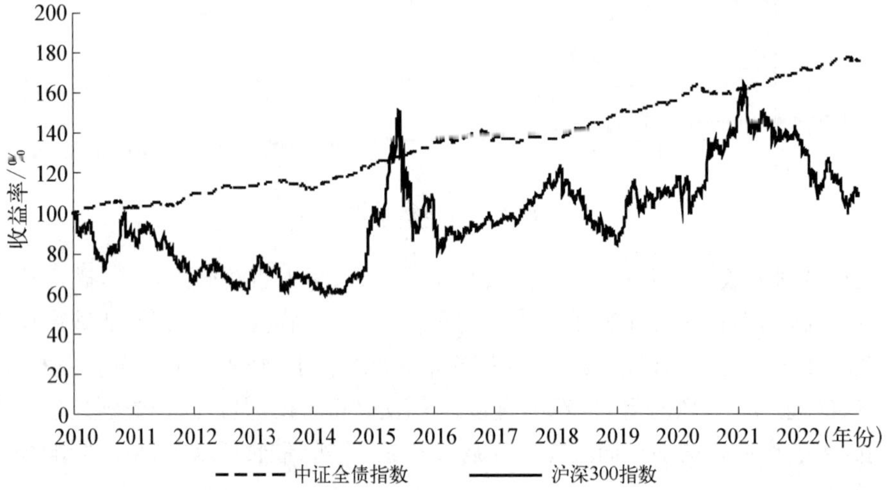

图 5－2 2010—2022 年中证全债指数和沪深 300 指数的走势图

其次，融资成本主要包括筹资费用（如向银行借款过程中的手续费、发行股票和债券过程中的机构中介费等）和融资费用（如银行借款和债券发行应支付的利息费用、发行股票需要派发的股利等）等。我国上市公司的股权融资成本低于债务融资成本的原因主要在于：我国上市公司很少分配现金股利（甚至不分配股利），即使分配股利也以股票股利居多。因此，股利支出并不会很大程度上增加我国上市公司融资成本。另外，我国上市公司大多由国企改制而来，国有股处于控股地位，从而因发行股票而使公司控制权削弱的成本很小。对于债权融资而言，银行和企业债发行者会对贷款设置多项限制条款以降低风险，这会使得上市公司在融资时受到限制：一旦融资方没有及时偿还借款，银行在多数情况下为保全债权，会对公司进行破产处理。相比之下，股权融资使得公司拥有一笔永不到期的可自由支配资金，从而降低了股权融资的资金成本。由此可见，尽管债务融资在一定条件下具有税盾作用，但与债务融资的高成本和按时还本付息的压力相比，中国上市公司更愿意选择股权融资这样相对保守和安全的融资策略。

最后，我国股票市场的种类多且上市公司的股权高度集中：前三大股东往往拥有绝对控制权。我国股票市场处于发展阶段，上市条件较为严苛，10 000 多家上市公司中仅有 3 000 多家在主板上市，由于上市公司少，股票市场总体供小于求，造成股票价格相对于其实际价值偏高，A 股相对 H 股长期存在溢价。较高的溢价对应了较低的投资者要求收益率，因此上市公司控股股东偏好利用股票进行融资。

第二节 主流的公司金融理论

梯若尔(Tirole, 2005)通过一个简单的委托-代理框架对主流公司金融理论进行了抽象分析,本节我们将重点介绍这一框架(道德风险),并对逆向选择进行简要介绍。

一、道德风险

在外部人(投资者C)与内部人(企业家E)之间存在委托代理关系时,由于事后信息不对称的存在,投资者C无法观察到企业家E在选择项目时的谨慎程度、投资的风险以及他们为使公司盈利所付出的努力,由此产生了道德风险。

(一) 道德风险的具体模型

假设存在一个正净现值(net present valuc, NPV)项目L,需要的初始投入为I,如果项目L成功则可产出$R\times I$,如果失败则产出为0。企业家E的自有资金为A,因此需要向投资者C融资$I-A$。如果E谋求私利(产生道德风险),则可以获得$B\times I$的个人私利。当E不谋取私利时,项目成功的概率为p_h,当E谋取私利时,项目成功的概率为p_l,且满足$p_h>p_l$。此外,合约中规定,如果项目成功,E会获得R_b的收入。

那么,从C的视角来看,如果E谋取私利,则可以无成本地挪用项目的一部分($B\times I$),并获得项目期望收益的一部分($p_l\times R_b$);如果E不谋取私利,那么E所获得的回报为$p_h\times R_b$。因此,为了让E选择努力工作,则必须保证E在不谋取私利的条件下所获得的回报大于或等于其谋取私利时的回报,即满足激励相容约束(IC constraint):

$$p_h\times R_b\geqslant p_l\times R_b+B\times I \tag{5-16}$$

将p_h-p_l记作Δp,并整理可得

$$R_b\geqslant\frac{BI}{p_h-p_l}=\frac{BI}{\Delta p} \tag{5-17}$$

另一方面,如果资本市场是完全竞争的,投资者还需要保证他们的盈亏平衡(break-even)。因此,投资者参与出资的期末收益应等于期初的投入,即满足个人理性约束(IR constraint):

$$p_h\times(R\times I-R_b)=I-A \tag{5-18}$$

联立激励相容约束和个人理性约束可得

$$I\leqslant\frac{1}{1-p_h\left(R-\dfrac{B}{\Delta p}\right)}\times A \tag{5-19}$$

将 k 记为 $k=1\Big/\left[1-p_h\left(R-\dfrac{B}{\Delta p}\right)\right]$，可得

$$I \leqslant k \times A \tag{5-20}$$

假设项目在 E 谋取私利时 NPV 为负，在 E 不谋取私利时 NPV 为正，即

$$p_h \times R \times I > I > p_l R \times I + B \times I \tag{5-21}$$

整理可得

$$R > \frac{B}{\Delta p} \tag{5-22}$$

根据上述推导，$k=\dfrac{1}{1-p_h\left(R-\dfrac{B}{\Delta p}\right)}$，由于 $R>\dfrac{B}{\Delta p}$，所以 $k>1$，由此可得，I 的最大值满足：

$$I_{\max}=kA>A \tag{5-23}$$

如果我们将 I 理解为资产（项目、投资）的价值，A 理解为 E 的自有资产，那么 k 则类似于资本结构（杠杆率）的概念：k=资产/权益=I/A。关于 k 的理解，具体而言，k 由激励相容约束和个人理性约束推导而得，在项目成功的情形下，R 是单位投资 I 的总收益，$B/\Delta p$ 是单位投资至少要分给 E 的部分，两者之差 $R-B/\Delta p$ 则是 C 可从单位投资中索取的最大数额。相应地，C 的单位期望收益为 $p_h(R-B/\Delta p)$，同时，$p_h(R-B/\Delta p)$ 也是 E 可向 C 承诺的最大收益（pledgeable income），以及理性的 C 愿意提供的最大融资数量（debt capacity），所以对于单位投资（资产、项目），C 最多提供 $p_h(R-B/\Delta p)$，剩下的 $1-p_h(R-B/\Delta p)$ 则必须由 E 自己提供，这就限制了最大杠杆率：

$$k=\frac{I}{A}=\frac{1}{1-p_h\left(R-\dfrac{B}{\Delta p}\right)} \tag{5-24}$$

那么，为什么会存在 $1\Big/\left[1-p_h\left(R-\dfrac{B}{\Delta p}\right)\right]$ 呢？其原因在于融资摩擦（financial friction）的存在。此处这种摩擦体现为抽象的道德风险，而现实中，这种道德风险可以具体化，例如，在法律约束和制度环境较弱的情况下，由于缺乏对 E 的有效监督，E 可以相对容易地挪用 C 的资金，这会导致 E 谋取私利时的回报更高（B 更高），进而造成 k 更小，使企业面临很高的融资约束。在这种情况下，资本积累较弱，最终抑制了经济的增长。这正是金融发展促进经济增长的微观表现（La Porta et al.，1997；Rajan and Zingales，2004）。

（二）道德风险模型的拓展分析

1. 拓展 1：抵押

当企业家 E 的自有资金 A 不足时，可以通过向投资者 C 抵押投资 I 形成的资产 M

(如设备、厂房等),保证在项目失败情况下 C 可以清算抵押品获得偿还 R。

抵押在本质上赋予了债权人 C 有条件(bad time)的清算能力。抵押会通过两个渠道增加 E 的融资能力(debt capacity)。第一,在项目失败时保证了 C 回收资金的能力;第二,清算抵押品过程中会产生 NPV 的损失,这会在事前改善 E 的激励。

但也正如上述第二点所言,抵押意味着存在无效清算的可能(即便考虑到 E 激励的改善项目仍然有失败而被清算的可能)。由于抵押的资产往往存在一定的专用性,因此 C 在获得抵押品 M 时,对 M 的估值为 $\beta M(0<\beta<1)$,那么 E 与 C 之间对于抵押品的价值差异会导致事后产生无谓损失 $(1-\beta)(1-p_h)M$,从而导致项目 NPV 下降(因为存在一定的可能该资产被折价抛售),这是抵押的负面影响。

与抵押相对应的另一种思路是 E 向 C 承诺,一旦项目成功将给予 C 抵押品的清算价值。不同的是,由于这种价值 E 只会在成功时候给予 C,因此会降低项目成功对于 E 的吸引力,反而降低了事前 E 的激励和 C 的预期收益,为此我们会更加容易看到抵押而非承诺事后成功收益。

从上述分析也可以看出,自有资金充足的公司通常会用账面资金直接融资,这样可以避免抵押带来的潜在 NPV 损失,而资金匮乏的公司则更多选择抵押(此时潜在的 NPV 损失完全由 E 承担)而非向 C 承诺未来收益(事前激励的下降也会导致 C 的预期收益下降)。

在此背景下,一个有趣的问题是,抵押品价值在时间序列上是否会发生变化? 这种变化又是否会影响企业融资能力呢? (Shleifer and Vishny, 1992; Kiyotaki and Moore, 1997),这正是公司金融与资产定价以及宏观经济学的重要交叉点。

2. 拓展 2:控制权与融资能力的权衡

假设项目可以产生公共收益 y,E 可获得的私人收益为 b(b 不可观测),下面分两种情况进行分析。

(1) 当控制权在 E 手中

当 E 掌握控制权时,会最大化其私人收益 b,投资者 C 可以得到公共收益 y。如果此时,$b+y$ 并不是项目可获得的最大收益,则 C 可以通过与 E 再谈判,让 E 选择大于此时 $b+y$ 的方案,从而既能保证 E 可以获得大于此时 b 的私人收益,也可使 C 获得比此时 y 更多的回报,最终实现 E 与 C 收益之和的最大化。

(2) 当控制权在 C 手中

当 C 掌握控制权时,C 只会最大化自己的财富 y_1,并使 E 的私人收益 $b_1=0$,此时由于 E 事前没有财富,因而无法与 C 进行再谈判。具体来说,假设 C 选择了其收益为 y_1 而 E 收益 $b_1=0$ 的方案,如果 E 要求 C 选择投资者收益为 y_2,企业家收益为 b_2(其中 $y_2<y_1$, $b_2>0$)的方案,则需要至少给予 C y_1-y_2 的收益,但 E 的事前收入为 0,因此即使 $y_2+b_2>y_1$,也无法与 C 实现再谈判。

综上可知,E 拥有控制权时更有效率,但如果将控制权转移给 C 则可以扩大项目的融资能力:假设当 E 拥有控制权时,选择其私人收益为 $b=2$,公共收益为 $y=9$ 的方案,能实现两者收益总和的最大值;当 C 拥有控制权时,选择公共收益为 $y_1=10$,E 的私人收益

为 $b_1=0$ 的方案，那么，虽然 $b+y>b_1+y_1$，但 $y_1>y$。这意味着当C拥有控制权时，项目的最大融资数量 y_1 大于E拥有控制权时项目的最大融资数量 y。所以，当企业面临严重的融资约束，或急需在竞争（市场）中“活下来”，或未来的收益更高时，E可以选择将控制权让渡给C。

专栏5-2　　老干妈和华为为何不上市？

媒体曾将娃哈哈、华为、顺丰和老干妈4家企业戏称为“不上市联盟”。昔日的“不上市联盟”，如今只剩老干妈和华为尚未松口。

2013年4月，任正非在持股员工代表大会上提到“董事会20多年来，从未研究过上市问题，因为我们认为上市不适合发展”，并提到未来5～10年，华为不考虑整体或分拆上市，不考虑通过合并、兼并和收购的方式进入资本市场。

上市的好处简单来说，对于大多数企业，上市可以拓宽融资渠道，规范治理结构和经营行为，提升知名度，不断把企业做大做强并回报社会。但实际上，老干妈和华为一样有充足的现金流：早已完成资本积累的华为不需要为了资金和融资需求而上市，而老干妈采取“不欠账、不赊账”的现销模式，使公司应收账款周转期为0天，现金流充裕。因此，对融资渠道需求不高正是华为和老干妈坚持不上市的重要原因之一。

尽管上市的种种好处可以促进企业的成功，但是，盲目上市导致的种种问题、股市的“弊端”与“无情”也不可避免地会威胁上市公司的生存。其中，最重要的弊端之一在于上市会直接导致原始创始人的股权稀释，失去对公司的控制权。老干妈的股份分配为陶华碧长子李贵山49%，陶华碧次子李妙行51%，这样的股权结构将公司的控制权牢牢攥在陶华碧家族中。另外，企业一旦上市，就要信息公开透明。对于华为来说，在信息技术领域有不少的商业机密，现在不便公开，因此也就毅然选择了不上市。任正非表示：“我们都听过传统经济学中的大量理论，这些理论都宣称股东具备长远视野，他们不会追求短期利益，并且会在未来做出十分合理、有据可循的投资。但事实上，公众股东总是很贪婪，他们希望尽可能快地榨干一家公司的每一滴利润，而拥有这家公司的人则不会那么贪婪。我们之所以能超越同业竞争对手，原因之一就是没有上市。”在华为，股份结构最大的特色在于全员持股，由于创办初期作为民营企业融资困难吸引人才，任正非大量稀释了自己的股权以激励员工。员工同时是股东，所以华为能够团结一心，蓬勃向上，执行力特别强。目前任正非在华为的持股比例是0.84%，剩下的股份都由华为公司工会委员会持有，截至2021年12月31日，员工持股计划参与人数为131 507人，按照任正非的持股比例来看，说华为是一家100%员工持股的公司并不为过。

二、逆向选择

道德风险关注的是事后的信息不对称。本小节论述的逆向选择关注的则是事前的信息不对称。具体来说，由于投资者C与企业家E之间存在信息不对称，企业家E就有公司或项目的技术或环境以及公司的已实现收入的私人信息。当企业家E能够利用私人信息使自己受益而使投资者C受损时，处于信息劣势的投资者C将难以顺利地做出买卖决策，于是价格便随之扭曲，产生逆向选择，进而导致市场效率的降低甚至市场的崩溃。

（一）逆向选择的具体模型

假设有两类发行人E，需要融资的项目分别是项目G和项目B，项目G成功的概率为p，项目B成功的概率为q，两个项目所需的初始投资都为I，项目成功的产出都为R，且满足$pR > I > qR$。投资者C与发行人E之间存在信息不对称，C先验概率中E融资的是项目G的概率为a，是项目B的概率为$1-a$。在这种情况下，C对项目成功的期望概率$m = ap + (1-a)q$，项目的期望收益为mR。

从投资者C的角度来看，有以下两种情况。

(1) 当$mR < I$，即项目的期望收益小于初始投资时，项目无法得到融资。此时项目G在投资者眼中被误作项目B，从而产生了投资不足（underinvestment）的问题。

(2) 当$mR > I$，即项目的期望收益大于初始投资时，项目得到融资，项目G和项目B将面临统一的平均融资成本，投资者将在项目G中赚钱，而在项目B中亏钱。此时G向B提供了交叉补贴（cross-subsidization），从而产生了过度投资（overinvestment）的问题。

此外，将$m = ap + (1-a)q$代入$mR > I$并整理后可得

$$\left[1-(1-a)\frac{p-q}{p}\right]pR > I \tag{5-25}$$

记$X = (1-a)(p-q)/p$，可得：

$$(1-X)pR > I \tag{5-26}$$

式中，pR是项目G在完全信息下的可保证收入（pledgeable income），$X = (1-a)(p-q)/p$度量了逆向选择程度，X越大则mR越小，表明信息摩擦越大，项目越难得到融资，融资约束越大。

由于a是指C先验概率中判断融资项目是项目G的概率，越大的a表明C越容易确定融资的项目是好项目，即C所拥有的项目信息越多，信息摩擦越小，这与X的表达式中a越大，逆向选择程度X则越小是一致的。此外，X的表达式可以写作$(1-a)(1-q/p)$，可见，当项目G成功的概率p与项目B成功的概率q越接近时（q/p越大），即当两类项目的差别越小时，逆向选择程度X则越小。

（二）逆向选择的拓展分析

1. 拓展1：公司顺经济周期来发行股票

逆向选择成本顺周期，所以公司的股票发行往往顺经济周期。具体推导如下：假设项目的成功概率p和q与经济总体运行状况h有关，因此$p' = p + h$，$q' = q + h$，$m' = ap' + (1-a)q' = m + h$，当$(m+h)R > I$时，项目可以获得融资。此时逆向选择成本$X' = (1-a)(p'-q')/p' = (1-a)(p-q)/(p+h)$，因此，当经济运行状况越好时（$h$越大），逆向选择成本$X'$越小，外部融资越容易，企业越愿意发行股票。

2. 拓展2：公司在信息披露成本与逆向选择成本间的权衡

公司可以通过信息披露来降低逆向选择程度，但同时也面临着一系列的信息披露成本，如让渡控制权给私募方、承受定期披露成本（审计、会计、法律等）等。所以企业需要权衡两种成本，由于信息披露成本往往是固定费用，因此规模较大的企业往往会更愿意选择进行信息披露以减少逆向选择成本，这也是大企业更多通过金融市场融资的原因。

3. 两种均衡：混同均衡(pooling)和分离均衡(separate)

逆向选择存在时，从投资者C的视角出发，投资者C的信息劣势导致项目融资的扭曲，进而造成了市场效率的降低。那么，从发行人E的角度来看，是否选择融资取决于融资后其可获得的收益与不融资可获得的收益间的比较。

假设项目G和项目B进行融资后，成功的概率都会增加h（如设备得到了升级），那么此时C需要满足的盈亏平衡(break-even)条件为

$$(m+h)R_C=I \tag{5-27}$$

式中，R_C为项目成功后投资者C可获得的收益。此时，项目G的发行人可获得的收益为$(p+h)(R-R_C)$，当融资净收益$(p+h)(R-R_C)$大于不融资时的收益pR时，发行人会对项目G进行融资，即

$$(p+h)(R-R_C)>pR \tag{5-28}$$

将$(m+h)R_C=I$代入可得：

$$hR>I\cdot\frac{p+h}{m+h} \tag{5-29}$$

因此，当式(5-29)得到满足时，由于$p>q$，所以$hR>I(q+h)/(m+h)$，此时项目G和项目B的发行人都会进行融资，实现混同均衡，此时发行股票不会影响股票价格；当式(5-29)得不到满足，即$I(q+h)/(m+h)<hR<I(p+h)/(m+h)$时，项目G的发行人不进行融资，项目B会进行融资。此时C可以通过观察E是否选择股权融资判断E的类型（G或者B）。在这种分离均衡下，C可以通过E发行股票的行为判断出其类型为B，因此股权融资行为本身就会降低股票价格。

此外，我们还可得以下推论：① 融资为项目成功概率带来的提升作用越大（h越大，如经济环境较好时），hR越可能大于$I(p+h)/(m+h)$［因为hR为h的增函数，而$I(p+h)/(m+h)$为h的减函数］，从而导致不等式更容易被满足，混同均衡更容易实现，这在现实中表现为经济较好时股票发行对股价的影响越小；② 股票的发行量越大（越类似于混同均衡），股票发行对股价产生的负面影响越小。

4. 混同均衡、分离均衡与啄序融资理论

如果投资者无法分辨项目B和项目G，即实现了混同均衡，那么项目G的发行人会想方设法地降低交叉补贴的成本：最好的方法是发行无风险证券（如价值为项目清算价值的证券），让投资者C持有的证券价值与发行人对项目好坏的信息优势无关，从而使事前的信息不对称不会产生折价和交叉补贴。这使得杠杆率很低时企业会更倾向于发行债

务而非股权(Myers and Majluf, 1984)。而当企业杠杆率上升后,项目G的发行人可以通过发行很多债务(高杠杆)来向投资者发送融资项目是G项目的信号,从而与项目B区分开:因为项目G的破产概率较低,预期成本(破产概率与破产损失的乘积)较小,但项目B的破产概率较大,预期成本较高,难以模仿项目G的高杠杆特征。所以无论哪种情况条件下,拥有好项目的企业会优先选择债务而不是股权(Ross, 1977)。

5. 多元化和风险分散的角度

从多元化和风险分散的角度来看,企业家E进行融资可能是为了把风险转移给风险偏好更高的投资者C或者通过多元化来分散异质性风险。如果存在事前信息不对称(关于项目是项目G还是项目B),股权融资就会导致项目B对项目G的模仿和混同均衡,以及项目G对项目B的交叉补贴。因此,此时项目G的发行人可以留存部分股权来向投资者发送项目质量可靠的信号(项目G的发行人可以比项目B的发行人留存更多的股权)。由于更高的内部股权比例意味着更少的外部股权比例,所以企业家E拥有相同资本金时好企业拥有更少外部股权融资,其杠杆率由于相对更多的债权融资而更高(Leland and Pyle, 1977)。

6. 首次公开发行(initial public offering, IPO)折价和股权再融资(seasoned equity offering, SEO)折价

由于投资者之间所持有的信息量存在异质性,部分投资者对于项目的好坏可能具有一定程度的信息优势,这会使没有信息的投资者在项目B上出现赢家诅咒(winner's curse),最终导致没有信息优势的投资者退出市场(能买到的都是溢价的B)。因此,发行人为了吸引那些不具有项目信息优势的投资者来保证融资,项目G的发行需要折价销售来达到不具有信息优势的投资者的盈亏平衡条件。

第三节 进一步拓展

一、不完全合约和道德风险

不完全合约存在的原因可概括为以下三类:首先,未来情况过于复杂和难以预料,因此不可能在事前完全写入合约(不可预见性);其次,即使交易双方可以预见未来的所有状态,但以一种双方都没有争议的语言写进契约成本过高(不可缔约性);最后,关于契约的重要信息双方是可观察的,但难以向第三方(如法庭等)证实(不可证实性)。

专栏5-3 **不完全合约的案例**

1919年,费舍车身生产厂(以下简称费舍)专门生产汽车车身,当费舍针对通用汽车公司(以下简称通用)所要求的汽车车身生产所需的冲压机进行专用性投资后,通用敲费舍的竹杠就成为可能。通用可能要求费舍降低供应的车身的价格,如果不能满足,则会要挟降低对车身的需求或干脆解除契约。这使得费舍在进行专用性投资时心存疑虑,不敢

轻易投资。为了防止费舍被敲竹杠以及通用为了鼓励费舍进行专用性投资，双方同意在初始契约中加一项特别条款，条款要求通用至少10年时间里尽其可能从费舍那里购买汽车车身。运用这种条款目的在于阻止通用的敲竹杠行为。由于这项条款，通用被绑定在交易中，这样又使费舍敲通用的竹杠成为可能。因此同时为防止费舍敲通用的竹杠，在契约中也加上一项特别条款，即费舍向通用所索取的价格不能比费舍为其他汽车制造商所提供的类似产品价格高。双方还达成了一项10年内一致的价格规则，以及一个特别条款，内容是费舍销往通用的车身价格等于费舍公司的“可变成本”加17.6%。这17.6%的向上浮动额是被假定当作弥补费舍公司预期资本成本而设计的。尽管这些条款看起来有效地阻止了费舍的机会主义行为，但由于契约本身是不完备的，契约语言本身具有模糊性，对契约中同一条款就可能存在多种解释。因而正是这项“可变成本”加17.6%的特别条款，让费舍有“机”可乘，契约中这个“可变成本”并未明确限定，因此费舍故意曲解其含义，通过采用低效的劳动密集型技术，并拒绝将它的汽车车身生产工厂建立在通用汽车装配厂附近等方式增加可变成本，将17.6%的利润附加在其劳动和运输成本上，这样敲了通用的竹杠。

由于合约的不完全性，即使双方事前签订了合约，如果事后出现帕累托改进的机会，双方也会撕毁合约选择新合约。即使没有出现帕累托改进的机会，但只要交易成本（谈判成本）可忽略，出现希克斯改进的机会也足以让双方签订新合约。正是这一原因，C在事前向E提供融资时，不仅仅会关注合同中关于事后约定了什么，更关心如果不利的情况发生，再谈判的结果是什么。这正是我们在这一部分所关注的内容。

不完全合约下的再谈判可以认为是道德风险的一种表现形式。我们将通过一个例子看到，E可以利用C的专用性投资（较低的清算价值）进行再谈判以降低其偿付金额，而预期到这一点，C不会事前满足E所有的融资需求，即C对事后再谈判的预期导致了E在事前的融资约束。

假设E的融资额为B，项目的清算价值为L，项目的收益为P，E具备全部的讨价还价能力。项目推进过程中事件的发生顺序如下：① C的融资决策（C选择借多少给E）；② E的偿还决策（E选择是否偿还以及是否再谈判）；③ C的清算决策（C是否选择清算）。我们采用以下逆向归纳法进行分析。

首先，考虑C的清算决策：由于C最差可以选择清算（外部选择权为L），所以当E给C略大于L的金额时，C就不会选择清算。

其次，考虑E的偿还决策，分为以下三种情形。

(1) 情形1：E选择偿还，并偿还B给投资者C，此时E获利为$P-B$。

(2) 情形2：E不偿还且给C的金额不超过L，C清算时，E的获利为0。

(3) 情形3：E不偿还，但给C的金额略高于L，此时C不清算，接受E的再谈判，E的获利为$P-L$。

一般而言，$B>L$（清算存在损失），所以情形3下E的获利最大，E会策略性地违约并进行再谈判（注意这一选择和项目成功与否无关），此时C无法承诺清算。

最后，考虑 C 的投资决策：C 能够理性地预期当 $B>L$ 时自己无法承诺清算（或者说情形 3 下自己做不到像事前合同写的那样不偿还即清算），因此 C 也能预期 E 最后只会偿还自己 L，所以事前最多只会提供 $B_{max}=L$ 的融资给 E（如果 $P>L$，NPV>0）。

因此，可得出结论：在存在再谈判的情况下（C 不能承诺清算），企业的融资上限是项目（或资产）的清算价值 L。

在上述分析中，C 无法承诺清算，而如果我们假设 C 可以承诺清算，即 C 的清算决策是像事前合同所写，一旦 E 未能偿还就选择清算。那么此时，E 所面对的情况将是以下两种。

(1) 情形 1：E 偿还 B 给 C，此时 E 的获利为 $P-B$。

(2) 情形 2：E 不偿还，C 选择清算，此时 E 的获利为 0。

所以：

(1) 当 $P>B$ 时，情形 1 下 E 的获利最大，E 选择偿还。

(2) 当 $P<B$ 时，情形 2 下 E 的获利最大，E 选择不偿还。

最后，考虑 C 的投资决策：由于 C 预期 E 只会在 $P>B$ 时才会偿还，所以 C 最多借给 E 的资金为 $B_{max}=P$。

因此，可得出结论：在不存在再谈判的情况下（C 能承诺清算），企业的融资上限从 L 提高到了 P（一般而言，$P>L$）。

不完全合约及其产生再谈判问题（本质是道德风险的一种）会导致敲竹杠（hold-up）行为：一方面，事前契约当事人由于预期到再谈判可能会在事前减少专用性投资，例如，银行不愿意给缺乏高质量抵押品（L 很低）的企业提供融资，以及大企业的专用配件生产商往往创新激励低，以避免被敲竹杠；另一方面，事后契约当事人也可以在再谈判过程中利用资产的专用性和调整成本的存在，以终止协议来威胁另一方给予其更高的收益空间，例如，银行可以利用对企业的信息优势收取高于基本面的贷款信息，又如，一旦专用配件生产商建立专供生产线，可以反过来向大企业收取更高价格。①

例 1：向多个投资者 C 进行融资

上文我们提到，向一个投资者融资时，存在控制权与融资能力的平衡，即 E 可以牺牲控制权来增加自己的融资能力。但当存在多个投资者 C 时，E 无法将控制权让渡给 C，基于“搭便车”等原因的存在，C 没有能力和激励行使控制权（不清楚将控制权让给哪个 C，每个 C 都指望其他 C 来行使控制权帮自己盈利，散户没有能力行使控制权）。在这种情况下，C 需要选出代表（董事会）后将权利委派给 CEO，这就会产生股东与管理层之间的代理问题。因此，在 E 缺乏资金需要将控制权让渡给 C 从而增加融资能力时，更可能向少数金融机构（私募股权）让渡控制权和融资而非向金融市场。

从事前融资能力和事后效率的角度看，多个投资者和单个投资者也存在显著的不同。相对于单个投资者（如银行）而言，多个投资者（如金融市场）更可能承诺清算，这一方面能

① 可以看出，银企关系里银行作为具有信息优势的一方，可以利用其优势敲企业竹杠。但在抵押品的例子中，缺乏抵押品的企业在获得融资后可以利用银行专用性投资敲银行竹杠。

够改善 E 在事前的激励和融资能力，但另一方面也带来了事后潜在的效率损失。

首先，我们将解释为什么多个投资者更可能承诺清算。在存在多个投资者的情况下，再谈判的成本和难度很高（Bolton and Scharfstein，1996）：在现实中的金融市场中，很难掌握不断变化的持有人名单。即使能掌握，多个投资者之间也很难达成一致。以债务重组为例，当存在多个投资者 C 时，面对企业家 E 要进行再谈判的提议，如果 C 同意再谈判，那么 C 所获的偿债金额将从 F 降至 L。每个 C 都会认为自己的决策不会影响结果，因而当其中一个 C 预期其他人会同意再谈判时，就会选择不同意再谈判，以保证重组成功的情况下其个人能够获得 F 的偿债金额（而非 L）；而当预期其他人都不会同意再谈判时，自己也没有理由同意再谈判。因此，存在多个投资者时，由于协调的困难，C 往往能够承诺事后不进行再谈判（承诺清算）。

在这一基础上，我们来分析承诺清算会在事前和事后产生什么样的影响。在事前，这种承诺能力会改善 E 的激励（知道如果项目失败清算不只是说说而已），因此会增加 E 的最大融资数量（E 激励的改善会被 C 预期到）。但同时，在事后，一旦项目真的失败且存在更好的重组方案，也可能由于 C 之间协调的困难而被无效清算。

相比来说，单个投资者不存在协调问题，因此总是会通过最大化当时的 NPV 并通过再谈判进行收益的转移，这使得即使项目失败，他们也可能接受重组而非清算。从好的方面说，难以承诺清算意味着他们的决策可能可以从最大化 NPV 的角度出发，避免过度清算和效率损失（Dewatripont and Maskin，1995），但从坏的角度看，E 也可能利用 C 难以承诺清算的“弱点”获取更多私人利益，预算软约束就是一个典型的例子。

例 2：进一步理解承诺能力和融资约束的出现

假设项目能在两期分别产生收益 P_1 和 P_2，虽然投资者 C 知晓第 1 期收益 P_1，但无法向第三方证明，同时 C 可以在第 1 期期末选择是否清算。

情况 1：项目初始投资 $B=60$，每期收益 $P_1=50$，$P_2=100$，清算价值 $L=60$。

情况 2：项目初始投资 $B=60$，每期收益 $P_1=100$，$P_2=50$，清算价值 $L=30$。

需要说明的是，由于第 2 期期末投资者 C 对企业家 E 没有约束，所以 P_2 总会被 E 据为己有。

在情况 1 中：因为第 2 期的项目收益 $P_2=100$，大于项目的初始投资 $B=60$，所以 E 有激励对 C 进行偿还从而得到第 2 期的收益。但由于第 2 期期末 C 对 E 没有约束，因此 P_2 被 E 据为己有，C 不相信 E 会从第 2 期收益 P_2 中拿出 10 来偿还给自己（第 1 期的项目收益 $P_1=50$，小于项目的初始投资 $B=60$）。因此，除了 P_1 之外，E 必须清算 1/6 的项目得到 10，从而与 P_1 一起凑齐 60 偿还给 C。本质上，这是 E 无法对 P_2 进行承诺而导致了过度清算。

在情况 2 中：因为第 2 期的项目收益 $P_2=50$，小于项目的初始投资 $B=60$，所以 E 没有激励偿还 C。如上文分析，当 C 能承诺清算时，最多愿意借 50 给 E（融资能力为 P），但项目的初始投资为 60，因此项目无法开展。当 C 不能承诺清算时，C 最多愿意借 30 给 E，但项目的初始投资为 60，因此项目仍然无法开展（融资能力为 L）。总之，C 在事前不会借给 E 超过 30（C 无法承诺清算）或 50（C 能承诺清算），这一正 NPV 项目无法得到融资的本质是 E 无法承诺用 P_1 偿还。

二、控制权和并购

由于合约的不完备性,除了合约中规定的问题,更关键的是那些合约中未提及的资产用法的控制权利,即剩余控制权(residual rights of control)。这也引发了控制权和并购的问题。

在不完全合约存在的情况下,事后如果出现了相对事前合约帕累托改进的机会,双方就有激励再谈判和讨价还价来改善配置效率。此时,哪一方拥有对合同规定范围之外的控制权就变得很重要:对资产的控制权会影响外部选择权(outside option),进而影响事后的资源配置,即再谈判的结果,最终影响事前投资者 C 的借贷意愿和企业家 E 的借贷能力。此外,一些实物或人力资本投资的价值依赖对其他资产的控制(例如,模具生产商提高模具的耐久度和精确性的投资价值取决于下游模具使用产商的固定资产)。因此,拥有对资产的控制权一定程度上会增加专用性投资的激励(例如,模具使用商将模具生产商内部化)。理论上,公司应该对互补资产拥有共同所有权,否则可能会发生敲竹杠和专有资产投资不足的问题:例如,专用性人力资本投资不足;配件的小供应商相较于大供应商更不愿意提升生产技术等。

兼并收购是公司争夺控制权的一种重要方式。就并购的动因而言,格罗斯曼和哈特(Grossman and Hart, 1986)以及哈特和穆尔(Hart and Moore, 1990) 基于不完全合约的产权模型(GHM)讨论了交易的双方在什么情况下应该分立或整合,研究了最优的现金流和控制权的动态配置,提出了剩余控制权的概念。他们认为,谁投资,谁应该拥有剩余控制权,这可以保证专用性投资的一方的投资激励。由于拥有剩余控制权的一方能够分得大部分的交易总盈余,因此更有动力来增大事前投资以提高交易总盈余,进而对公司价值产生影响。不完全合约理论解释了纵向并购中的效率来源。当企业间的资产具有重要的互补关系,或一家企业具有对另一家企业重要的专用投资时,一体化合并是有效率的。

三、道德风险的具象化和公司治理

现代公司具有"所有权与管理权分离"的重要特点,在这种情况下,道德风险的存在会带来管理层与股东之间利益的冲突问题。道德风险的存在以及企业并不能为所有正 NPV 项目获得融资的客观事实很自然地引出了公司治理的概念,即投资者确保其能够获得投资收益的方式。良好的公司治理应当能够提供恰当的激励,使管理层服务于公司和股东的目标,并能促进有效的监督。

从内部机制上来看,在管理层承担全部运营成本却只获得部分收益,且其行为不能被预测或写进合同里的情况下,可以通过"最优薪酬设计"来使管理层与股东利益一致,进而在一定程度上解决所有权和管理权分离带来的道德风险问题。加强大股东监管的内部公司治理方式也可以缓解道德风险。

此外,债务也可用于公司治理:虽然高债务可能会导致过度清算和流动性的缺乏,但同时高债务也可以通过强迫 CEO 交出自由现金流从而阻止其建立商业帝国(business empire)的想法等,进而缓解道德风险。

从外部机制上来看,大股东的退出威胁和并购威胁是防范道德风险的重要措施。具体而言,由于大股东退出带来的直接结果是股价估值的受损,大股东的退出威胁会使得管理层考虑其股份收入的下降,进而缓解委托代理问题,此外,管理层的管理不善会导致公司市值的下降,增大了公司被并购的可能,管理层失业风险的增加也可以一定程度上缓解道德风险。

第六章 资产定价理论

内容提要

"不要把鸡蛋放在一个篮子里"是一句古老的谚语,但其中蕴含了深刻的哲理。尽管经济学家很早就认识到资产的回报往往取决于协方差而不是方差,但对于这一协方差的对象却存在长期的争议。从市场组合到消费增速,从企业的投资决策到金融机构的融资约束,随机折现因子的决定是贯穿资产定价理论的核心。

第一节 传统的资产定价理论

在金融市场上,金融资产发生交易的前提是确定金融资产的合理价格,以便能够做出理性的买卖决策,研究这一问题的理论即资产定价理论。资产定价理论是专门研究如何对资产特别是金融资产进行估价的理论,是具体研究具有不确定未来收益的索偿权的价值的一种金融理论。资产定价理论是现代金融学的核心热点领域,也是研究成果最为系统、最为丰富的领域之一。

一、马科维茨的资产组合理论

马科维茨于 1952 年发表了题为《投资组合的选择》的论文,被视为现代资产组合理论的起点。马科维茨的资产组合理论主要研究投资者在权衡收益与风险的基础上如何最大化自身效用,以及由此对整个资本市场产生的影响。马科维茨的资产组合理论最为人称道的贡献在于他采用投资组合的标准差(方差)来衡量其风险,并认为分散化投资可以有效降低投资风险,但一般不能消除风险。

马科维茨模型的基本假设如下:① 证券的价格反映了证券的内在价值,每个投资者都掌握了充分的信息,了解每种证券的期望收益率及标准差,即证券市场是有效的;② 投资者都是风险厌恶者,或者称为"风险回避者",即投资者在追求较高收益的同时又要求较低的风险;③ 投资者以期望收益率及收益率的标准差为选择投资方案的依据,如果所选择的投资组合的方案风险较高，必须有额外收益作为这部分风险的补偿；④ 各种证券的收益率之间有一定的相关性，可以用相关系数或者协方差来表示。

除了上面四点模型本身的基本条件，以下四点模型的隐含条件也是模型建立和求解时的依据：① 每种证券的收益率都服从正态分布；② 每一种资产都是无限可分的，即如果投资者愿意，他可以购买每个股份的一部分；③ 投资者可以以无风险利率贷出或借入资金；④ 资本市场上没有摩擦，即资本和信息可以自由流动，不存在交易成本，不存在对红利股息和资本收益的征税。

在这些假设的基础上，马科维茨提出的均值-方差模型以期望收益及其方差(E, σ^2)确定有效投资组合。所谓均值，是指投资组合的期望收益率，它是单只证券的期望收益率的加权平均，权重为相应的投资比例。所谓方差，是指投资组合的收益率的方差。我们把收益率的标准差称为波动率，它刻画了投资组合的风险。以期望收益 E 来衡量证券收益，以收益的方差 σ^2 表示投资风险，通过计算各个资产预期收益的加权平均值和衡量组合资产风险的方差或标准差，可得出资产组合的总收益。投资组合的期望收益率和对应方差的公式如下：

$$
\begin{aligned}
E(r_p) &= \sum_{i=1}^{n} \omega_i E(r_i) = \boldsymbol{W}^{\mathrm{T}}\boldsymbol{R} \\
\sigma_p^2 &= \sum_{i=1}^{n}\sum_{j=1}^{n} \omega_i \omega_j \operatorname{cov}(r_i,\ r_j) = \boldsymbol{W}^{\mathrm{T}}\boldsymbol{V}\boldsymbol{W}
\end{aligned}
\tag{6-1}
$$

式中，$E(r_p)$为投资组合的期望收益率；σ_p^2 为投资组合收益率的方差；ω_i 和 ω_j 分别为证券 i 和证券 j 在投资组合中所占的权重；$E(r_i)$为证券 i 的期望收益率；$\boldsymbol{W}$ 为投资组合中各证券投资比例向量；$\operatorname{cov}(r_i,\ r_j)$为证券 i 和证券 j 收益率的协方差；$\boldsymbol{V}$ 为协方差矩阵；n 为证券数量。

根据马科维茨假设，理性的投资者在给定的预期收益率水平下，会选择风险最低(方差最小)的投资组合，即满足：

$$
\min \sigma^2 = \boldsymbol{W}^{\mathrm{T}}\boldsymbol{V}\boldsymbol{W}^{\mathrm{T}}
$$

$$
\text{s. t. } \begin{cases} \sum_{i=1}^{n} \omega_i = 1 \\ \boldsymbol{W}^{\mathrm{T}}\boldsymbol{R} = E(r_p) \end{cases} \tag{6-2}
$$

式中，$\boldsymbol{W} = (\omega_1,\ \omega_2,\ \cdots,\ \omega_n)^{\mathrm{T}}$，$\boldsymbol{R} = (E(r_1),\ E(r_2),\ \cdots,\ E(r_n))^{\mathrm{T}}$。该模型的解是给定预期收益率水平下的最优投资组合，即最小方差组合，其权重称为给定收益率下投资组合的最优投资比例。

投资组合构造问题可以归纳为多个风险资产和一个无风险资产的情况。在两个风险资产的例子中，该问题有三步：首先，确定可行集的风险收益权衡；其次，计算使资本配置线斜率最大的各资产权重；最后，确认最优投资组合，由无风险资产和最优风险组合构成。

第一步决定了投资者面临的风险收益机会，由风险资产的最小方差前沿(minimumvariance frontier)给出。这条边界线是在给定组合期望收益下用方差最小的组合点描成的曲线(图 6-1)。注意到所有单个资产都在该边界的右方,这说明由单个资产构成的风险组合不是最有效的,分散化的投资可以提升期望收益并降低风险。所有最小方差边界上最小方差组合上方的点提供最优的风险和收益,因此可以作为最优组合,这一部分成为风险资产有效前沿(efficient frontier of risky assets)。对于最小方差下方点的组合,其正上方就存在具有相同标准差但期望收益更高的组合。因子最小方差组合下方的点是非有效的。有效前沿有一个重要的性质,即有效前沿上任意其他的点所代表的有效投资组合,都可以由这两个分离的点所代表的有效投资组合的线性组合生成,这一性质也被称为两基金分离定理。

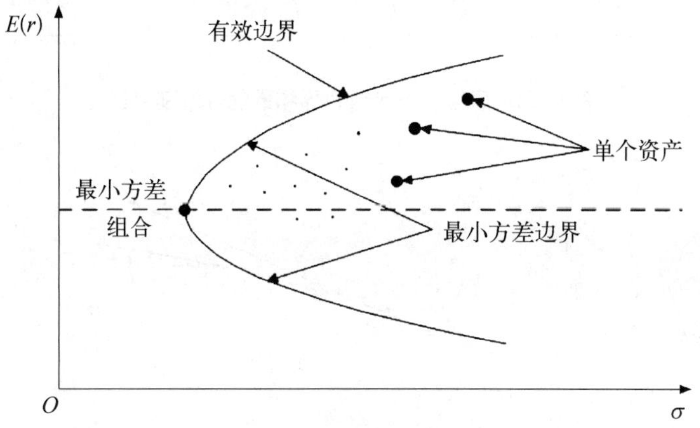

图 6-1　风险资产的最小方差前沿

第二步包含无风险资产的最优化,寻找报酬-波动性比率最高的资本配置线[①]。如图 6-2 所示,在所有经过 r_f 和有效前沿的直线中,同时经过 r_f 和 P 点(相切于有效前沿)的直线拥有最高的斜率(夏普比率),因此所有投资者无论风险偏好如何,都只会持有两种资产,即无风险资产 r_f 与切点组合 P,而这条直线被称为资本配置线。这也引出了另一个重要的定理,即分离定理:投资者的风险偏好只影响其在无风险资产和风险资产中的相对比例,而不影响其对风险资产的选择(总是选择切点组合 P)。

第三步,投资者根据自己的风险偏好在最优风险资产 P 和无风险资产间选择合适的比例构成其最终投资组合,如图 6-3 所示,其中无差异曲线由投资者的风险偏好形成,C 为投资者选择的最优投资组合。

二、资本资产定价模型

CAPM 是现代金融经济学的奠基石。在马科维茨提出资产组合理论之后,他的学生

① 资本配置线(capital allocation line, CAL),表示对投资者而言所有可能的风险收益组合。资本配置线的斜率记为 S,等于每增加一单位标准差整个投资组合增加的期望收益。因此,斜率也被称为报酬-波动性比率(reward-to-volatility ratio),或者夏普比率。

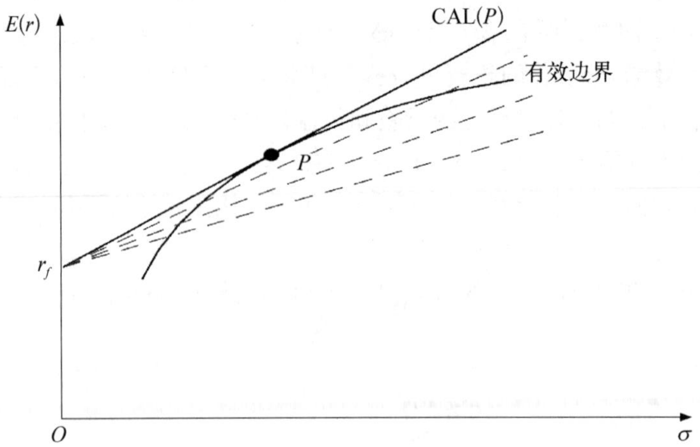

图 6-2　风险资产有效边界和最优资本配置线

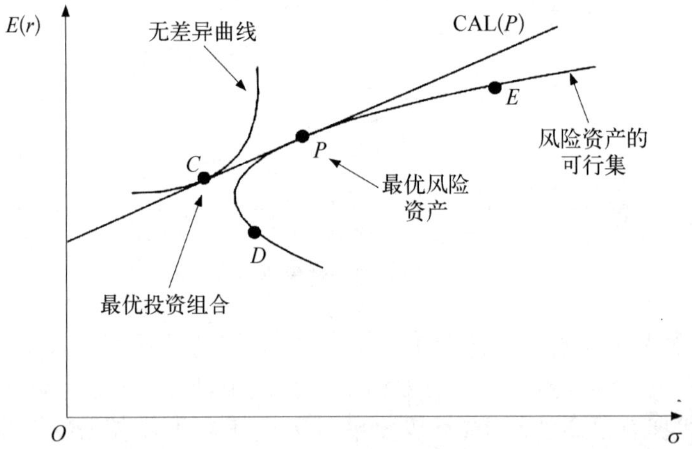

图 6-3　决定最优组合

夏普在此基础上引入了市场组合的概念，对这一问题进行了积极的探索并取得了重大突破(Sharpe，1964)。随后，林特纳和莫辛(Lintner，1965；Mossin，1966)也各自独立地证明出相同的结论。他们三人的研究成果构成了著名的资本资产定价模型。这一模型的核心思想是，单个资产或者证券组合的期望收益率与其系统性风险正相关，而与其他因素无关。尽管 CAPM 与实际验证的结论并不完全一致，但其在诸多重要实践应用中的精确度得到了普遍认同。

1．CAPM 的关键假设及解释

CAPM 是一个基于风险资产期望收益均衡的预测模型，建立在马科维茨的资产组合理论基础之上。在马科维茨资产组合理论的主要假设基础上，CAPM 加入了以下假设。

(1) 存在无风险资产。所有的投资者均可按相同的无风险利率 r_f 无限制地借入或贷出资金。

(2) 无分割市场。资本市场中无交易成本、无税金，对卖空没有限制，并且所有的资产可以无限被细分，在任何一个投资组合里可以含有非整数股份。所有投资者可以及时免费地获得充分的市场信息。

(3) 齐次预期假设。投资者对于各种资产的收益率、标准差、协方差都有相同的预期，因此市场上的有效边界只有一条。

(4) 投资期限假设。所有投资者具有相同的投资期限，而且只有1期。

CAPM的关键是假设所有投资者根据马科维茨原则最大化组合效用。这就是说，每个投资者都会用一系列的投入组合(期望收益和协方差矩阵)来绘制包含了所有风险资产的有效边界，从而通过绘出有效边界的切线资本配置线(CAL)确定一个有效风险组合 P，如图6-4所示。因此，每个投资者通过马科维茨最优化过程，在其可投资集中确定各证券的持有比例。

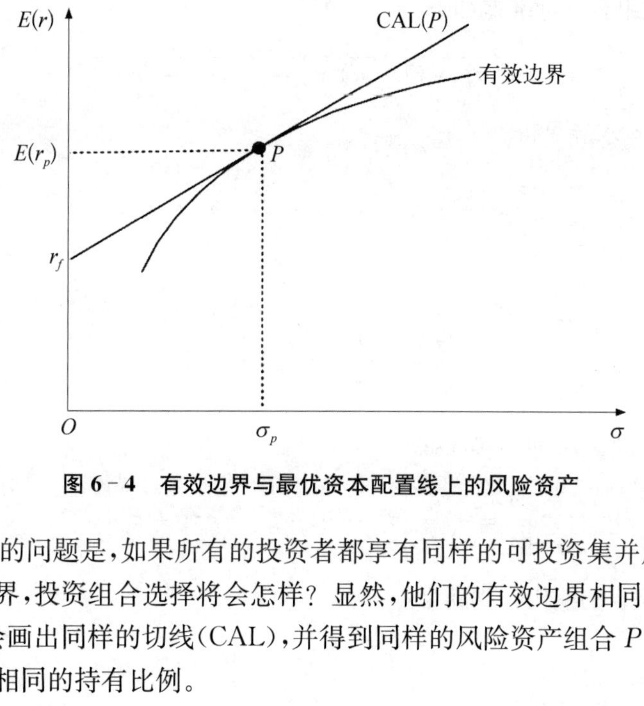

图6-4　有效边界与最优资本配置线上的风险资产

CAPM提出的问题是，如果所有的投资者都享有同样的可投资集并用同样的投资组合来绘制有效边界，投资组合选择将会怎样？显然，他们的有效边界相同。面对同样的无风险利率，他们会画出同样的切线(CAL)，并得到同样的风险资产组合 P。因此所有投资者对每个资产有相同的持有比例。

CAPM的一个关键观点是，因为市场组合是所有风险组合的加总，市场组合的资产比例也是投资者的持有比例。所以，如果所有投资者选择相同的风险资产组合，这个组合一定是市场组合，即可投资集中所有资产以市值加权平均得到的组合。因而，基于每个投资者最优风险资产组合之上的资本配置线实际上就是图6-5中所示的资本市场线(capital market line, CML)。

2. CAPM的理论推导

假设 $E(r_p)$ 为任意证券 P 的期望收益，$E(r_m)$ 为市场组合 M 的期望收益，σ_p 和 σ_m 分别是证券 P 和市场组合 M 期望收益的标准差，α 是投资在证券 P 上的比例，$1-\alpha$ 为投资在市场组合上的比例，ρ 为证券 P 的收益率与市场收益率之间的相关系数。市场组合

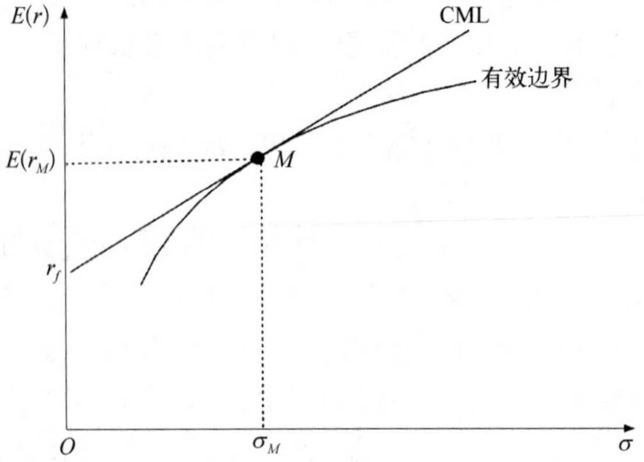

图 6-5 有效边界与资本市场线

与证券 P 的任意组合的标准差如下：

$$\sigma=\sqrt{\alpha^2\sigma_p^2+(1-\alpha)^2\sigma_m^2+2\rho\alpha(1-\alpha)\sigma_p\sigma_m} \tag{6-3}$$

等式两边对 α 求导可得

$$\frac{d\sigma}{d\alpha}=\frac{1}{\sigma}[\alpha\sigma_p^2+\sigma_m(1-\alpha)(\rho\sigma_p-\sigma_m)] \tag{6-4}$$

在 $\alpha=0$ 处：

$$\frac{d\sigma}{d\alpha}=-\frac{1}{\sigma}[\sigma_m^2-\rho\sigma_p\sigma_m] \tag{6-5}$$

因为当 $\alpha=0$ 时，$\sigma=\sigma_m$，所以：

$$\frac{d\sigma}{d\alpha}=-\frac{1}{\sigma_m}[\sigma_m^2-\rho\sigma_p\sigma_m]=\rho\sigma_p-\sigma_m \tag{6-6}$$

此外，投资组合的期望收益满足：

$$E=\alpha E(r_p)+(1-\alpha)E(r_m) \tag{6-7}$$

等式两边对 α 求导可得

$$\frac{dE}{d\alpha}=-[E(r_m)-E(r_p)] \tag{6-8}$$

在 $\alpha=0$ 处，在上式中代入 $\frac{d\sigma}{d\alpha}=\rho\sigma_p-\sigma_m$ 可得

$$\frac{dE}{d\sigma}=\frac{E(r_m)-E(r_p)}{\sigma_m-\rho\sigma_p} \tag{6-9}$$

因为如果所有投资者选择相同的风险资产组合，这个组合一定是市场组合，所以证券

P 与市场组合 M 组成的曲线一定会与资本市场线在 M 点处相切(图 6-5),否则资本市场线将不是投资者的最优选择。此时:

$$\frac{E(r_m)-E(r_p)}{\sigma_m-\rho\sigma_p}=\frac{E(r_m)-r_f}{\sigma_m} \tag{6-10}$$

整理可得

$$E(r_p)-r_f=\beta[E(r_m)-r_f] \tag{6-11}$$

式中,$\beta=\frac{\rho\sigma_p}{\sigma_m}=\frac{\rho\sigma_p\sigma_m}{\sigma_m^2}=\frac{\text{cov}(r_m,r_p)}{\text{var}(r_m)}$。据此可得 CAPM:

$$E(r_p)=r_f+\beta[E(r_m)-r_f]+\varepsilon r_p \tag{6-12}$$

式中,ε 是随机误差项,代表投资组合收益率的随机性;$E(r_m)-r_f$ 是市场风险溢价,由于市场存在风险,因而市场的期望收益率高于无风险收益率,两者之差即市场风险溢价。上式所示期望收益-贝塔关系(expected return-beta relationship)就是资本资产模型最为常见的表达方式。

另外,根据 β 值的表达式可得,市场的 β 值为 1:

$$\beta_m=\frac{\text{cov}(r_m,r_m)}{\text{var}(r_m)}=\frac{\text{var}(r_m)}{\text{var}(r_m)}=1 \tag{6-13}$$

3. 证券市场线

我们可以把期望收益-贝塔关系视为收益-风险等式。证券 P 的 β 值之所以是测度证券风险的适当指标,是因为其 β 值与证券最优风险组合风险的贡献度成正比。风险厌恶型投资者通过方差来衡量最优风险资产组合的风险,所以,单项资产的期望收益或风险溢价取决于其对资产组合风险的贡献程度。股票的 β 值测度的即其对市场组合方差的贡献程度,因此,投资者所要求的风险溢价是关于 β 值的函数。CAPM 论证了这一直觉,并进一步表明证券的风险溢价与 β 值和市场投资组合的风险溢价成正比,即证券的风险溢价等于 $\beta[E(r_m)-r_f]$。

期望收益-贝塔关系就是证券市场线(security market line, SML),如图 6-6 所示。证券市场线的横轴为 β 值,纵轴为期望收益,因为市场的 β 值为 1,所以证券市场线的斜率即市场投资组合的风险溢价。

对比证券市场线和资本市场线:资本市场线描绘了有效资产组合(由无风险资产和风险资产构成的资产组合)的风险溢价是资产组合风险的函数。相较而言,证券市场线刻画的是单个风险资产的风险溢价,是单个资产风险的函数。单项资产作为高度分散化资产组合的一部分,其风险测度并不是资产的标准差或方差,而是该资产对资产组合方差的贡献程度(用 β 值来衡量)。证券市场线对有效资产组合和单项资产均适用。

由于证券市场线是期望收益-贝塔关系的几何表述,所以"公平定价"的资产一定在证券市场线上,它们的期望收益与风险是相匹配的。在均衡的市场中,所有证券都应该在证

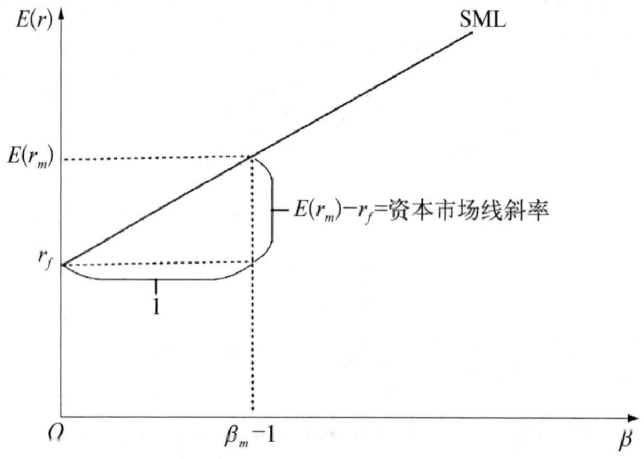

图 6－6　证券市场线

券市场线上，然而，当股票被认为是受到低估（高估）的股票时，它将提供超过（低于）证券市场线给定的正常收益的超额期望收益率。如图 6－7 所示，股票 i 的实际期望收益 $[E(r_i)']$ 与通过 CAPM 计算出的期望收益 $[E(r_i)]$ 之间的差即股票 i 的阿尔法（alpha），记作 α。

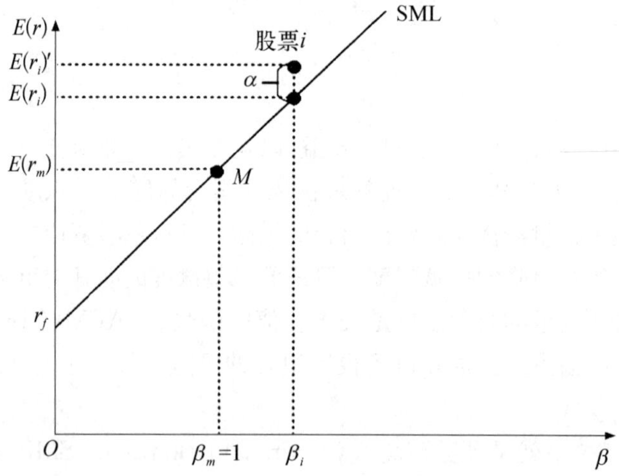

图 6－7　股票的 α

三、套利定价理论

套利定价理论（arbitrage pricing theory，APT）的基本假设是资本市场是完全竞争、无摩擦且有效的，投资者是风险厌恶的，且是非满足的，该市场不存在任何套利机会，所有投资者都有相同的预期。因素模型是计量证券（或组合）收益率中系统性风险和公司特有风险的统计模型，CAPM 就是一个单因素模型。假设市场上的每一个投资者都认为投资组合的收益率应当满足多因素模型，即证券收益率受到多个系统因素的影响，且除此之外的不确定性是该资产特有的：

$$r_i = \alpha_i + \beta_{i1}\delta_1 + \beta_{i2}\delta_2 + \cdots + \beta_{ik}\delta_k + \varepsilon_i \tag{6-14}$$

式中，r_i 为证券 i 的随机收益率，是每个因子为 0 时证券 i 的预期收益率；δ_1，δ_2，…，δ_k 是对证券 i 有影响的 k 个共同影响因子的收益率；β_{i1}，β_{i2}，…，β_{i3} 是该证券具体对应的每个影响因子的敏感度；ε_i 是随机误差项。

套利定价理论假设市场上资产种类 n 必须远远超过模型中影响因素的种类 k。各资产的非系统性风险不相关，且系统性风险与共同因子之间相互独立，同时各个共同因子之间亦不存在相关关系。在 APT 中某资产的期望收益率是由一系列因素所驱动的。将这些因素乘以资产对该因素的敏感程度，加总后，再加上无风险收益，就可以得出该资产的期望收益率。APT 定价公式可表示为

$$E(r_i) = f_f + \beta_{i1}(\bar{\delta} - r_f) + \beta_{i2}(\bar{\delta}_2 - r_f) + \cdots + \beta_{ik}(\bar{\delta}_k - r_f) \tag{6-15}$$

式中，$(\bar{\delta}_k - r_f)$ 表示第 k 个因素的风险溢价；β_{ik} 表示第 i 只股票对第 k 个因素的敏感度。

与 CAPM 的均衡定价法不同，APT 是建立在无套利均衡分析基础上的，它不需要市场组合的存在，也不需要 CAPM 那么苛刻的假设条件，它的基本假设只有两个：投资者都是理性的，市场上不存在无风险套利机会。由于假设条件的放松，APT 比 CAPM 更加贴近实际，所得出的预期收益率数据的适用性也比 CAPM 更高。APT 的不足之处在于其并没有指出影响资产收益率的具体风险因素是哪些，有关风险因素的种类、数量及其含义问题在该模型提出后一直存在争议。

专栏 6-1　黄金市场上的套利行为

由于国际黄金市场各个交易场所在交易合约、交割地点、程序、流程、规格、收费等方面均不同，套利行为在黄金市场可以分为期现套利、跨期套利、跨市套利。

1. 期现套利

期现套利是指当期货市场与现货市场在价格差距发生不合理变化时，在两个市场进行反向交易，从而利用价差变化获利的行为。期现套利的类型可分为正向套利和反向套利。正向套利是买入现货同时卖出期货；而反向套利是卖出现货同时买入期货。

2. 跨期套利

跨期套利是指利用同一交易所的同种商品但不同交割月份的期货合约的价差进行的套利交易。具体来说，就是在同一交易所买入或卖出某一交割月份的某商品期货合约的同时，卖出或买入另一交割月份的同一商品期货合约，以期在有利时机同时将两种期货合约对冲平仓的交易。

3. 跨市套利

跨市套利是指在某个交易所买入(或卖出)某一交割月份的某种期货合约，同时在另一个交易所卖出(或买入)某一交割月份的同种期货合约，以期在有利时机分别在两个交

易所对冲在手的合约获利。相同交割月份，我国期货交易所的黄金期货合约与美国COMEX黄金期货合约间存在一个稳定的价差关系，一旦这一价差发生短期异常变化，有对外投资渠道的相关机构就可以进行黄金期货合约的跨市套利。

第二节 资产定价理论的发展

一、无套利理论和随机折现因子

1. 无套利、一价定律与随机折现因子

假设证券未来有 S 个自然状态，每个状态发生的概率为 $\pi(s)$，仅在特定状态 $s(s=1, 2, \cdots, S)$ 下回报为1，在其他状态回报为0的证券称为阿罗证券(Arrow security)。阿罗证券在当期时刻的定价为 $q(s)$，且 $q(s)>0$，$q(s)$ 也称为阿罗证券在 s 状态的状态价格。如果 $q(s)<0$，则意味着可以在事前获得正收益，并在未来的某个状态下获得非负收益，即存在套利机会。套利机会的出现说明市场处于不均衡状态。投资者通过买入收益率偏高的证券同时卖出收益率偏低的证券可以实现无风险套利，其结果是使收益率偏高的证券收益率相应回落，同时，收益率偏低的证券收益率相应回升，最终使市场达到均衡，套利机会消失。市场越有效，重建均衡的速度就越快。一旦出现套利机会，每一位套利者都会尽可能大地构筑套利头寸。理论上，只需要少数甚至一位套利者就可以重建市场均衡。

因此，均衡市场上两个一样的产品价格应当相同，即如果两种资产在未来的任何状态下都有相同的收益，那么它们的价格必然相同，满足一价定律(law of one price, LOP)。如果一价定律成立，那么任一资产 X 的当期价格如下：

$$P(X)=\sum_{s=1}^{S}q(s)X(s) \tag{6-16}$$

整理后可得

$$P(X)=\sum_{s=1}^{S}\pi(s)\frac{q(s)}{\pi(s)}X(s)=\sum_{s=1}^{S}\pi(s)M(s)X(s)=E[MX] \tag{6-17}$$

式中，$M(s)=\dfrac{q(s)}{\pi(s)}$，$M(s)$ 被称作随机折现因子(stochastic discount factor, SDF)或定价核(pricing kernel)；$E[MX]$ 中的 X 表示资产的未来价值。根据推导过程可知，如果存在一个随机折现因子，则一价定律成立；如果一价定律成立，则市场上一定存在一个随机折现因子能够为资产定价。

关于随机折现因子的直观理解，假设存在一类资产，其未来的收益确定为 I(没有风险)，且当前市场中的无风险利率是 r_f，那么这类资产的当期价格 P 应当是 $I/(1+r_f)$。也就是把未来的资产收益用一个折现因子 $1/(1+r_f)$ 折现到当期。但是对于风险资产，其未来的收益是一个随机变量，因此对上述无风险定价方式的直观延拓是，定价的方式仍然采用将未来收益用折现因子折现，但对每个未来状态 s，都应当使用不同的折现因子，再对所有的状态按照真实概率计算数学期望得到价格。所以，折现因子也应该是未来状态的函数，即一个随机变量。将这个用来代替无风险折现因子 $1/(1+r_f)$ 的变量记作随机折现因子。进而，对于任意未来收益为随机变量的资产 X，其当期价格都应表示为 $P(X)=E[MX]$。

关于随机折现因子有两个问题需要强调。首先，随机折现因子是现代资产定价理论的核心，不同理论分支只是在从不同的角度（投资者、企业、金融机构等）解释随机折现因子，这也衍生出后续的基于消费的资产定价模型、基于生产的资产定价模型以及中介资产定价理论等。其次，从随机折现因子的构造方式可以看出，其取决于阿罗证券的价格以及不同状态发生的概率，前者反映了整个社会（代表性投资者）而非单个投资者对于不同状态的偏好，后者则是客观分布，这意味着随机折现因子是一个与时间有关但与个体无关的随机变量。

如果资产 A 的回报总是至少与资产 B 一样高，有时资产 A 的回报更高，那么资产 A 的价格一定高于资产 B 的价格，即满足无套利机会（no arbitrage opportunity，NAO）。在通常情况下，无套利机会是一价定律的充分条件，例如，$q(s)<0$ 不违背一价定律，但可以实现跨时套利（不满足 NAO）。

一价定律、无套利机会与随机折现因子间的关系如下：满足一价定律等同于存在随机折现因子，使随机折现因子与该资产未来价值的内积等于该资产的当期价格（当市场完全时，这样的随机折现因子唯一；当市场不完全时，随机折现因子有无限多个）；满足无套利机会等同于存在始终正的随机折现因子，使随机折现因子与该资产未来价值的内积等于该资产的当期价格（当市场完全时，这样的正随机折现因子唯一；当市场不完全时，随机折现因子有无限多个）。

专栏 6-2　　**一价定律始终成立吗？**

例 1：在网络泡沫的鼎盛时期，美国的信息类高科技公司股价普遍暴涨，而著名的创新企业 3Com 却表现平平。为抬升股价，3Com 决定将以当时最流行的掌上电脑为主营业务的子公司 Palm 分拆上市。2000 年 3 月 Palm 在交易所挂牌后，在首次公开发行时卖出了 5%的 Palm 股份，并宣布将在接下来的 6 个月内将余下的 95%的股权通过拆分的方式出售给 3Com 的股东，每一个 3Com 的股东将在拆分过程中获得 1.5 股 Palm 的股权。

正常来说，在 Palm 股份开始进行交易之后，拆分之前，3Com 的股价至少是 Palm 的 1.5 倍。毕竟，持有一股 3Com 可以获得 1.5 股 Palm 外加对盈利公司 3Com 的所有权。然而，Palm 的股票上市当天的收市价为 95 美元，而 3Com 当天的收市价仅为 82 美元。3Com 股票的自有价值（stub value，即每股 3Com 所有权的价值减去其所对应的 Palm 的权益的价值）等于 3Com 的股价扣除 1.5 倍的 Palm 股价，即 $82-95\times1.5=-60.5$（美元)。尽管 3Com 是一个每股现金资产超过 10 美元的盈利公司,但根据这种方法计算出来的 3Com 的自有价值却为负值。

此外,这种情况下存在的套利机会也很明显。为什么不买进 3Com 同时卖出 Palm 的股份?本例的套利限制是投资者已经无法卖空 Palm 了。事实上,Palm 所有可流通的股份都已被借入并卖空了,这种负的自有价值也持续了两个多月。

例 2:资产的价格也会因卖方的融资约束和财务状况而发生偏离。施莱弗和维什尼(Shleifer and Vishny, 1992)考虑了企业通过出售资产来应对财务困境的情景。资产是卖给行业内的买家还是卖给行业外的买家,既取决于买家的估值,也取决于他们的支付能力。行业内和行业外买家的估值差异很大程度上取决于被出售资产的特征。如果资产是特定行业的,行业内的买家可能会比行业外的买家对资产的估值更高。炼油厂就是行业特有资产的例子:炼油厂在炼油过程中能产生大量现金流,但在部署到其他地方时产生的现金流要小得多。如果资产是通用的,那么行业内买家和行业外买家可能会对这些资产给出类似的价值。计算机则是一般资产的例子:计算机在任何行业中都可以被有效地使用。即使行业内的买家是一个更有生产力的买方,对资产的估值更高,出售资产的卖方也有可能会将资产卖给行业外的人。在行业衰退期间尤其如此,因为迫使卖方变现的因素也会给潜在的行业内买家造成财务限制。在这种情况下,行业内买家无法为出售公司的资产提供基本价值。如果内部人的资金约束比外部人严重得多,外部人的出价就会超过内部人,资产就会被重新配置到价值较低的用途上。

2. 随机折现因子与无风险利率

假设投资者在第 t 期 1 单位的投入可以在第$(t+1)$期获得 R 单位的回报,收益为 $R-1$(或记为 r),第 t 期的资产价格为 P_t,第$(t+1)$期的资产价格为 P_t+1。因此,收益满足:

$$R-1=r=\frac{P_{t+1}}{P_t}-1=\ln\frac{P_{t+1}}{P_t} \tag{6-18}$$

根据上文推导,资产 X 的当期价格满足:

$$P=E(MX) \tag{6-19}$$

由于 X 为资产的未来价值,P 为资产的当前价值,可得资产收益率 $R=X/P$,所以:

$$1=E\left(M\frac{X}{P}\right)=E(MR)=E[M(1+r)] \tag{6-20}$$

在式(6-20)中代入无风险利率:

$$1=E(RM_f)=E[M(1+r_f)] \tag{6-21}$$

整理可得

$$\frac{1}{R_f}=E(M)=\frac{1}{1+r_f} \tag{6-22}$$

因此，随机折现因子的期望与无风险利率的乘积恒为 1，这表明，随机折现因子的期望等于无风险利率的倒数。

3. 随机折现因子与风险中性概率

根据上文推导，资产 X 的当期价格 $P(X)$ 满足：

$$P(X)=\sum_{s=1}^{S}\pi(s)\frac{q(s)}{\pi(s)}X(x)=\sum_{s=1}^{S}\pi(s)M(s)X(s)=E[MX] \tag{6-23}$$

式中，$\pi(s)$ 为现实世界中的风险概率测度。一个有趣的问题是，我们是否可以用除 $\pi(s)$ 外的概率测度呢？如果我们采用如下方式定义 $\pi^*(s)$：

$$\pi^*(s)=(1+r_f)q(s) \tag{6-24}$$

则根据上文的推导，$E(M)=\frac{1}{1+r_f}$，$M(s)=\frac{q(s)}{\pi(s)}$，代入上式可得

$$\pi^*(s)=(1+r_f)q(s)=\frac{M(s)}{E[M]}\pi(s) \tag{6-25}$$

由 $M(s)$、$E[M]$ 和 $\pi(s)$ 都为正可知，$\pi^*(s)>0$。假设一个资产组合 X 由在状态 s $(s=1, 2, \cdots, S)$ 回报为 1 的 S 只阿罗证券构成，则：

$$E[MX]=E[M]=\sum_{s=1}^{S}q(s)=\frac{1}{1+r_f} \tag{6-26}$$

所以：

$$\sum_{s=1}^{S}\pi^*(s)=\sum_{s=1}^{S}(1+r_f)q(s)=\frac{\sum_{s=1}^{S}q(s)}{\sum_{s=1}^{S}q(s)}=1 \tag{6-27}$$

因此，对于任一状态 $s(s=1, 2, \cdots, S)$，$\pi^*(s)$ 仍然满足 $\pi^*(s)>0$ 且 $\sum_{s=1}^{S}\pi^*(s)=1$，满足概率测度的特征。此时，根据定义 $\pi^*(s)=\frac{M(s)}{E[M]}\pi(s)$，则：

$$P(X)=E(MX)=\sum_{s=1}^{S}\pi(s)M(s)X(s)=\frac{1}{1+r_f}\sum_{s=1}^{S}\pi^*(s)X(s)=\frac{1}{1+r_f}E^*(X) \tag{6-28}$$

此处的 E^* 被称为风险中性概率(risk-neutral measure)，$P(X)$ 是期望收益 $E^*(X)$ 以无风险利率折现的现值，$E^*(X)$ 也可记为 $E^Q(X)$。由于在连续时间条件下，资产折现价格是 Q(或 $*$)测度下的鞅过程，因此风险中性概率也被称作等价鞅测度(equivalent martingale measure，EMM)。当且仅当等价鞅测度存在时，随机折现因子存在。风险中性概率在真实世界中并不存在，它只是为了方便地进行定价的工具(通过改变概率测度使

资产可以用无风险利率进行折现)。在真实世界中,投资者会要求风险溢价,但是在风险中性测度下,所有的资产都有相同的期望收益率,因此也没有风险溢价。

二、基于消费的资本资产定价模型

在前文中,我们得出资产价格 $P(X)=E[MX]$,这是所有资产定价理论的核心,任何一种资产定价理论都可最终化成这样的形式。因此,资产定价问题也就归结为如何找出随机折现因子的问题。一个资产定价理论就是一种确定随机折现因子的方法:在理论上,必须给出随机折现因子构造的方法,说明它反映了何种影响资产价格的途径;而在实践中,需要将随机折现因子和现实世界中可观测的指标联系起来,从而可以实际运用其来给各类资产定价。

基于消费的资本资产定价模型(consumption-based capital asset pricing model, CCAPM)从投资者的视角出发,把金融市场与现实经济中的消费结合起来,认为消费决定了资产的价格。在 CCAPM 中,投资者最大化当前和未来消费的预期效用,金融资产允许投资者平滑不同时期的消费:在贫穷时期,可以通过售卖资产来为消费融资;在富有时期,可以通过购买资产来为未来储蓄。CCAPM 假设代表性的投资者追求期望效用最大化,投资者跨期转移消费的边际效用权衡能对每一种风险资产进行均衡定价。投资者通过改变投资水平来最大化跨期效用。效用函数包括两部分,分别是当期效用和未来效用:

$$\max u(C_0)+\sum_{s=1}^{S}\beta\pi(s)u(C(s)) \tag{6-29}$$

式中,$u(.)$代表效用函数;$u(C_0)$代表投资者在期初消费带来的效用;β 表示消费者的耐心程度(假设投资者视 1 单位的未来效用和 β 单位的当前效用无差别,通常 $\beta<1$);$\pi(s)$为阿罗证券每个状态 s 发生的概率;$u(C(s))$表示期末投资者消费 $C(s)$的效用。

相应的约束条件为,期初的消费与投资之和等于消费者的财富 W_0:

$$C_0+\sum_{s=1}^{S}q(s)C(s)=W_0 \tag{6-30}$$

满足效用最大化等价于满足如下一阶条件(有时也被称为欧拉方程):投资者买入 1 单位资产所放弃的效用,应与期初投资一单位资产带来的回报全部转换成期末的消费所带来的效用相等,即

$$q(s)u'(C_0)=\beta\pi(s)u'(C(s)) \tag{6-31}$$

由均衡条件得,随即折现因子满足:

$$M(s)=\frac{q(s)}{\pi(s)}=\frac{\beta u'(C(s))}{u'(C_0)} \tag{6-32}$$

或者表示为

$$m_{t+1} \equiv \beta \frac{u'(c_{t+1})}{u'(c_t)} \tag{6-33}$$

如果 $u(.)$是常相对风险规避效用函数，例如：

$$u(c_t) = \frac{1}{1-\gamma} c_t^{1-\gamma} \tag{6-34}$$

将其代入 $m_{t+1} \equiv \beta \frac{u'(c_{t+1})}{u'(c_t)}$ 可得

$$n = \beta(c_{t+1}/c_t)^{-\gamma} \tag{6-35}$$

在此，随机折现因子有了具体的含义，其取决于代表性消费者(投资者)的耐心程度和预期的消费增速。

三、SDF、CCAPM 都可以表达为 CAPM

1. SDF 与期望收益-贝塔关系

根据前文推导可知，任何收益率的当前价格都为 1，即 $1=E(MR)$，所以对于任一资产 i 的收益率 r_i 都满足：

$$1 = E(m)E(r_i) + \text{cov}(m, r_i) \tag{6-36}$$

在等式两边同乘 $1/E(m)$可得

$$\frac{1}{E(m)} = E(r_i) + \frac{\text{cov}(m, r_i)}{E(m)} \tag{6-37}$$

将 $1/E(m)=r_f$ 代入上式得

$$E(r_i) - f_f = -r_f \text{cov}(m, r_i) \tag{6-38}$$

可以将 $E(r_i) - r_f = -r_f \text{cov}(m, r_i)$ 变换为如下形式：

$$E(r_i) = r_f + \left(\frac{\text{cov}(r_i, m)}{\text{var}(m)}\right)\left(-\frac{\text{var}(m)}{E(m)}\right) = r_f + \beta_{i,m}\lambda_m \tag{6-39}$$

式中，$\beta_{i,m} = \frac{\text{cov}(r_i, m)}{\text{var}(m)}$，可由资产 i 的收益率对随机折现因子 m 回归的系数得到；$\lambda_m = -\frac{\text{var}(m)}{E(m)}$ 衡量了风险的价格，只与随机折现因子有关。可见，随机折现因子可以以期望收益-贝塔关系来表述，且风险价格由市场中大多数的投资者确定，而非单个投资者。

2. 由 SDF 或 CCAPM 推出 CAPM

(1) 由 SDF 推出 CAPM

定义 $m = a + b \times r_m$ (线性定价)，将其代入 $E(r_i) - r_f = -r_f \text{cov}(m, r_i)$：

$$E(r_i)-r_f=-r_f\text{cov}(m,\ r_i)=-\frac{\text{cov}(m,\ r_i)}{E(m)}=\beta_i^{\text{capm}}(E(r_m)-r_f) \quad (6-40)$$

令 $E(r_m)=\mu_m$，$\text{var}(r_m)=\sigma^2$，对上式整理后可解得 a 和 b：

$$a=\frac{1}{1+r_f}+\frac{\mu_m(\mu_m-r_f)}{(1+r_f)\sigma^2},\ b=-\frac{(\mu_m-r_f)}{(1+r_f)\sigma^2} \quad (6-41)$$

因为 r_m 越高，在 $t+1$ 期投资者越富有，投资者消费越高，此时消费的边际效用越低，根据 $m_{t+1}\equiv\beta\frac{u'(c_{t+1})}{u'(c_t)}$ 可知，此时对应的 m 越小，因此 r_m 与 m 呈负相关。这与由 b 的表达式可得的 $b<0$ 是一致的。

(2) 由 CCAPM 推出 CAPM

在前文推导 CCAPM 的过程中，我们得到：$m_{t+1}\equiv\beta\frac{u'(c_{t+1})}{u'(c_t)}$，其中 c_{t+1} 可以根据消费增长率 g_t 替换为 $c_{t+1}=c_t+g_t$，所以 $u'(c_{t+1})=u'(c_t+g_cc_t)$，泰勒展开后可得 $u'(c_{t+1})=u'(c_t)+g_cc_tu''(c_t)$，将其代入 $m_{t+1}\equiv\beta\frac{u'(c_{t+1})}{u'(c_t)}$ 可得

$$m_{t+1}=\beta\left[1+g_c\frac{c_tu''(c_t)}{u'(c_t)}\right]=\beta(1-g_cr_r) \quad (6-42)$$

式中，$r_r=-\frac{c_tu''(c_t)}{u'(c_t)}$ 为相对风险厌恶系数(coefficient of relative risk aversion)，又称为阿罗-普拉特相对风险厌恶系数(Arrow-Pratt relative risk aversion, RRA)，由效用函数确定。

将式(6-42)代入 $E(r_i)-r_f=-r_f\text{cov}(m,\ r_i)$ 可得

$$E(r_i)-r_f=-r_f\text{cov}(m,\ r_i)=r_f\beta r_r\text{cov}(g_c,\ r_i) \quad (6-43)$$

假设投资者消费的增长完全来自投资收益的增长，且全部的投资收益都用于消费[投资者消费了所有的收入，且收入仅来自资本收入，无工资等劳动收入，生产端的情况是未知的(r_m)]，那么：

$$E(r_i)-r_f=-r_f\beta r_r\text{cov}(g_c,\ r_i)=r_f\beta r_r\text{cov}(r_m,\ r_i) \quad (6-44)$$

对于市场组合而言，满足：

$$E(r_m)-r_f=r_f\beta r_r\text{cov}(r_m,\ r_m) \quad (6-45)$$

式(6-44)和式(6-45)相除可得

$$E(r_i)-r_f=\frac{\text{cov}(r_m,\ r_i)}{\text{var}(r_m)}(E(r_m)-r_f) \quad (6-46)$$

第三节 进一步拓展

一、CCAPM遇到的问题和处理办法

从逻辑上来说，CCAPM描述的定性结果符合经济学的直觉。那么这个模型能否准确反映现实中的定量关系呢？格罗斯曼和席勒(Grossman and Shiller)指出，CCAPM所得到的股权回报率比数据中观察到的要低得多。梅赫拉和普雷斯科特(Mehra and Prescott，1985)在对标准CCAPM的研究中发现了股权溢价之谜，其发表的《股权溢价之谜》是过去几十年间金融研究领域中最有影响的成果之一，他们发现标准CCAPM难以对美国股票和政府债券的平均收益率差异作出合理解释。他们利用1889—1978年美国S&P500的股票实际收益率数据与短期政府债券实际收益率数据对标准CCAPM进行了验证，发现在样本期间，股票的年平均实际收益率大约为7%，短期政府债券的年平均实际收益率大约为1%，股票升水高达6%。在标准CCAPM中，股票市场的风险数量是用股票收益率与消费增长率的协方差来测量的，而风险价格则是由代表性消费者的相对风险规避系数来测量的。由于相对平滑的消费流使得股票收益率与消费增长率的协方差比较低，因而高的风险溢价只能由高的风险规避系数来解释。根据美国金融市场数据，只有当风险规避系数为30～40时，即只有在典型的投资者具有令人难以置信的风险厌恶水平时，高的股票风险溢价才能得到解释。CCAPM无法在合理的风险规避系数范围内对如此之高的溢价作出解释，这就是股权溢价之谜。梅赫拉和普雷斯科特的经验分析对股票和债券价格的基本解释提出了挑战：怎样在CCAPM框架内使得经济人相对平滑的消费流与大的股票风险溢价相调和？这引起了金融经济学家浓厚的兴趣，但到目前为止，还没有大家一致认可的明确答案可以对此作出解释。

如果接受现实中的消费者对于风险的厌恶程度可能是非常大的，即其相对风险规避系数可能是非常高的，在这种情况下，虽然股权溢价之谜不存在了，但会带来另一个难题，即韦尔(Weil，1989)所提出的无风险利率之谜。如果消费者极度厌恶风险，那么根据标准个人偏好模型，厌恶风险的消费者会希望消费在时间上是平滑的，消费者会有强烈的愿望将财富从高消费时期转移到低消费时期。由于消费呈现出平稳增长的趋势，高度厌恶风险的消费者会利用借款来降低未来高消费水平与当前低消费水平之间的差距，这就会导致利率水平的上升。然而，现实中的实际利率水平是比较低的，为了与这种低利率水平保持一致，我们必须假设消费者是非常有耐心的，其时间贴现因子比较高，他们对于未来消费的偏好并不弱于对当前消费的偏好，这有悖于消费者偏好当前消费的经济学假设，这就是无风险利率之谜。

股权溢价之谜和无风险利率之谜在经济学界引起了广泛关注，为了让这一模型对现实有更强的解释力度，大量经济学者从不同角度对消费资本资产定价模型的假设和一阶条件进行了修正。主流文献中的处理方法主要考虑以下因素的影响：习惯形成

(Campbell and Cochrane, 1999, 2000)、递归效用(Epstein and Zin, 1989)、长期风险(Bansal and Yaron, 2004; Bansal et al. , 2016)、特质风险(Constantinides and Duffie, 1996)、异质性偏好(Gârleanu and Panageas, 2015)、罕见灾难(Reitz, 1988; Barro, 2006)、跨商品的效用不可分(Piazzesi et al. , 2007)、模糊厌恶和最小-最大偏好(Hansen and Sargent, 2001)、行为金融和概率偏误(Shiller, 1981, 2014)等,科克伦(Cochrane, 2017)进行了一个系统性的总结。

二、基于生产的资本资产定价模型

基于生产的资本资产定价模型(production-based capital asset pricing model, PCAPM)从生产投资的角度解释资产价格的差异。从经济活动的本质来看,生产和消费原本就是构成经济活动的两个重要方面,因此生产投资从理论上应该与消费一样,对资产定价有同等重要的影响力。生产资本资产定价模型最早由科克伦(Cochrane, 1991)提出,他从理论上证明随机贴现因子可从一个具有代表性的生产者需满足的一阶条件中估算出来,从而可对资产定价。

假设一个具有代表性的生产者(企业)获得的利润为 $\Pi(K_{it}, \boldsymbol{X}_{it})$,满足标准的 AK 生产函数 $\Pi_{it}=\boldsymbol{X}_{it}K_{it}$,其中,$K_{it}$ 为实物资本,$\boldsymbol{X}_{it}$ 为总冲击和企业特定冲击的矢量,规模收益不变。因为企业的规模收益不变,所以边际收益等于平均收益,即

$$\frac{\Pi(K_{it}, \boldsymbol{X}_{it})}{K_{it}}=\frac{\partial\Pi(K_{it}, \boldsymbol{X}_{it})}{\partial K_{it}} \tag{6-47}$$

整理可得

$$\Pi(K_{it}, \boldsymbol{X}_{it})=\frac{K_{it}\partial\Pi(K_{it}, \boldsymbol{X}_{it})}{\partial K_{it}} \tag{6-48}$$

资本累积过程可表示为

$$K_{i,t+1}=I_{it}+(1-\delta)K_{it} \tag{6-49}$$

式中,δ 为资本折旧,假设为常数。

如果企业进行投资,则会产生调整成本,调整成本 Φ 在 I_{it} 中呈递增和凸函数的趋势,在 K_{it} 中呈递减趋势:

$$\Phi(I_{it}, K_{it})=\frac{a}{2}\left(\frac{I_{it}}{K_{it}}\right)^2 K_{it} \tag{6-50}$$

式中,$a>0$。企业的派息(股息) D_{it} 为利润与调整成本和投资的差,即

$$D_{it}=\Pi(K_{it}, \boldsymbol{X}_{it})-\Phi(I_{it}, K_{it})-I_{it} \tag{6-51}$$

如果考虑公司税的存在,则

$$D_{it}=(1-\tau_t)[\Pi(K_{it}, \boldsymbol{X}_{it})-\Phi(I_{it}, K_{it})]-I_{it}+\tau_t\delta_{it}K_{it} \tag{6-52}$$

式中，τ_t 是公司税税率；$\tau_t \delta_{it} K_{it}$ 是资产折旧带来的税盾。

假设 M_{t+1} 是公司股东影响下的 SDF(消费者可以影响 SDF，但企业只能接受 SDF)。企业最大化(加股息)股权的市场价值：

$$\begin{aligned} V_{it} &= \max E_t \left[\sum_{s=0}^{\infty} M_{t+s} D_{i,\, t+s} \right] \\ &= \max \{ D_{it} + E_t [M_{t+1} V_{i,\, t+1}] \} \end{aligned} \tag{6-53}$$

将 $D_{it} = \Pi(K_{it},\, X_{it}) - \Phi(I_{it},\, K_{it}) - I_{it}$ 代入式(6-53)可得

$$V_{it} = \max \left\{ \Pi_{it} - I_{it} - \frac{a}{2} \left(\frac{I_{it}}{K_{it}} \right)^2 K_{it} + E_t [M_{t+1} V_{i,\, t+1}] \right\} \tag{6-54}$$

投资 I_{it} 的边际成本为边际投资成本与边际调整成本之和，即 $1 + \frac{\partial \Phi}{\partial I_{it}} = 1 + a \frac{I_{it}}{K_{it}} \equiv q_{it}$。投资 I_{it} 的边际收益为边际利润的增加、边际调整成本的减少与资本累积之和，即 $\frac{\partial \Pi}{\partial K_{i,\, t+1}} + \frac{\partial \Phi}{\partial K_{i,\, t+1}} + (1-\delta) q_{i,\, t+1}$。最大化企业价值时，投资的边际成本应与边际收益相等：

$$1 + a \frac{I_{it}}{K_{it}} = E_t \left[M_{t+1} \left(\frac{\partial \Pi}{\partial K_{i,\, t+1}} + \frac{a}{2} \left(\frac{I_{i,\, t+1}}{K_{i,\, t+1}} \right)^2 + (1-\delta) \left(1 + a \frac{I_{i,\, t+1}}{K_{i,\, t+1}} \right) \right) \right] \tag{6-55}$$

整理后可得

$$\begin{aligned} 1 &= E_t \left[M_{t+1} \frac{ \left(\frac{\partial \Pi}{\partial K_{i,\, t+1}} + \frac{a}{2} \left(\frac{I_{i,\, t+1}}{K_{i,\, t+1}} \right)^2 + (1-\delta) \left(1 + a \frac{I_{i,\, t+1}}{K_{i,\, t+1}} \right) \right) }{1 + a \frac{I_{it}}{K_{it}}} \right] \\ &= E_t \left[M_{t+1} \frac{MPK_{it+1} + \Phi_{i,\, t+1} + (1-\delta) q_{i,\, t+1}}{q_{it}} \right] \end{aligned} \tag{6-56}$$

所以，PCAPM 可被表示为

$$r^I_{it+1} = \frac{MPK_{it+1} + \Phi_{i,\, t+1} + (1-\delta) q_{i,\, t+1}}{q_{it}} \tag{6-57}$$

三、中介资产定价

在现实世界中，许多资产(如公司债券、抵押贷款支持证券和衍生证券等)的价格取决于商业银行、投资银行和对冲基金等中介部门的财务状况，而且许多金融市场的危机(如次贷危机和 1998 年的对冲基金危机)都主要发生在属于中介部门的证券领域。然而传统

的资产定价方法忽略了中介机构,并假定中介机构的行为反映的是其客户(投资者)的偏好,因此传统的资产定价方法无法说明金融中介和资产价格间的关系。事实上,金融中介机构非常符合现代金融理论的假设:金融中介机构按照通常复杂的投资策略交易多种资产;金融中介机构面临低成本交易,允许高频交易;金融中介机构使用复杂、不断更新的模型和广泛的数据来形成对资产回报的前瞻性预期。因此,如果我们能够衡量这些活跃的金融中介机构投资者的财富边际价值,则可以对更广泛的资产进行定价。换句话说,相比于 CCAPM 中的代表性个体,金融中介在很多市场中很可能是边际投资者,因此其财富边际价值可以提供一个包含更多信息的随机贴现因子。

简而言之,一个中介资产定价的核心思想如下:家庭部门由于缺乏投资复杂资产所需的知识或能力,并不直接投资于金融资产,而是将投资委托给中介机构。由于家庭在为这些资产定价时不处于边际地位(而是中介机构),因此是金融部门而非家庭部门的欧拉方程决定金融资产的价格。

中介资产定价理论大多强调 SDF 是金融中介机构的杠杆率。券商和对冲基金这类的金融中介机构的杠杆是顺周期演变的,因为其依赖杠杆融资,在融资约束较低时会选择增加杠杆,而在产生危机和出现资产质量信息摩擦这种融资约束较强的时期,随着资金限制的收紧,其被迫通过以甩卖价格出售资产来去杠杆化。因此,当融资约束收紧和杠杆率下降时,回报不佳的资产是有风险的,必须提供高回报。这意味着,杠杆抓住了中介 SDF 的某些其他指标(如总消费增长或市场投资组合回报)无法捕捉到的方面(Adrian et al.,2014)。与之相反的是,银行这类金融中介机构的杠杆是逆周期演变的,在金融危机等融资约束收紧的时期,因为银行稳健的投资风格,以及存款保险的存在,其反而可能吸收更多存款,进而导致杠杆率的上升(He and Krishnamurthy, 2012, 2013, 2018)。有研究基于以往文献,在模型中额外纳入了激进型中介机构(如对冲基金)的财富份额占整个金融部门比例这一变量,强调了金融部门的构成是决定资产价格的关键因素,从而提出了一个统一的一般均衡框架来调和上述代表性中介模型的实证评估中看似矛盾的证据(Kargar,2021)。该模型与以往经验证据一致,认为两类中介的杠杆呈现相反的周期性动态:激进型中介机构是顺周期的,稳健型中介机构则是逆周期的,金融部门总体的杠杆率和内部结构共同决定了资产价格。

第七章 金融中介理论

内容提要

金融中介不但在负债端向家庭部门提供流动性，还在资产端承担着监督企业和资源配置的功能。整个金融中介理论就是围绕金融机构资产负债间的种种错配与协同，通过分析其背后的激励与隐藏的风险而徐徐展开的。如何让金融中介更有效地配置金融资源，并通过有效的金融监管缓解激励的扭曲和系统性风险的发生仍是金融中介理论乃至整个金融学所要回答的重要问题之一。

第一节 银行存在的经济学解释

银行的经营需要很高的成本，如分支网点的固定资产、租金和所需支付给员工的工资等。如果私人之间可以通过协商完成从储蓄到投资的转化，那么为什么会存在银行这样的金融中介机构呢？显然，银行具有一些特殊的功能，这使得它能够在承担高额运营成本的同时长期存在。

一、银行为什么存在？

（一）解释一：提供流动性

1. 戴蒙德和迪布维格(1983)的经典理论

我们参考戴蒙德和迪布维格(1983)的经典思路，对银行提供流动性的功能进行具体说明。假设存在一个两期的项目在期初需要投入1单位资本，两期后项目完成能返还1.5单位资本，但由于资产无法变现，项目不能中途(第1期结束时)退出。现在存在两位各拥有1单位资本的投资者，他们在期初均投入1单位资本，且在第1期结束时都有概率$p=0.5$需要1单位的资本(可以理解为50%的概率存在流动性需求，如突然生病)。在折现率为0的情况下，两位投资者都不会选择投资。因为他们的预期收益$E(\text{Inv})$满足：$E(\text{Inv})=0.5\times1.5+0.5\times0=0.75$，这小于他们不投资时的预期收益$E(\text{Not_Inv})=1$。

项目无法得到投资的原因在于,个人具有流动性需求,需要资产的变现能力,但项目是没有流动性的。

通过上例可知,项目(资产)缺乏流动性降低了资本存量,使得经济增长的潜力无法得到实现。在上述情况下,如果存在一家银行,承诺在每一期给予上述两位投资者每期 0.1 单位的收益,那么在第 1 期结束时,有流动性需求的投资者可以取出 1.1 单位资本,暂未有流动性需求的投资者则继续投资,在第 2 期结束时取出 1.2 单位资本。在折现率为 0 的假设下,这两位投资者会选择投资吗?

答案是会。这是因为在存在银行时,两位投资者会做如下判断:如果第一期后存在流动性需求($p=0.5$),收益为 1.1 单位资本;若没有流动性需求($p=0.5$),则收益为 1.2 单位资本,因此投资的期望收益 $E(\text{Inv})=0.5\times1.1+0.5\times1.2=1.15$,大于不投资时的期望收益 $E(\text{Not\_Inv})=1$。因此,银行为投资者提供了流动性,从而改变了家庭决策,增加了资本存量。

银行如何使上述过程得以实现呢?从银行的角度来看,期初收到 2 单位资本后可以选择将 n 单位资本投入项目,$2-n$ 单位资本留下备用,为第 1 期期末有流动性需求的投资者提供资本。在第 2 期期末,银行提供 $1.5n$ 单位资本给无流动性需求投资者。对于有流动性需求的投资者,需要满足 $2-n>1.1$;对于无流动性需求的投资者,需要满足 $1.5n>1.2$。因此只要此方程组有解(解得 $0.8<n<0.9$),银行则可以实现上述过程中流动性的提供。例如,n 取 0.85 时,银行可实现的利润为 $0.85\times1.5+(2-0.85)-(1.1+1.2)=0.125$。

在上述例子中,银行本身没有投入任何资金,为何能让原本不愿意投资的个人去投资?这是因为无流动性需求的投资者为有流动性需求的投资者提供了交叉补贴,从而让有流动性需求的投资者获得了直接投资无法获得的流动性和额外的 0.1 单位的收益。而无流动性需求的投资者之所以愿意为有流动性需求的投资者提供交叉补贴,本质上是因为事前没有人能够确定自己在第 1 期期末是否有流动性需求——如果在事后发现自己有流动性需求,则可以获得比不投资更多的收益(0.1),如果发现自己无流动性需求,那么也能获得比不投资更多的收益(0.2)。这使得即使事后存在交叉补贴,事前存在不确定的投资者也愿意将钱存入银行并享受银行为投资者提供的流动性保险。

在我们的举例中,由于只存在两个投资者的情况中,银行无法应对两个投资者同时生病并在第 1 期期末存在流动性需求的情形。但在现实中,银行往往有大量的存款人,在大数定律的条件下,存款人的流动性需求是不相关的(或呈很弱的正相关),因而异质性风险得以分散(不太可能成千上万的存款人同时生病)。而为了应对系统性风险(如自然灾害造成大量投资者同时需要流动性),银行也需要有足够的资本缓冲以应对系统性风险——这正是巴塞尔协议中对银行的资本充足率有明确要求的重要原因。

2. 杰克林(Jacklin)批评

需要指出的是,在有流动性的资本市场存在时,银行流动性的提供模式存在不稳定性。杰克林(1987)提出,在资本市场存在的情况下,银行提供的最优流动性并非纳什均衡。他认为,银行的流动性提供实际上起到了跨部门补贴的作用:增加了早消费主体的消费,同时减少了后消费主体的消费。但由于消费者类别是私人信息,只有在两类主体都没有动机有意显示错误类别时,经济才能实现纳什均衡。若经济中存在一个资本市场,后消费主体完全可能通过隐瞒私人信息,提前提取存款并运用于资本市场,以增加自身效用,这会造成银行均衡的崩溃。这种不对称信息的存在使得存款合约的条款不能根据中期信息的变化而发生变更,因此银行流动性提供模式存在不稳定性。

简单理解,如果投资的对象为上市企业,投资者为什么在事前会选择银行这样的金融中介,而不会选择购买上市企业的股票,之后根据自己是否在第1期期末存在流动性需求决定是否卖出股票呢? 我们将从企业和投资者两个角度看待这一问题。

首先,从企业的角度看,因为股票市场中存在有信息投资者(informed investors)和无信息投资者(uninformed investors)两个群体,两个信息群体间的信息不对称会导致赢家诅咒(winner's curse):有信息投资者对新股有充分的信息,因而他们仅认购预期市场价值大于发行价格的新股,而无信息投资者只能不加区别地认购所有新股,从而往往出价过高。因此,无信息投资者容易遭受所谓"赢家诅咒"的损失(Rock, 1986)。认识到这种可能性,无信息投资者知道自己是缺乏信息的一方,买到的可能是差企业,因此会对所有IPO的企业要求额外的补偿,进而导致了企业发行股票时要付出IPO折价(IPO discount)。这使得企业很可能不愿意发行股票,而选择向银行借钱。

其次,从投资者的角度看,未来潜在的流动性需求意味着他们希望未来的现金流是稳定的(很难听到"炒股存钱")。与股权相比,债权资产由于优先求偿,因此具有信息不敏感的特性(Gorton and Pennacchi, 1990),这使得银行相较于股票市场,能通过发行"信息不敏感"债务向投资者承诺未来的现金流。由于持有这些债务不用承担评估其背后个别贷款的成本(大多数投资者在这方面处于相对劣势),也不用担心借贷关系中经常出现的委托代理、逆向选择及其他成本,银行就能通过(从资产端有风险的现金流中)创造信息不敏感的资产(存款)来解决融资摩擦——这是股权市场所不能做到的(因此更受投资者青睐)。除活期存款外,现代金融中的信息不敏感债务的例子还包括超额的短期抵押贷款(如多种回购协议)、资产支持商业票据、低风险货币市场共同基金中的份额,以及由多种基本贷款构建的证券中的最优先层级等①。

由此可见,银行的价值不仅取决于资产端(从银行资产负债表的角度来看),其在负债端提供流动性的正外部性使得其价值还体现在负债端,银行借的钱越多,相应流动性创造也越多——这正是MM定理不适用于银行的重要原因。不过与此同时,也应该注意到,银行能否或多大程度提供流动性转换服务取决于资金闲置者对银行的信心,一旦出现恐慌,每个存款人都会争先恐后地排队取款。当银行耗尽库存现金后被迫低价出售资产或提前收回贷款,银行便会失去流动性创造功能,同时也将造成企业生产活动的中断,这正是大多数国家政府都选择存款保险制度的原因。

(二) 解释二:代理监督

假设存在大量的贷款人(lenders)和一个企业家(borrower),企业家有关于项目的私

① 但这些资产并非绝对安全,围绕其安全性和流动性的担忧也引发了次贷危机。

有信息，贷款人则拥有闲置资金。如果贷款人要将资金借给企业家，那么可能会面对道德风险，因此需要对企业家进行监督。但存在的问题是，在私人借贷（市场借贷）的情况下，大量的贷款人存在重复监督（每个人都去监督是一种社会资源的浪费）或"搭便车"（每个人都指望他人监督会导致无人监督）问题。如果贷款人雇人监督则会存在监督监督者（monitor of monitor）的问题，无法从本质上解决代理监督（delegated monitor）的问题。从激励的角度看，代理监督的实现需要同时解决两个问题：一是代理监督人的努力会得到回报，二是监督人"干坏事"会受到惩罚。事实上，戴蒙德（1984）的经典研究表明，银行所充当的，正是代理监督人的角色。

银行是如何做到的呢？逻辑上，银行确实具备成为合格代理监督人的潜质。例如，银行能收集到有价值的借款人信息，使得贷款在银行关系中比卖给外部更有价值。银行从众多储户处筹集资金并进行分散投资，利用自身监督借款人的专业能力，能够降低储户本来要承担的总体监督成本，且银行提供的无风险的存款保证了银行具有监督借款人的动机。那么，银行及其背后的投资者（储户和银行股东）是如何解决"代理监督人的努力会得到回报"以及"监督人'干坏事'会受到惩罚"这两个问题的呢？

第一个关键机制是资产端的风险分散。这是因为，如果银行资产端只投资少数资产，那么即使银行努力行使代理监督人的角色，也可能会由于一些不可抗力或意外情况导致贷款违约，这使得银行的努力可能无法得到回报。要保证"种瓜得瓜"，就需要让这种不确定性降到最低——最好的办法就是通过做大规模实现资产端完全的风险分散，此时任何意外（异质性风险）都会被大数定律分散，并在最终实现银行努力和贷款坏账率之间几乎确定性的关系。

第二个关键机制是资本端的债务合约。事实上，早在戴蒙德（1984）之前，汤森德（Townsend，1979）就提出在存在事后监督成本的情况下，企业为筹集资金而发行的最优激励相容契约就是负债契约。这是因为在储户充当债权人、银行充当股东的债务合约下，银行一旦"干坏事"导致贷款违约，银行会首先承担所有损失直到破产，而如果银行努力监督，则可以在满足储户固定但较小的收益后获得所有收益，这使得银行有很强的激励努力监督，并避免"干坏事"承担所有的成本。

（三）解释三：跨期平滑系统性风险

在1973年石油危机时期，石油供给收缩导致石油价格暴涨，通货膨胀严重，资产价格暴跌，经济发生严重衰退，美国和德国居民的财富状况却出现了非常明显的差别（Allen and Gale，1997）：图7-1展示了美国1966—1990年纽约证券交易所综合指数的变化情况，由于美国居民的储蓄主要在股市，因而石油危机爆发后，直接投资于股票市场让美国居民遭受重大损失；然而，德国的金融制度是一种以银行体系为主导的制度，德国居民的储蓄主要在银行和保险公司中，他们的财富状况并未明显受到石油危机的影响。而在20世纪80年代后，美国和德国的居民财富状况发生了逆转：经济的持续复苏带来了股市的大涨，使美国居民的收入大幅增加，而德国居民的财富状况依旧没有显著变化。

造成美国和德国居民财富状况差异的原因是，银行这样的中介机构具有跨期平滑系统性风险的功能。平滑风险类似于对冲风险，即降低了风险的敏感性，而不是在任何时候

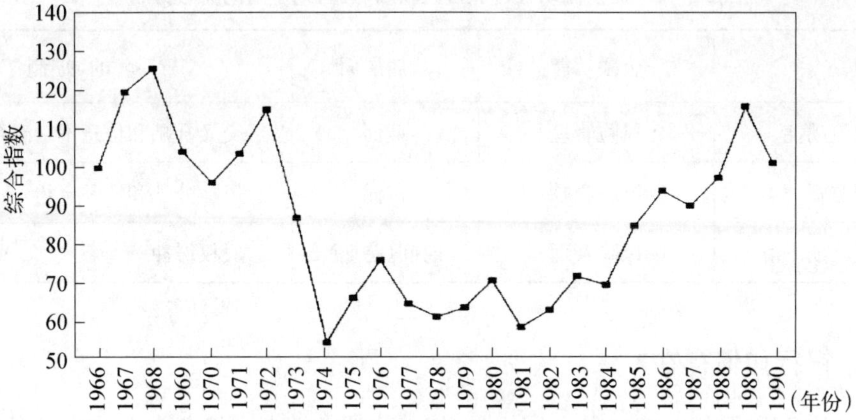

图 7-1　1966—1990 年纽约证券交易所综合指数的变化情况

都能使得情况变得更好。风险跨期平滑的意义在于大多数人消费的边际效用是逆周期的：因为人的效用为凸函数(边际效用递减)，而财富状况是顺周期的，所以在经济状况较好时，居民财富水平相应较高，财富的边际效用较低。因此，储蓄在银行比投资于市场少获得的财富不会有太多效用上的损失。而在经济状况较差时，居民财富水平较低，财富的边际效用很高，银行的存在减少了居民的损失，从而保证了居民效用的降低程度减小。通俗地理解，"什么都不做"的银行模式相较于"雪上加霜＋锦上添花"的市场模式能够更好地帮助大多数居民跨期平滑系统性风险。

那么，银行是怎样平滑风险的呢？

答案是银行通过股权资本的缓冲实现。当经济状较差时，财富的损失由银行的资本承担，而当经济较好时，同样是银行资本获得更多的收益。这就产生了一个疑问：如此顺周期的银行资本是否承担了极高的风险？银行的股东为什么愿意持有风险这么"高"的银行资本呢？

实际上，正如代理监督部分所言，银行在资产端进行了充分的风险分散，这使得银行资本实际上只承担了系统性风险，所以银行股东承担的总风险是小于而非大于存在大量异质性风险的个股的。之所以看起来风险高，是因为银行的收益是顺周期的——这在基于消费的资产定价理论中正是对风险的确切理解。

从跨期平滑系统性风险的例子中，我们可以得到如下启示。

在公司金融方面，由于银行的异质性风险很小，所以需要保留更多的股权才可以向存款人传递好的信号，这解释了为什么银行的外部股权融资很少而杠杆率很高(Leland and Pyle，1977)。在资产定价领域方面，由于系统性负面冲击主要由银行股权承担，因此银行的盈利表现出较强的顺周期性，这使得银行股的 β 值为正；在政策含义方面，由于银行股主要承担的是系统性风险，所以银行股的暴跌可以很好地预测未来的经济衰退与危机(Baron et al.，2021)。

最后，如表 7-1 所示，可从金融功能、所属层面和依赖的机制三个方面比较银行为什么存在的三个解释(提供流动性、代理监督和风险跨期平滑)。

表 7－1 提供流动性、代理监督和风险跨期平滑的比较分析

解　释	金融功能	所属层面	依 赖 的 机 制
提供流动性	风险管理	截面	交叉补贴和信息不敏感存款
代理监督	解决激励	截面	风险分散和债务合约
风险跨期平滑	风险管理	时间(跨期)	股权缓冲

二、银行如何存在?

前文已经说明,银行有一些不同之处,使其能够在拥有高经营成本的情况下存在(甚至与市场共存),但这些理论并没有解释为什么银行会以这样的形式存在和经营。例如,如果银行的存在是为了提供流动性,那么为什么要将存款设置成先到先得(first-come, first-served)的形式来增加挤兑风险?银行为什么要承担着借短贷长的风险来同时经营存款和贷款业务?为什么银行的杠杆率会远远高于一般企业?下面将对上述问题进行逐一解答。

(一)银行脆弱的负债结构

1. 激励投资者视角

从投资者的视角来看,当银行的净收益越小,资产质量越差时,银行所存在的道德风险越大。因此,为了避免银行欺诈性地事后转移资源,投资者需要有足够的激励去阻止银行实施影响储户利益的行为。活期存款的存在为储户获取昂贵的信息提供了激励,投资者清算银行的威胁会对银行进行约束:当投资者发现银行经营状况不佳时,由于活期存款先到先得的属性,会有足够多的投资者集中取钱(发生挤兑),因为银行资产端的流动性很差,银行在面对集中取钱的情况时只能打折出售其资产,最终被清算(Calomiris and Kahn, 1991)。但如果银行将存款设置成短期且定期形式,那么不会激励投资者搜集银行信息,他们只需要站在挤兑人的队伍中,并与队伍中的所有人共同承担银行破产产生的损失。这种情况下,不会激励投资者自己花费成本搜集信息并让他人共同分享这一信息产生的收益。从这一角度出发,以活期存款为主的负债结构是激励投资者搜集信息和监督银行的重要方式。

2. 银行自我承诺的视角

从银行的视角来看,在债务合约下,储户清算银行的惩罚保证了银行不会“干坏事”(Diamond, 1984),但是在银行侵损了储户利益时,储户真的会对银行实施清算吗?实际上,由于银行承担着代理监督的责任,其在放贷的过程中对企业有很深的了解,具有大量的软信息(soft information),减少了企业欺骗、藏匿等风险,保证了贷款的偿还,这使其相对于外部投资者(储户)有了独特的优势,导致了贷款对银行的价值高于储户(或者说贷款没有流动性)。这种贷款的非流动性使得储户对银行的清算是一种不可置信的威胁(incredible threat)。根据我们在公司金融理论中对再谈判的介绍,再谈判过程中双方讨

价还价的能力很大程度上取决于双方地位和优势，因此，在银行与储户之间，银行具有再谈判的权利：假设银行发生违约，由于贷款对银行的价值高于储户，如果储户清算银行，得到的价值会小于银行可以从企业回收到的价值，因此银行只需支付储户略高于储户清算自己得到的价值的金额，储户就不会对银行进行清算。站在储户的角度，因为可以预期到事后可能由于银行的再谈判而被攫取经济租（extract rents），所以储户在事前不愿意将资金投入银行，那么银行也就不会存在于金融系统中了。因此，银行为了让储户相信其不会在事后实施再谈判，必须提供一种承诺机制（commitment device），活期存款就是这样一种承诺机制：在活期存款的机制下，每个储户在遭遇银行再谈判威胁时都有激励取现，而先到先得的机制会通过挤兑导致银行清算，从而让银行无法在事后利用自己回收贷款的能力进行再谈判（Diamond and Rajan, 2001）。因此，活期存款的存在让银行能够可信地承诺，并因获取了储户信任而存在。

（二）银行“借短贷长”的原因

活期存款的存在使银行负债期限很短且面临挤兑风险。从资产负债期限匹配的视角看，银行似乎应该持有更多短期和高流动性的资产。但现实中，银行总是持有期限较长的低流动性资产（贷款），银行为什么不只放短期贷款呢？更进一步地，银行为什么选择放贷而非像货币基金一样投资更安全的短期高流动性的债券？

1. 流动性的协同作用

银行“借短贷长”的原因之一在于，贷款承诺与活期存款间具有流动性的协同效应（Kashyap et al., 2002）。贷款承诺是指在企业与银行间达成借贷关系后，银行会给企业授信敞口（信贷额度），让企业在额度内随意支取。也就是说，不仅储户可能会提取他们的存款（负债端），借款人也可能会提取他们的贷款承诺（资产端），这两者都要求企业持有一定的流动性资产以满足其支取需求。因此，只要储户的支取与企业的取现是不完全相关的，银行持有流动性资产就可以产生规模效应（银行的资产端和负债端可以分担持有大量流动资产的成本）。在危机时期，银行资产端的贷款与负债端的存款之间的流动性协同效应更加明显（Gatev and Strahan, 2006）：危机时期投资者的流动性偏好增加，风险偏好下降，这会导致投资者将资金从高风险的股市和债券市场（高风险的公司债）中挪入低风险的银行存款中，从而导致银行存款的大量流入，与此同时，借款人的流动性需求也达到峰值。

基于新型冠状病毒疫情事件的研究（Levine et al., 2021）也证明了上述观点。具体来看，美国银行在此危机时期经历了大量存款流入。存款余额从2020年1月的约13万亿美元增加到4月的约15万亿美元，2020年年底增加到约16万亿美元（图7-2）。个人储蓄率和储蓄金额也有所增加。从2020年3月到4月，两者都上涨了近三倍，2020年第四季度平均值相比第一季度平均值，两者都增长了约50%（图7-3）。研究发现，当地新型冠状病毒感染率与失业和储蓄相关主题的在线搜索强度之间存在强烈的正相关关系，这表明当地感染率与居民对其经济未来的焦虑之间存在直接联系，这种焦虑促使家庭减少支出并增加存款。此外，新型冠状病毒感染率与个人对家庭中有人将在下个月失业的预期以及个人因担心未来收入而削减支出的预估呈正相关。这些发现加强了感染率与当地人对未来工作和收入的担忧之间的经验联系。

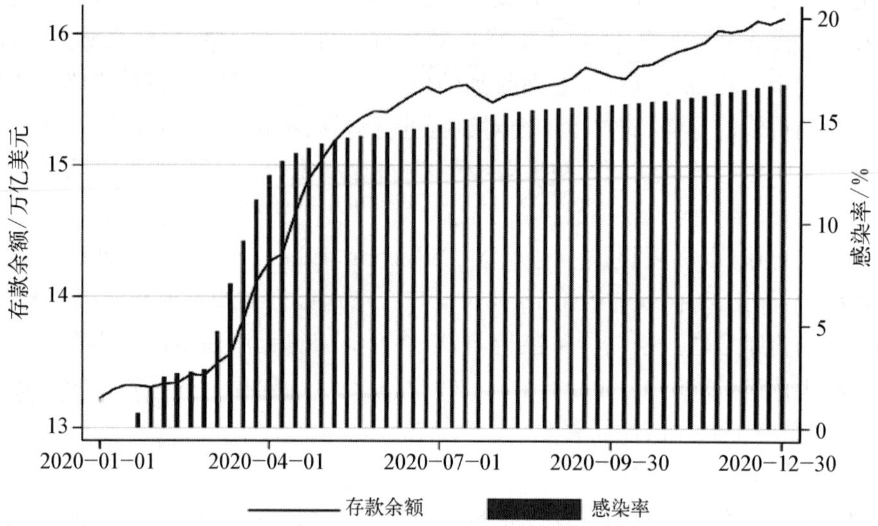

图 7-2　美国银行 2020 年新型冠状病毒疫情期间存款的总体趋势

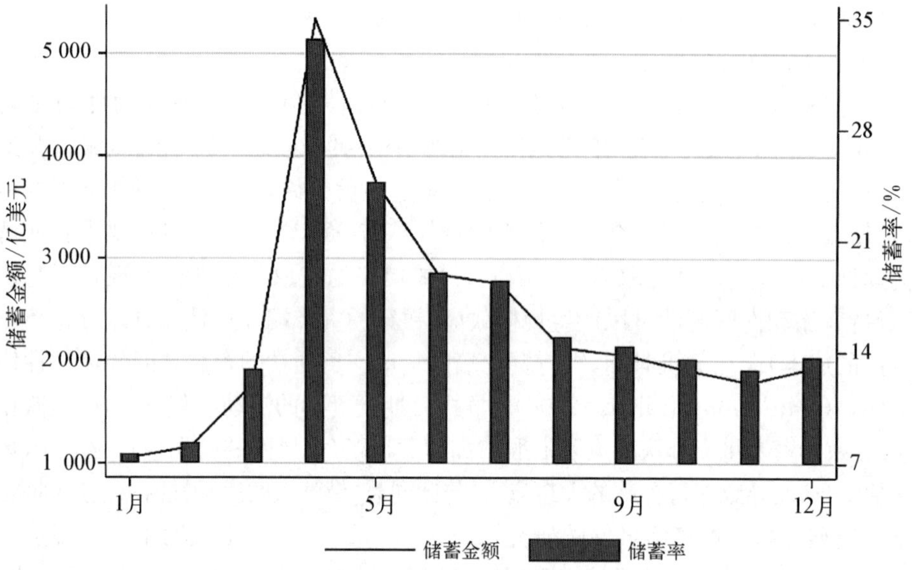

图 7-3　美国银行 2020 年新型冠状病毒疫情期间的个人储蓄金额和储蓄率

2. 稳定存款的对冲作用

银行"借短贷长"的另一个原因在于,银行放长贷可以对冲活期存款的利率风险(Drechsler et al.,2021)。实际上,因为银行存款利率并不受市场利率的影响(银行的市场势力导致其有存款定价权),储户对市场利率并不敏感,所以银行存款对利率变动不敏感,久期缺口并非完全适用。在这种情况下,存款久期虽然看起来较短,但事实上在长期保持不变,因而具有了长期负债的属性——为了对冲长期负债的利率风险,银行则需要在资产端匹配同样不敏感的资产和利息收入,即以固定利率长期放贷。因此,银行资产端与负债端的期限错配不会使银行暴露在利率风险当中,银行的股权价值不会受到市场利率的影响①。

(三) 银行为什么保持高杠杆率?

1. 低异质性风险下的信号发送

银行保持高杠杆率的第一个原因在于,银行的低异质性风险导致了其维持较高的股权留存率(Leland and Pyle, 1977)。企业(银行)需要获得固定数额的融资,由于企业(银行)和投资者在事前存在信息不对称,因此投资者只愿意支付一个平均质量的价格。在这种情况下,风险厌恶的企业(银行)可以通过保留一部分内部股权(只对外融资部分股权)来证明自己资产(项目)的质量(本质是信号发送)。这是因为,保留内部股权的多少可以作为一种信号让外部投资者区分企业(银行)的“好坏”。因为“坏”企业不愿意自己承担更多的损失,所以当“好”企业保留足够多的内部股权时,“坏”企业总是放弃跟进模仿,投资者就可以把“好坏”企业区分开来。然而,对企业(银行)来说,保留内部股权除了有自己承担损失的问题以外,还存在无法通过投资市场组合规避异质性风险的成本。在异质性风险很高时,即使是“好”企业,也会因为无法承担高异质性风险而不会留存太高的内部股权,此时最优的留存比例就会偏高。具体来说,在风险厌恶的假设下,假设 H 和 L 两个行业除了异质性风险其他方面都相同,H 行业的异质性风险较高,L 行业的较低,如果“好”企业想把自己和其他企业区分开来,H 行业需要的内部留存比例就低于 L 行业。在银行业,异质性风险(和总风险)总体较低,因此为向投资者传递(差银行无法模仿的)信号,需要的留存比例就很高,这使得银行通过外部股权获得的融资很少(大部分都是内部股权因而无法获得资金),只能依靠发债进行融资,这导致银行的发债数量较大,杠杆率较高。

2. 投资者激励机制

银行保持高杠杆率的第二个原因在于,高杠杆率可以为储户提供激励作用(Calomiris and Kahn, 1991)。由前文研究可知,银行脆弱的负债结构能够激励储户搜集银行的经营信息并“用脚投票”(集中取现)。一旦足够多的储户搜集到了银行的负面信息并进行集中取现,就会导致银行被挤兑清算,这在事前可以起到威胁银行的作用。实际上,这种威胁的有效性依赖银行的高资产负债率。如果银行的资产负债率很低,那么即使所有储户选择取现,银行也可以通过资产(贷款)的打折出售来保护储户的安全,从而失去了对储户的激励作用,储户没有动力再搜集银行的经营情况信息并挤兑取现,也失去了对银行的监督和威胁,而银行保持高杠杆率则可以让投资者有更强激励去搜集信息并进行挤兑,从而对银行进行监督。

3. 流动性创造和银行的负债观

银行保持高杠杆率的第三个原因在于,安全资产的需求和银行的负债观(DeAngelo

---

① 在后文 S&L 违约潮中我们会提到,利率上限的放开导致了 S&L 负债端利息成本的大幅上升,而资产端超长期限的固定利率资产则无法随之调整,这导致 S&L 出现了普遍的利率倒挂。为什么有研究(Drechsler et al., 2021)却认为银行存款对利率变动不敏感?这是因为相比于 S&L 这样的中介机构,银行有更多的股权缓冲,明显更低的期限,更强的市场势力,这使其贷款调整得更快,存款定价权更强,更有能力跨期平滑风险,所以并未像 S&L 那样出现倒闭潮。

and Stulz, 2015)。在MM定理下,企业的价值只取决于其资产端,而与资本结构无关。但银行的价值除了体现在资产端外,还体现在负债端的流动性创造(Diamond and Dybvig, 1983)。这使得即使在无摩擦的情况下,银行的负债也有特殊的价值。而为了满足储户的流动性需求,银行会尽可能地增加自己的负债,从而导致了银行的杠杆率远高于一般行业。

第二节　银行融资和市场融资的差异

在上一节中,我们解释了银行"为什么存在"以及"为什么以某种特定的形式存在"。简单来说,银行作为家庭部门和企业部门的"中间人",能解决直接融资不能解决的一些特殊问题,这使得银行能以一种有效的特殊形式与市场共存。那么,给定了银行存在的合理性,银行应该为谁服务呢?企业从银行融资和从市场融资有何不同呢?这一节我们将对此进行解释。

(一)银行债务和市场债务的区别

银行在服务企业的过程中能监督和了解企业,但市场只能依赖公开披露的信息决策,因此随着时间的推移,银行相较于市场投资者与企业之间的信息不对称更小。银行的信息优势一方面有助于有效决策,另一方面也导致了垄断。下面我们以拉詹的研究(Rajan, 1992)为例,考察这一影响。

假设有一个两期的项目,起初投入为 I,折现率为0。项目在第1期期末时没有产出,但会有好项目(G)和坏项目(B)的两个信号,G信号意味着在第2期期末可以稳定获得 X,B信号代表只有 P_b 的概率可以获得 X(否则为0)。期初,企业家对外融资为 I,并选择努力程度为 β, β 决定了第1期期末时项目出现G信号的概率 $q(\beta)$, $0 < q(\beta) < 1$,且 $q(\beta)$ 边际递减[$q'(\beta) > 0$, $q''(\beta) < 0$]。如果企业发行债券,则期末偿还给投资者的金额(债券面值)为 D。在第1期期末时,项目可以被清算,清算价值为 L,且满足: $X > D > I > L > P_bX$。

企业有以下三种融资方式。① 债券市场融资:投资者无法在第1期期末得知项目经营情况(G/B)的信息,且在第1期期末,企业家总会再融资(即使企业家观察到第1期期末项目经营不善,也会继续投资,因为清算价值 L 小于债券面值 D,所以如果被清算了,L 就会全部被债权人收走,所以企业家一定会继续投资以博取项目成功的概率 P_b),长期合约和短期合约等价。② 银行短期信贷融资:一个一期的债务合约,到期双方谈判决定是否签第2期合约。③ 银行长期信贷融资:一个两期的债务合约。

接下来我们将从社会全局视角的收益最大化(first best)、债券市场融资时企业视角的收益最大化、银行长期信贷融资时企业视角的收益最大化、银行短期信贷融资时企业视角的收益最大化四个角度求解企业家的努力程度 β。

(1) 社会全局视角的收益最大化

从社会全局视角来看,项目收益最大化,即

$$\max_{\beta} q(\beta)X+[1-q(\beta)]L-\beta \tag{7-1}$$

式中，$q(\beta)X$ 为项目是 G 项目时的期望收益；$[1-q(\beta)]L$ 为项目是 B 项目时的期望收益；β 是项目运行的成本（企业家所投入的努力）。

式(7-1)在导数为 0 时获得最大值，即

$$q'^{FB}(\beta)X-q'^{FB}(\beta)L-1=0 \tag{7-2}$$

解得，实现社会全局视角的收益最大化时，β 需满足：

$$q'^{FB}(\beta)=\frac{1}{X-L} \tag{7-3}$$

(2) 债券市场融资时企业视角的收益最大化

当企业从债券市场为项目融资时，实现收益最大化即

$$\max_{\beta} q(\beta)(X-D)+[1-q(\beta)]p_b(X-D)-\beta \tag{7-4}$$

式中，$q(\beta)(X-D)$ 为项目是 G 项目时企业家可获得的期望收益；$[1-q(\beta)]P_b(X-D)$ 为项目是 B 项目时企业家可获得的期望收益；β 是项目运行的成本。

此外，由于债券投资者有一定的概率无法在第 2 期期末收回债券面值 D，所以 D 须满足如下条件，投资者才会在期初购买债券，即投资者的参与约束：

$$I=D\{q(\beta)+[1-q(\beta)]P_b\} \tag{7-5}$$

解得，当企业使用债券市场融资时，要实现收益最大化，β 需满足：

$$q'^{bond}(\beta)=\frac{1}{(1-P_b)(X-D)} \tag{7-6}$$

因为 $D>L$，$0<(1-P_b)<1$，所以 $(1-P_b)(X-D)<X-L$，可得 $q'^{FB}(\beta)<q'^{bond}(\beta)$。根据设定，$q'(\beta)$ 边际递减，即 $q''(\beta)<0$，所以可得 $\beta^{FB}>\beta^{bond}$。

(3) 银行长期信贷融资时企业视角的收益最大化

期初，银行与市场一样没有关于项目好坏的信息，所以长期信贷合约中的 D 由 $I=D\{q(\beta)+[1-q(\beta)]P_b\}$ 决定。不同于市场，银行在第 1 期期末时观察到项目信号 G/B：如果银行观察到 G 信号，项目会继续进行下去，银行无法增加 D；如果银行观察到 B 信号，项目中止，因为清算价值 L 大于项目继续经营的期望收益 P_bX，所以此时撕毁合约再谈判可能对双方都有利（再谈判的总盈余$=L-P_bX$）。

假设企业家讨价还价的能力(bargaining power)是 u（可以理解为企业家可以从这场再谈判中获得利益的比例），$0<u<1$，银行讨价还价的能力则为 $1-u$。

此时，当企业使用长期银行信贷为项目融资时，实现收益最大化即

$$\max_{\beta} q(\beta)(X-D)+[1-q(\beta)][P_b(X-D)+u(L-P_b)X]-\beta \tag{7-7}$$

式中，$q(\beta)(X-D)$ 为项目是 G 项目时企业家可获得的期望收益；$[1-q(\beta)][P_b(X-$

$D)+u(L-P_b)X]$ 为项目是B项目时企业家可获得期望收益，其中的 $P_b(X-D)$ 是原合同的期望收益，$u(L-P_b)X$ 是再谈判后企业家可以分得的在原合同期望收益基础上额外增加的期望收益；β 是项目运行的成本。

解得，当企业使用长期银行信贷融资时，要实现收益最大化，β 需满足：

$$q'^{\mathrm{LT}}(\beta)=\frac{1}{(1-P_b)(X-D)-u(L-P_bX)} \tag{7-8}$$

$(1-P_b)(X-D)-u(L-P_bX)<(1-P_b)(X-D)$，所以 $q'^{\mathrm{LT}}(\beta)>q'^{\mathrm{bond}}(\beta)>q'^{\mathrm{FB}}(\beta)$，因此根据 $q'(\beta)$ 边际递减，$\beta^{\mathrm{FB}}>\beta^{\mathrm{bond}}>\beta^{\mathrm{LT}}$。

(4) 银行短期信贷融资时企业视角的收益最大化

当银行只与企业家签订短期信贷时，在第1期期末银行可以根据观察到的项目的G信号和B信号做出选择：如果是B项目，则不会继续，银行会选择清算，并作为债权人得到全部的 L；如果是G项目，则项目应该继续，但此时银行可以与企业进行再谈判，但银行无法以清算为威胁得到全部的再谈判总盈余 $(X-L)$，因为银行继续一定可以得到比清算价值更高的收益，所以这时清算是不可置信的威胁。事实上，银行和企业都知道项目一定可以继续，因此银行能够从再融资中得到多少取决于银行讨价还价的能力，但一定在0到 $X-L$ 之间，同样设为 $(1-u)(X-L)$。

此时，当企业使用长期银行信贷为项目融资时，实现收益最大化即

$$\max_{\beta} q(\beta)u(X-L)+[1-q(\beta)]\times 0-\beta \tag{7-9}$$

式中，$q(\beta)u(X-L)$ 为项目是G项目时企业家可获得的期望收益；$[1-q(\beta)]\times 0$ 为项目是B项目时企业家可获得的期望收益，为0，因为当银行在第1期观察到B信号时，一定会立刻清算；β 是项目运行的成本。这个例子可以解释为什么创新型企业不愿意向银行进行短期借贷。

解得，当企业使用短期银行信贷融资时，要实现收益最大化，β 需满足：

$$q'^{\mathrm{ST}}(\beta)=\frac{1}{u(X-L)} \tag{7-10}$$

因为 $u(X-L)<X-L$，所以 $q'^{\mathrm{ST}}(\beta)>q'^{\mathrm{FB}}(\beta)$，可得 $\beta^{\mathrm{FB}}>\beta^{\mathrm{ST}}$。

为了更直观地对以上四种情况进行比较，如表7-2所示，我们比较了每种情况下项目是否继续、双方是否要进行再谈判、存在的摩擦、导致摩擦存在的原因，以及由企业家的努力程度决定了项目成功的概率的导数 $q'(\beta)$。由表7-2可知，当市场没信息时，企业存在继续坏项目的道德风险；由于短期信贷的控制权在银行，所以当银行在第1期期末观察到项目的G信号时，会利用控制权"分蛋糕"，在再谈判中攫取企业利润；由于长期信贷的控制权在企业，所以企业会在项目在第1期期末出现B信号时利用其控制权"分蛋糕"。

此外，根据上述的分析我们知道，企业使用长期信贷融资时，其努力程度小于使用长

期债券融资时的努力程度，这并不能说明长期信贷始终不如长期债券。因为企业家的努力程度只是一方面，在市场融资的条件下，企业家虽然更加努力，但在出现B信号时并不能及时止损，长期信贷的条件下，企业家虽然努力程度相对较小，但面对B信号可以立刻中止项目。

从上述的例子中我们可以知道，在存在信息不对称的情况下，无论是市场还是银行，在配置资源的过程中都会产生摩擦，此时，努力可能得不到回报（短期信贷），或者不用努力也能有回报（市场融资和长期信贷）。因为付出与收获的不匹配性质，如果企业是理性的，就会在事前选择降低自己的努力。

表7－2　四种情况下的对比

情况分类	G	B	摩擦	原因	$q'(\beta)$
社会收益最大化	项目继续，不进行再谈判	项目中止，不进行再谈判	—	—	$\frac{1}{X-L}$
债券市场融资	项目继续，不进行再谈判	项目继续，不进行再谈判	坏项目继续	市场没信息	$\frac{1}{(1-P_b)(X-D)}$
长期信贷融资	项目继续，不进行再谈判	项目中止，再谈判	坏项目企业会“分蛋糕”	控制权在企业	$\frac{1}{(1-P_b)(X-D)-u(L-P_bX)}$
短期信贷融资	项目继续，再谈判	项目继续，不进行再谈判	好项目银行会“分蛋糕”	控制权在银行	$\frac{1}{u(X-L)}$

（二）企业如何选择银行债务和市场债务

拉詹(1992)的一个重要贡献在于其在社会收益最大化视角解释了不同融资方式的摩擦。现实中，企业融资方式的选择是企业、市场和银行三者博弈的均衡结果。

1. 银行信贷和市场债券：企业如何选择？

通过债务合约和分散投资的方式，可以保证银行这样的代理监督人会努力工作来创造信息(Diamond, 1984)。显然，这种通过监督来创造信息的融资模式是有成本的。那么，是不是所有的企业都需要被监督呢？实际上，企业是否需要被监督取决于监督会不会影响企业的行为。站在企业的视角，如果从银行融资，则需要承担监督带来的额外融资成本，如果从公开市场中融资，则可以省去这一成本。因此，除非银行信贷融资带来的其他成本的降低高于其所带来的上述融资成本，否则企业会更倾向于从市场融资。接下来，我们根据戴蒙德(1991)的研究对不同信用质量的企业如何选择银行信贷和市场债券的融资方式进行具体说明。

首先，当企业的信用质量足够好时，企业未来价值（未来盈利的贴现值）就会很高。无论企业是否开展了不好的经营行为，事后融资成本的上升都会带来很大的企业价值损失（因为经营较好的企业预期现金流较多，且预期存续期较长，所以在使用融资成本贴现时，融资成本的微弱增加都会造成企业价值的大幅下降）。因此，公开市场中的投资者知道企业不努力的行为对企业而言是不值得的，其愿意提供没有监督的低成本融资。其次，当企业的信用质量足够差时，企业的价值很低，这时被监督所带来的价值提高小于向监督方（银行）付出的成本，因此企业不会选择银行信贷融资的方式。此时公开市场的投资者知道无论是否监督对企业的行为都不会有明显影响，所以会选择提供高成本的融资，甚至拒绝提供融资。最后，如果企业的信用质量居中，恰好属于"偷懒"行为，如果没有被监控到是有利可图的（无法获得市场信任），且支付的银行监督成本小于市场要求的折价时，企业会选择信贷融资。综上，高信用质量的企业主要通过市场融资，中等信用质量的企业选择信贷融资，低信用质量的企业不愿意通过银行信贷融资，但也很难通过市场融资。

2. 长期债务和短期债务：企业如何选择？

戴蒙德（1991）的研究中讨论了这样一种情况。企业在选择短期债务时会面临一个权衡：如果未来的经济情况变好，那么很快的再定价可能会降低未来的融资成本；如果未来的经济情况变差，那么由于被"错杀"导致的流动性风险的概率也在上升（如 2021 年房地产严格调控导致财务状况良好的房企债券价格也存在明显折价），选择长期债券则可以抵消这一风险。因此，好企业（预期未来会更好的企业）会倾向于选择短期债务，不够好的企业则更倾向于长期债务。然而，太差的企业是无法获得长期债务的，尤其是长期市场债务（根据我们在前面的分析，长期市场债务难以及时止损，长期信贷会导致银行在再谈判中承受损失，而在公开市场中，企业更容易隐藏信息，及时止损的难度很大，所以长期市场债务的获得很难）。综上，最好（短期债务成本小）和最差（长期债务无法借到）的企业会选择借短期债务，中等的企业会选择借长期债务（因为不仅银行愿意与这类企业签署长期信贷合约，长期债务也能帮助企业对冲流动性风险）。

如表 7-3 所示，我们对企业如何选择其融资方式进行了整理总结。可以知道，银行拥有监督能力和不断增强的信息优势，但监督需要成本，信息优势可能带来垄断租，因此银行债务并不适合所有项目和企业。在现实中，市场的发达程度、产业结构及法律体系等都可能会影响具体的选择。

表 7-3　不同信用质量的企业的融资方式选择

信用质量	融资方式	债务期限
高	市场	短期
中	市场或银行	长期
低	银行或无法获得融资	短期

第三节 其他问题

根据前面的分析,银行存在一些特殊之处,但这也引出了银行的一些特有的问题。例如,拉詹(1992)提到,银行在短期信贷合约中可以利用控制权和再谈判对企业进行敲竹杠,从而降低企业在事前的努力。那么,在被银行威胁再谈判时,如果企业可以从别的银行获得融资,是否会解决这个问题呢?再如,银行通过建立资金池和股权缓冲为投资者提供了流动性保险(Diamond and Dybvig, 1983),但相关研究并未提及投资者(没有流动性需求的投资者)是否会对银行进行挤兑。此外,虽然银行可以激励代理监督人努力监督从而增加资本的配置效率(Diamond, 1984),但现实中,银行能始终做到这一点吗?如果不能,问题出在哪里?

(一) 银行业应该竞争还是垄断?

1. 理论:各执一词

在银行威胁企业进行再谈判时,如果企业能从其他银行获得融资,则可以大大减少企业激励的扭曲。直觉上,如果银行业是完全竞争的,则银行没有能力在短期合约到期且观察到项目经营状况良好的信号时获取企业的租金(因为如果银行这样做,企业就会转而向其他银行借款)。那么,银行竞争真的可以解决拉詹(1992)提到的银行敲竹杠问题吗?夏普(1990)对此进行了回答:因为银企关系及其产生的信息不对称问题,银行竞争只能解决部分问题。具体而言,随着时间的推移,银行会逐渐加深对客户企业的了解,产生银企关系,也导致银行对自己客户企业的了解会超过其他银行。因此,即使事前银行体系存在充分竞争,事后银行在观察到项目经营状况良好的信号时,依旧会威胁自己的客户企业,要求分享更多的好处。而其他银行对该企业的了解不够深,不愿意提供基于企业真实信息的公允融资成本。所以,只要原银行要求的垄断租小于其他银行要求的信息溢价,企业还是会继续与原银行合作,银行敲企业竹杠的行为依旧存在,其中存在的关键摩擦在于,信息不对称的存在使得银行无法区分其他银行客户企业究竟是否值得投资。

由此可见,虽然竞争不能解决所有问题,但至少比没有更好。然而,这并不意味着银行业的竞争程度越大越好。因为银企关系是有价值的,竞争会降低这种价值(Petersen and Rajan, 1995)。具体来说,如果银行发现公司在未来有很好的发展机会,那么即使目前给出低于公允的利息,银行也可以在未来通过攫取垄断租来保证其在企业整个生命周期上是盈利的。换言之,银行可以做跨期最优的决策。但这种模式在充分竞争的银行业结构下是很难维持的,因为会导致企业很容易选择其他银行,此时,理性的银行在事前的最优选择就是不与企业签署借贷关系。

2. 实际:不断变化

现实中,美国1838—2010年银行业结构如表7-4所示。可以看到,银行竞争强度在总体上呈现出强—弱—强的变化趋势。19世纪30—40年代,10万美元即可开设银行,这导致当时的银行竞争十分激烈,然而,到了20世纪20—30年代,美国开始禁止跨州经营

(类似于中国的城市商业银行大部分不能跨省经营),造成了银行业竞争不充分的局面。这种局面一直维持到 20 世纪 70 年代,因为当时石油危机的爆发、货币市场共同基金(money market mutual fund, MMMF)的崛起和金融脱媒等事件的发生,美国各州逐步允许银行跨州经营,放开利率管制,从而使得银行竞争变得充分起来。

那么,为什么在 20 世纪 70 年代时,美国逐步放开了银行的跨州经营限制,开始去监管(deregulation)呢?研究认为,去监管现象的发生在总体上主要源于技术进步削弱了人们和银行在地理上的联结(Kroszner and Strahan, 1999):如自动取款机(automated teller machine, ATM)的发明、可支取的 MMMF,以及电话的普及增加了银行的服务半径等。竞争渐进式增加的原因在于利益团体的影响。具体来说,去监管(增加银行竞争)是大银行和小企业所欢迎的,因为大银行可以通过设置多网点、多台 ATM 等形式获得竞争优势,而银行业的竞争局面又可以帮助小企业弥补其谈判能力的弱势。与之相反,去监管是小银行所不愿看到的。因此,在受益者(大银行和小企业)相对于受害者(小银行)更强大的地区,去监管更早,从而呈现出了竞争渐进式增加的局面。

表 7-4 美国 1838—2010 年银行业结构

时间	监管法律	内容	组织结构	银行竞争	分业/混业	利率管制
1838 年	《自由银行法》	10 万美元可开设银行	单一制	充分	混业	无
1927 年	《麦克法登法案》	禁止跨州经营,允许分支行和证券投资	分支行制	不充分	混业	无
1929—1933 年	大萧条,股市暴跌,银行资本受损,储户大量挤兑,9 000 多家银行倒闭					
1933 年	《格拉斯-斯蒂格尔法》	禁止混业,建立存款保险制度	分支行制	不充分	分业	利率上限管制(Q 条例)
1956 年	《银行持股公司法》	银行控股公司纳入监管	银行持股公司制和分支行制	不充分	分业	上限管制
20 世纪 70 年代	石油危机,通货膨胀上升,MMMF 出现,金融脱媒,银行存款流失,各州逐步允许银行跨州经营					
20 世纪 80 年代	《存款机构放松管制和货币控制法》《加恩-圣杰曼存款机构法》	逐步放开利率管制	银行持股公司制和分支行制	充分	分业	取消 Q 条例,S&L 倒闭潮
1999 年	《金融服务现代化法案》	允许商业银行和投行混业	金融控股公司制和分支行制	充分	混业	无管制

续　表

时间	监管法律	内容	组织结构	银行竞争	分业/混业	利率管制
2008 年	次贷危机					
2010 年	《多德-弗兰克法案》	加强监管，限制银行投资 HF 和 PE	金融控股公司制和分支行制	充分	混业	无管制

注：S&L 是指美国储蓄与贷款协会(Savings and Loan Associations)；HF 是指对冲基金(hedge fund)；PE 是指私募股权(private equity)。

在这一基础上，很多学者以美国银行业渐进式的去监管为识别方式，发现银行业的竞争加剧带来的金融服务质量的提高对经济增长有正面影响(Jayaratne and Strahan, 1996)，并且从实质上缩减了美国的收入分配差距(Beck et al., 2010)。此外，中国学者基于本国数据得出了银行竞争有助于优化企业资本结构和提升信贷资源配置效率(李志生等，2020)，有利于调整银行信贷结构(刘莉亚等，2017)的结论。

综上所述，从理论上来说，银行竞争一方面有助于部分降低银行能收取的控制租，另一方面也会降低银行跨期最优决策的可能性，从而降低银行支持早期企业的激励。在现实中，近年来银行竞争呈现出不断增强的趋势，这是技术进步的必然结果，在中国和美国都表现得非常明显。在实证上，大多数研究表明银行竞争有助于改善资本配置效率、增加总量和人均的产出，但没有形成统一的结论。

(二) 多重均衡、挤兑和存款保险

1. 银行挤兑的相关理论

对银行挤兑行为的最早刻画始于布莱恩特(Bryant, 1980)，并在随后由戴蒙德和迪布维格(1983)提出了经典的理论框架。在他们的模型中，银行作为流动性的提供者为消费者提供了流动性保险，从而增加了资本存量。但与此同时，戴蒙德和迪布维格也指出，这种流动性供给导致银行在资产和负债端存在流动性错配，此时不存在流动性需求投资者的选择尤为关键：如果他们选择不取现，则银行能够继续经营，此时将出现一个“好”的均衡；但如果他们选择挤兑，则银行将由于资产的折价抛售而破产，此时将出现一个“坏”的均衡。

遗憾的是，戴蒙德和迪布维格(1983)并没有明确究竟哪一个均衡会出现，后续的理论大都以此为基点，探讨挤兑发生的具体机制，而根据其观点的不同，可以分为基于恐慌的挤兑、基于信息摩擦的挤兑，以及基于经济周期和基本面的挤兑。

第一，基于恐慌的挤兑。由于无法解释为什么储户会突然挤兑，早期文献往往将挤兑视为储户观察到了经济中某种变量并因此引发恐慌从而选择挤兑。由于无法具象化这恐慌的来源，文献中大都以“太阳黑子”(sunspot)泛指这一变量。例如，有研究将太阳黑子挤兑作为模型的假设(Peck and Shell, 2003)，分析银行挤兑对经济增长的影响(Ennis and Keister, 2003)。从囚徒困境的角度出发，有研究认为储户挤兑是出于自利动机(Postlewaite and Vives, 1987)，但这一理论同样无法解释为什么储户会“突然认为”其他储户会选择挤兑。

第二，基于信息摩擦的挤兑。为了解决恐慌的不确定性，有研究提出了基于信息摩擦的挤兑(Jacklin and Bhattacharya，1988)，认为银行和储户之间存在双重的信息不对称，分别是银行对储户流动性需求的信息不对称以及储户对银行资产质量的信息不对称，而这种信息不对称导致了银行的挤兑。进一步深化挤兑的“信息观”，研究发现当投资者观察到银行负面信息或者遭遇自身流动性需求冲击都会导致银行挤兑(Chari and Jaganathan，1988)。利用全局博弈(global game)技术(Morris and Shin，2002)，通过加入私人关于银行基本面的噪声信号将多重均衡进行了精炼，可得到取决于银行基本面的挤兑门槛(Goldstein and Pauzner，2005)。流言(rumors)可能导致具有偿付能力的银行遭遇挤兑破产，因此定时公开银行基本面信息有助于减缓挤兑(He and Manela，2016)。信息的重要性还体现在，银行内部员工会在低风险冲击时更少挤兑，但在高风险冲击时更多挤兑(Iyer et al.，2016)。

第三，基于经济周期和基本面的挤兑。这一理论强调投资者基于经济周期和基本面而选择挤兑。银行挤兑主要来源于经济周期的驱动而非“太阳黑子”，当储户认为银行资产收益率很低时会发生恐慌，而当市场总体流动性不足会加剧银行资产的折价，加速银行挤兑破产(Allen and Gale，1998)。可以通过引入基本面的不确定性避免代理人(储户)的策略互补，从而对多重均衡进行精练(Frankel and Pauzner，2000)。基于此可获得银行动态挤兑的基本面门槛(He and Xiong，2012)。基本面因素导致的银行股权益的受损是银行危机更重要的因素，恐慌更多的是结果而不是原因(Baron et al，2021)。

除了对挤兑原因的探讨，部分学者也考察了银行挤兑的影响。有研究发现，挤兑对经济增长形成了负面影响(Ennis and Keister，2003)。大萧条时期挤兑导致银行减少对企业和私人的借贷(Mitchener Richardson，2013)。银行挤兑也导致了企业投资的减少(Frydman et al.，2015)。

2. 银行挤兑的现实

我们以表 7-4 中 1929—1933 年大萧条时期的挤兑为例进行探讨。在 1929—1933 年，美国股市暴跌，银行资本受损，储户大量挤兑，9 000 多家银行倒闭。为什么大萧条时期会有这么多商业银行倒闭？这是因为当时美国银行业的低经营门槛，以及 1927 年《麦克法登法案》禁止银行跨州经营的限制导致了银行跨期平滑系统性风险的能力很弱，银行因为规模较小和地域限制而无法平滑真正的系统性风险：当银行规模很小时，资产端就无法实现完全的异质性风险分散；因为银行不能跨州经营，而同一地域内的企业可能都是同一产业的，产业冲击会同时出现，且地理上的冲击(自然灾害等)也会使当地所有的企业同时受到冲击，从而无法完全分散风险。此外，值得一提的是，不是所有的股市暴跌都会引发如此多的银行倒闭，美国 1929—1933 年的股市暴跌引发大萧条的原因在于，1927 年的《麦克法登法案》允许了银行投资股权，而股权资产的价格波动远远高于债权资产，如果银行的资产端是股权资产，那么其资产端的价值波动会很剧烈，这意味着银行的资本很可能不能承受股市下跌带来的亏损，银行资不抵债，发生破产，从而导致了大萧条的发生。当经济基本面下降到一定水平后，银行的储户就会开始担心银行的资产质量以及其他储户的挤兑，最终导致没有流动性需求的储户也会提前支取。

3. 存款保险

银行破产具有巨大的负外部性，包括银企关系的毁灭、项目中止的损失和企业破产的损失等，为避免这种负外部性，各国政府大都成立了存款保险。我国的存款保险制度是指投保机构向存款保险基金管理机构交纳保费，形成存款保险基金，存款保险基金管理机构依照规定向存款人偿付被保险存款，并采取必要措施维护存款以及存款保险基金安全的制度。显然，存款保险的存在可以减缓储户的挤兑动机，从而维护金融体系的稳定。

存款保险保证了储户的偿付，但其存在也降低了储户的监督激励，增加了银行的道德风险。不过，因为存款保险存在的好处远远大于其带来的负面作用，所以各国几乎都设立了各自的存款保险制度。因此，存款保险制度的存在实际上也是一个均衡的结果：家庭部门具有对安全资产（流动性）的需求，那么为了让家庭部门安心地将资金存入银行，银行的负债端一定要绝对安全且对信息不敏感（Gorton and Pennachi，1990）。而银行资产状况的透明度很大程度上影响了银行负债端的安全性：因为如果银行的资产（信贷）对储户透明，那么储户就会对银行的资产质量（企业和经济基本面）非常敏感，容易发生挤兑。所以，存款保险正是为了让储户感到安全，但与此同时，这也降低了储户的监督激励，意味着需要对银行进行特殊的监管。

那么该如何使用存款保险呢？下面以我国对包商银行风险处置为例进行说明。2019年5月24日，包商银行因出现严重的信用风险，被中国人民银行、中国银行保险监督管理委员会联合接管。为最大程度保障广大储户债权人合法权益，维护金融稳定和社会稳定，中国人民银行、中国银行保险监督管理委员会决定由存款保险基金和中国人民银行提供资金，先行对个人存款和绝大多数机构债权予以全额保障。同时，为严肃市场纪律、逐渐打破刚性兑付，兼顾市场主体的可承受性，对大额机构债权提供了平均90%的保障。存款保险对个人投资者全赔而对大额机构投资者仅赔付90%的原因在于：个人储户实际上很难对银行进行监管，但大型的机构投资者作为专业性很强的投资者类型，需要在一定程度上对自己的投资行为负责，如果全额赔付，那么存款保险制度带来的负面影响（降低机构投资者对同业的监督激励，增加银行道德风险）会很大。且90%的赔付比例不仅给予了机构投资者一定的告诫和惩罚，也一定程度上确保了机构不会对银行进行挤兑。

（三）高杠杆下的道德风险

在前文中，我们知道，银行需要保持很高的杠杆率（Leland and Pyle，1977；Calomiris and Kahn，1991；DeAngelo and Stulz，2015）。但高杠杆率也会导致道德风险的产生。根据戴蒙德（1984）的研究，银行能够努力地监督企业。虽然银行可能攫取垄断租，但仍可以很快地识别项目的好坏并及时止损（Rajan，1992）。这是否意味着风险分散、股权缓冲、债务合约和存款保险这样的"组合"能够保证银行总能有效地配置资源①？

① 首先，在银行经营状况很差时，高杠杆率会导致银行更容易进行冒险的投资，因为投资成功则股权持有者赚钱，投资失败则债权人承担全部损失，这就将风险全部转移给了债权人，从而实现风险转移/资产替代（Jensen and Meckling，1976）。其次，当杠杆率很高时，银行家面对一个NPV为正但很小的项目，是不会愿意投资的，因为债权人首先获取收益，所以股东只会进行保守的投资，从而出现了债务积压/债务悬置（Myers，1977）。这两种道德风险都在企业债务水平较高时出现，因为当企业债务水平很高时，股东与债权人之间的付出和回报才会不成比例。具体哪一种股东的道德风险（债权融资的代理成本）会出现，取决于项目的潜在收益：如果项目的潜在收益很大，则可能发生风险转移的道德风险；反之，则可能发生债务悬置的道德风险。

事实表明，并非如此。

一个典型的例子是日本的僵尸企业。从20世纪90年代开始，日本经济由盛转衰，大量企业开始亏损。由于日本银行大量控股企业，因此也承担了企业亏损的双重损失(作为股东和债权人的双重亏损)。Caballero等(2008)指出，日本股价在1989年高点后的三年内下降了60%，房地产价格则在1992年到达高点后的十年里下降了50%，这让日本银行的抵押品价值发生了巨额的损失，回收率大幅下降(Caballero et al., 2008)。在这样的双重影响下，日本银行的健康程度迅速下降，资本充足率徘徊在最低要求边缘，而政府并未给予相应的支持。在这种情况下，日本银行面对大量坏账却不敢确认损失：因为确认损失意味着资本的减少，这会导致银行很可能无法满足资本充足率要求，从而被接管甚至破产。那么，银行为了避免资产负债表上的损失，陷入困境的日本银行有动机将信贷分配给财务状况不佳的企业，并且会源源不断地为这些企业提供这样的“常青”(evergreen)贷款(Peek and Rosengren, 2005)，从而导致了僵尸企业的出现。这种“常青”贷款的出现使财务状况健康的企业的利润减少，从而阻碍了这些非僵尸企业的投资和就业增长，同时，在僵尸企业主导的行业中，生产率和就业率普遍较低(Caballero et al., 2008)。

僵尸企业实际上是一个全球性的问题，大量研究表明，中国和日本等国家都存在着僵尸企业的问题(Peek and Rosengren, 2005；申广军，2016)。由此可见，银行并不总能通过创造信息、监督企业来改善资本配置效率，如果银行自身安全受到威胁，就可能造成资源的错配，这正是为什么我们要不断坚持和完善对银行的监管。

(四) 银行的风险和风险管理

根据前文的分析，在采用活期存款的形式后，银行可以可信地承诺不在未来再谈判，从而获得储户的信任。但这只是在负债端保证了银行资金来源的稳定性，在资产端，银行应该如何配置资金以降低其面对的风险呢？

1. 信用风险

信用风险是指由于信用活动中存在的不确定性而导致银行遭受损失的可能性，也就是债务人或交易对手未能履行合同所规定的义务或信用质量发生变化，从而给债权人或金融产品持有人造成经济损失的风险，如借款人无法偿还贷款引起的资产质量恶化。

最早期的信用风险分析和计量方法主要为专家法(如“5C”分析法)，20世纪30年代费雪首次提出判别分析法，为信用风险度量开辟了新思路，之后在信用风险度量的研究和实践中被广泛运用，最为著名的线性判别分析模型为阿特曼(Altman, 1968)提出的Z-score模型。并进一步扩展，建立了ZETA模型(Altman, 1997)。20世纪80年代末和90年代初期，神经网络等新方法被应用于信用风险度量，20世纪90年代后期以组合信用风险度量模型为主，以1995年KMV公司开发的KMV模型、1997年JP摩根银行建立的Credit Metrics模型以及1998年麦肯锡公司的Credit Portfolio View模型为代表。下面我们对Z-score模型、Credit Metrics模型和KMV模型进行详细介绍。

(1) Z-score模型

Z-score模型由阿特曼提出，他选取了1946—1965年33家申请破产的制造企业和33家类似非破产制造企业作为样本，从22个财务比率中筛选出5个变量得到了Z-

score 模型：

$$Z\text{-score}=1.2X_1+1.4X_2+3.3X_3+0.6X_4+0.999X_5 \tag{7-11}$$

式中，X_1＝流动资产/总资产；X_2＝留存收益/总资产；X_3＝息税前利润/总资产；X_4＝股权市值/总负债；X_5＝销售收入/总资产。阿特曼应用该模型计算上市公司作为债务人发生违约行为时 Z 值的上限和下限，当一家企业的 Z 值小于 1.81 时，这家公司一定会违约；当其 Z 值大于 2.65 时则不会违约；当其 Z 值为 1.81～2.65 时，该企业处于灰色地带，模型对企业信用风险度量存在误差。

Z-score 模型在预测公司信用风险和破产方面有一定作用，但不足之处在于模型为线性模型，即均假设违约率与各影响因素之间是线性关系，显然这与现实情况并不完全一致。且其绝对量不具有太大意义，因此只能作为信用风险相对大小的评判依据之一。

(2) Credit Metrics 模型

Credit Metrics 模型不仅考虑了信用违约发生带来的风险，还考虑了信用等级转移对于信用风险的影响，其理论基础是在险价值(value at risk, VaR)，即一定期限和一定的置信区间内，某一项金融资产或证券组合可能发生的最大损失。例如，当 c 等于 99.9%，持有期为 10 天时，VaR 的实际意义是，有 99.9%的把握金融资产在未来 10 天内的最大损失不超过其所对应的 VaR 值。下面我们举例说明 VaR 的计算方法。

假设一项资产价值为 100，收益率的日波动率为 1%，那么明天 95%水平下的 VaR 计算方法如下：由于在正态假设下，95%尾部的临界值是均值减去 1.65 个日标准差($\mu-1.65\sigma$)，因此在忽略日预期收益率的条件下($\mu=0$)，95%水平下明天的 VaR＝100×1%×1.65＝1.65。如果关注 n 天的 VaR，则 n 天的 VaR＝$100\times1\%\times1.65\times\sqrt{n}=1.65\sqrt{n}$。

Credit Metrics 模型的另一个特色是概率转移矩阵，例如，一个两年期信用等级为 AAA 级，面值为 100 的零息公司债券(贷款)，一年内的概率转移矩阵如下：

		初始等级		
		AAA	AA+	AA
一年后等级	AAA	0.8	0.05	0.01
	AA+	0.1	0.9	0.04
	AA	0.1	0.05	0.95

一年后的一年期与两年期的远期利率如下：

	一年期	两年期
AAA	4%	5%
AA+	5%	6%
AA	6%	7%

那么，该贷款一年后仍为AAA级时的价值：100/(1+4%)=96.15，概率为0.8；该贷款一年后为AA+级时的价值：100/(1+5%)=95.24，概率为0.1；该贷款一年后为AA级时的价值：100/(1+6%)=94.34，概率为0.1。

假设AAA级债券的违约概率为0.0125，AA+级为0.02，AA级为0.08，贷款回收率均为50%，那么该贷款一年后的价值分布如下：

	概率	价值
AAA	0.79	96.15
AA+	0.098	95.24
AA	0.092	94.34
违约	0.02	50

其中，该贷款一年后仍为AAA级且不违约的概率=0.8×(1−0.012 5)=0.79，价值为96.15；该贷款一年后为AA+级且不违约的概率=0.1×(1−0.02)=0.098，价值为95.24；该贷款一年后为AA级且不违约的概率=0.1×(1−0.08)=0.092，价值为94.34；总违约概率=0.8×0.0125+0.1×0.02+0.1×0.08=0.02。

那么，一年后该债券的均值=0.02×50+0.79×96.15+0.098×95.24+0.092×94.34=94.97。在95%水平下，债券价值为94.34，因此VaR=94.97−94.34=0.63。我们就可以根据这一VaR计提拨备以弥补预期损失。

由此可见，Credit Metrics模型是一种基于历史数据、“向后看”的信用风险度量方法，依赖信用转移矩阵的可靠性。

(3) KMV模型

KMV模型的理论基础是1973年的布莱克-斯科尔斯模型和默顿在1974年提出的期权定价理论。该模型利用资本市场的公开信息，计算单个公司的违约距离和预期违约概率，以此衡量信用风险的大小。债权人可以视为出售了行权价格为负债D，基础资产为资产V的看跌期权(看跌期权卖方)，到期日时资产价值为V_T，到期日的行权价格为D。那么，在到期日，如果$V_T>D$，债务人不会违约，债权人获得固定收益；如果$V_T<D$，那么债务人发生违约，债权人承受损失$D-V_T$，债权人的收益函数为$-\max(D-V_T, 0)$。那么，在KMV模型下的违约风险为预期资产价值(V_T)大于违约点(D)的概率(DD)。DD的计算过程如下。

假定资产价值V_t服从几何布朗运动，V_t的收益率满足：$\frac{\mathrm{d}V_t}{V_t}=\mu \mathrm{d}t+\sigma \mathrm{d}W_t$，那么$V_t$的对数服从布朗运动，令$f(X)=\ln X$，则根据伊藤引理(Ito's lemma)：

$$\mathrm{d}\ln V_t=f'(V_t)\mathrm{d}V_t+\frac{1}{2}f''(V_t)\mathrm{d}^2V_t=\left(\mu-\frac{1}{2}\sigma^2\right)\mathrm{d}t+\sigma \mathrm{d}W_t \qquad (7-12)$$

因此，$\ln V_T=\ln V_0+\left(\mu-\frac{1}{2}\sigma^2\right)t+\sigma\sqrt{t}z$，其中$z\sim N(0, 1)$。根据定义，$DD=$

$P(V_T > D) = P(\ln V_T > \ln D)$，代入式(7-12)可得

$$DD = \frac{\ln \frac{V_0}{D} + \left(\mu - \frac{1}{2}\sigma^2\right)t}{\sigma\sqrt{t}} \tag{7-13}$$

由上述对KMV模型的介绍可知，KMV模型是一种基于股票市场数据、“向前看”的信用风险度量方法，只能用于上市公司。

2. 流动性风险

商业银行流动性风险包括资产流动性风险和负债流动性风险，取决于商业银行通过资产融资和负债融资的能力强弱。① 资产流动性与流动性风险：资产流动性是指银行持有的资产可以随时得到偿付或者在不受损失的情况下销售出去。资产变现所付成本越低，则流动性越强，流动性风险越低。② 负债流动性与流动性风险：负债流动性是指银行能够以较低成本随时获得需要的资金，筹资成本越低，则流动性越强，流动性风险越低。

专栏7-1　　锦州银行流动性问题处置

锦州银行在2017年后风波不断，先后经历了延迟刊发经营业绩、审计师辞任、H股和境外优先股停牌。在此次重组之前，锦州银行因资产质量情况以及2018年年报“难产”而备受市场关注。2019年4月1日锦州银行发布延迟公布年报的公告，此后多次发布延期公告。2019年5月31日，安永华明会计师事务所及安永会计师事务所(以下简称安永)向锦州银行辞任，距其被委任为核数师刚满一年。安永在辞任函中表示，在审计锦州银行截至2018年12月31日的年度综合财务报表期间，发现有迹象显示银行向其机构客户发放的某些贷款实际用途与其信贷文件中所述的用途不一致。此外，锦州银行近年来不良贷款率持续攀升、资本充足率下降。从经营业绩来看，锦州银行净利润已连续两年亏损，2018年和2019年的归属于母公司股东的净利润分别亏损45.93亿元和9.59亿元。亏损的背后是资产质量的恶化，锦州银行2018年不良资产风险加速暴露，当年末不良率升至4.99%，2019年年末不良率进一步飙升至7.70%。

锦州银行的核心问题是流动性风险和内部人控制。其长期依靠同业负债激进扩张，股东关联贷款额度大，内部管理混乱，导致审计师无法出具审计意见，年报反复推迟引发市场不信任，进而出现流动性风险。锦州银行与包商银行不同，重组期间仍然能足额偿还到期债务。

2019年8月，随着中国工商银行的子公司工银金融资产投资有限公司、中国信达资产管理股份有限公司的子公司信达投资有限公司、中国长城资产管理股份有限公司三家机构战略入股和新管理团队的加入，锦州银行战略重组方案稳步推进。2020年1月23日锦州银行与北京成方汇达企业管理有限公司及辽宁金融控股集团有限公司订立认购协议，两家公司认购共计62亿股，占定向增发完成后总股本总额约44.34%。资料显示，截至2019年6月末，锦州银行每股净资产为5.87元，定增价格相当于折价66.78%。通过

一系列改革重组事项完成后，锦州银行不良贷款率将降至 1.95%，资本充足率将提升至 12.56%。锦州银行通过市场化、法治化方式处置不良资产、增资扩股，为处理中小银行风险探索出了一条有效路径。

如果把锦州银行的改革重组与包商银行做一对比，就会发现，根据两家银行不同的处境，相关部门采取的风险处置措施完全不同：对包商银行采取了及时果断的行政接管，对锦州银行则引入了三家战略投资者受让存量股和定向增发。

锦州银行是因安永辞任事件叠加内部因素导致流动性危机，由中央银行出面以最后贷款人角色提供流动性支持，用市场化、法治化方式进行股权重组更为合适。包商银行被接管是因为大股东违法违规占用大量资金性质严重，连客户到期资金都无法正常支取，风险一触即发，接管是迫不得已。

包商银行的情况如下：中国人民银行有关负责人介绍，包商银行的大股东是明天集团，该集团合计持有包商银行 89%的股权。由于包商银行的大量资金被大股东违法违规占用，形成逾期，长期难以归还，导致包商银行出现严重的信用危机，触发了法定的接管条件，被依法接管。与之相比，锦州银行股权高度分散，存在内部人控制；存在股东未归还关联贷款问题；与第三方审计"不欢而散"导致年报披露反复推迟，引发市场不信任；负债结构中较为依赖同业融资。但是锦州银行的问题不是偿付性风险，而是市场流动性分层叠加上述因素导致流动性风险。

银行如何获取流动性？主要包括五个方面。一是新增存款，银行通过存款产品创新吸收更多的存款，特别是零售存款。二是客户偿还贷款，银行恰当的贷款期限安排是银行满足存款人支取存款或新增贷款的重要资金来源之一。但贷款期限往往很长，贷款和存款的严重期限错配必将给银行造成较大的流动性风险，银行资产与负债的久期平衡是流动性管理中的重要工作。三是出售资产，其方式包括卖出证券、贷款合同转让和贷款证券化。但是流动性折价可能会很高，尤其是在总体流动性需求高的时候（Shleifer and Vishny，1992）。四是对外借款，如发行同业存单、同业拆借、向中央银行借款、发行可转债、发行次级债券等。但在遇到问题或市场恐慌时这一方法会很困难（如锦州银行）。五是收费等收入，利息收入、收费收入等也是银行获取流动性的重要来源。由此可见，银行存在很强的流动性管理需求。

那么，银行如何监视和管理流动性呢？2014 年发布的《商业银行流动性风险管理办法》规定的流动性风险监管指标只有流动性覆盖率、存贷比和流动性比例。其中，存贷比这个指标在 2015 年被取消。2018 年发布的《商业银行流动性风险管理办法》规定的流动性风险监管指标包括流动性覆盖率、净稳定资金比例、流动性比例、流动性匹配率和优质流动性资产充足率。

3. 利率风险

利率变动会影响银行的资产的收益与负债的成本，进而导致资产负债表中净值的变化和损益表中净利润的变化，这便是银行面临的利率风险。那么银行为什么要关注利率风险呢？我们以美国储蓄与贷款协会（S&L）违约潮为例，对银行管理利率风险的重要性进行说明。

与一般的商业银行相比，S&L 规模较小，资产端集中度很高，绝大多数资产(80%以上)集中于 30 年期的个人房贷，负债端主要吸收当地居民的短期和活期储蓄，期限错配十分严重。1929—1933 年的大萧条期间，美国股市暴跌，银行资本受损，储户大量挤兑，9 000 多家银行倒闭。1933 年大萧条后，美国开始对利率上限实行管制。《1933 年银行法》第 Q 条规定，商业银行吸收的活期存款不准付息，定期存款率不能超过美联储规定的利率上限(Q 条例)。然而，1973 年 10 月，第四次中东战争爆发，与之而来的石油危机导致了利率的飙升，但 S&L 等银行的负债端却受困于 Q 条例而无法上调利率。这使得银行的存款大量流失，负债端出现“存款脱媒”。如图 7－4 所示，曲线表示同比增幅，阴影代表 MMMF 存量，可见，“通货膨胀＋存款利率管制”使得 MMMF 逐渐兴起。

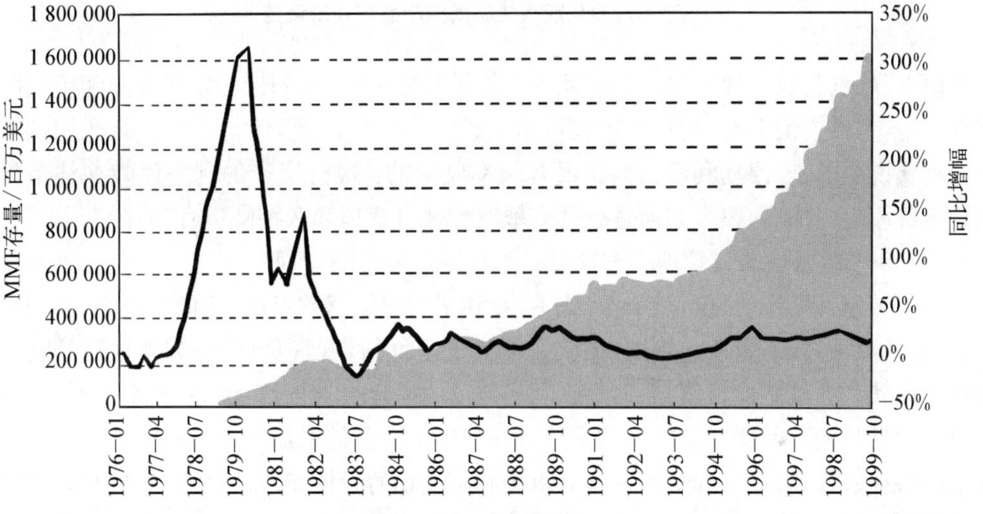

图 7－4　MMMF 的规模

为了帮助银行和 S&L 应对脱媒及其对信用派生的冲击，美国在 20 世纪 80 年代初启动了利率市场化改革，逐步废除了 Q 条例对利率上限的管制。与此同时，美国在 20 世纪 80 年代初制定的《存款机构放松管制和货币控制法》降低了对银行净资产的要求，《加恩-圣杰曼存款机构法》扩大了对资本不足银行的容忍，这使得 S&L 的杠杆率进一步上升。

利率上限的放开使 S&L 负债端利息成本的大幅上升，而资产端超长期限的固定利率资产则无法随之调整，这导致 S&L 出现了普遍的利率倒挂(图 7－5)。在缺乏资本吸收缓冲和无法跨期平滑的情况下，S&L 大量破产。由此可见，利率风险对银行的影响非常之大。

此外，市场利率的变化还会为银行带来必须重定价风险和无法重定价风险。① 必须重定价风险：新的存贷款必须按照市场利率重新签订合约，此时如果利率上升，新签存款的利率上升，利息支出增加；如果利率下降，新签贷款的利率下降，利息收入减少。因此，利率敏感性缺口管理对银行而言是十分重要的。② 无法重定价风险：未到期存贷款无法按市场利率重新签合约，此时如果利率上升，未到期贷款无法跟随市场增加利率，贷款资

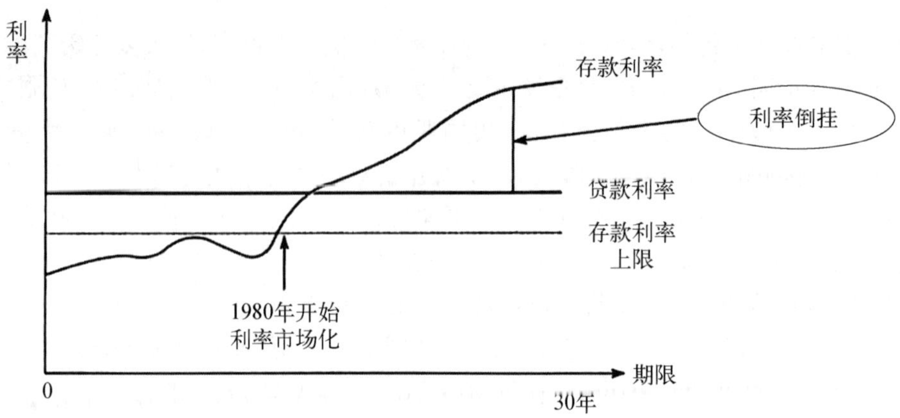

图 7－5 超长期限住房抵押产品与利率倒挂

产价值下降(利息收入较可重定价时减少)；如果利率下降，未到期存款无法跟随市场降低利率，存款负债价值上升(利息支出较可重定价时增加)，因此，银行需要进行久期缺口管理。需要说明的是，浮动利率债券是没有利率风险的：银行资产的利率风险往往是指无法重定价风险。那么，银行如何进行利率敏感性缺口管理和久期缺口管理呢？

(1) 利率敏感性缺口管理——针对必须重定价风险的管理

利率敏感性资产(负债)是收益(成本)对利率变化敏感的资产(负债)，换言之，利率敏感性资产(负债)就是短期内到期，很快必须被重定价的资产(负债)。如果银行的利率敏感性资产和利率敏感性负债相等，那么利率波动的风险会被抵消，例如，利率上升，贷款重定价在利息收入上的增加会被存款重定价在利息支出上的增加抵消。利率波动风险能被抵消的潜在假设是，存款和贷款利率对市场利率变化的弹性相同。反之，如果利率敏感性资产不等于利率敏感性负债，那么银行就存在利率敏感性缺口：如果利率敏感性资产＞利率敏感性负债，则存在利率敏感性正缺口，利率上升会带来净利息收入的增加；如果利率敏感性资产＜利率敏感性负债，则存在利率敏感性负缺口，利率上升会带来净利息收入的减少；如果利率敏感性资产＝利率敏感性负债，则利率敏感性零缺口，利率不影响净利息收入。现实中，银行的利率敏感性缺口取决于其对未来利率变化的预期和具体的市场情况。

(2) 久期缺口管理——针对不能重定价风险的管理

利率的变化不影响无法重定价资产和负债(长期资产和负债)的净利息，但影响资产负债价值(银行净值)。例如，(固定收益)证券的价值与利率成反比，负债的价值与利率成正比。资产(负债)对利率变化的敏感程度可以用久期来表示：

$$\begin{aligned}\frac{\mathrm{d}P}{\mathrm{d}y}&=\left[\sum_{i=1}^{n}\frac{C_i}{(1+y)^i}\right]'=-\frac{1}{1+y}\sum_{i=1}^{n}\frac{C_i\times i}{(1+y)^i}=-\frac{P}{1+y}\sum_{i=1}^{n}\frac{C_i\times i}{(1+y)^i}\times\frac{1}{P}\\&=-\frac{P}{1+y}\mathrm{Mac}D=-P\mathrm{Mod}D\end{aligned}\tag{7-14}$$

式中，P 为资产（负债）的价值；y 为市场利率；C_i 为资产（负债）第 i 期的现金流；Mac$D$ 为麦考利久期；Mod$D$ 为修正久期。

麦考利久期可以理解为资产（负债）现金流的时间加权，反映了资产（负债）现金流的平均期限；修正久期可以理解为一单位利率上升导致了固定收益资产（负债）的价值下降了 $x\%$，x 是指修正久期。资产（负债）组合的久期就等于各资产（负债）久期的价值加权平均。而有了资产和负债组合的久期，就可以计算久期缺口，进而分析其对银行净值（股权价值）的影响。下面为一个计算久期缺口的举例。

假设一家银行的资产、负债和权益资本的组成如下所示（表 7－5）。

表 7－5 银行的资产负债表举例

		市值/百万美元	所附利率/%	平均久期/年
资产组成	美国国债	90	10.00	7.490
	市政债券	20	6.00	1.500
	商业贷款	100	12.00	0.600
	消费者贷款	50	15.00	1.200
	房地产贷款	40	13.00	2.250
负债与权益资本组成	大额可转让定期存单	100	6.00	1.943
	其他定期存款	125	7.20	2.750
	附属性债券	50	9.00	3.918
	总负债	275		
	股东权益资本	25		

那么：资产久期＝90/300×7.490＋20/300×1.500＋100/300×0.600＋50/300×1.200＋40/300×2.250＝3.047（年）；负债久期＝100/275×1.943＋125/275×2.750＋50/275×3.198＝2.669（年）；当前调整后的久期缺口＝资产的平均久期－负债的平均久期×总负债/总资产＝3.047－2.669×275/300＝0.60（年）。0.60 年的含义为 1 单位利率上升会导致银行净值下降总资产的 0.6%。

需要说明的是，在计算久期缺口时需要在负债的平均久期上乘以总负债/总资产，这是因为，资产平均久期的分母是总资产，但负债平均久期的分母是总负债，所以需要将负债平均久期乘以总负债/总资产，使其分母也变为总资产，从而与资产平均久期相减才是有意义的。

第八章 金融危机与金融监管

内容提要

1929—1933年的大萧条和2008年的次贷危机都对全球经济造成了巨大的负面影响。这使得金融危机的形成原因与传染机制始终是整个金融学的重要问题。相比之下，金融监管的目的之一正是找到危机出现的苗头与信号，并通过各种监管手段阻止危机的发生。尽管早期的理论往往认为危机的发生难以预测，但经济学家们逐渐认识到，金融机构的行为和情绪因素很可能是经济波动和金融危机发生的重要原因。

第一节　传统的金融危机理论

金融风险与金融危机之间存在紧密的联系：金融风险常常在某一类市场首先发生，然后经过传染机制的作用向其他市场传导，以致形成整个系统的风险和危机。系统性金融风险的发生会在一定程度上削弱金融系统功能，如果不能及时控制并加以化解，就不可避免地会使整个系统的功能遭到破坏，实体经济运行严重受挫，导致金融危机爆发。因此，对于金融风险、系统性金融风险以及金融危机的防范与治理至关重要，甚至会影响到一国的金融安全。本节介绍了金融风险的主要类型和主要金融风险理论的思想，分析了从系统性金融风险到金融危机的演变机理，并梳理了传统的金融危机理论。

一、金融风险的一般理论

金融风险发生在金融系统内，与金融结构的特殊性和金融市场的波动性有关，但其形成又与企业等微观经济主体自身的运营、政府的财政和货币政策等宏观经济政策密不可分。金融机构在发展和经营过程中面临一系列的金融风险，包括利率风险、市场风险、信用风险、表外业务风险、技术与运营风险、外汇风险、主权风险等。在现实中，这些风险常常是互相联系的。例如，当利率上升时，公司与消费者会发现，要继续保持其支付债务本息的承诺，其困难会更大。因此，在利率变化的某个范围内，信用风险与利率风险是正相关的。同时,金融机构可能会依赖客户承诺的还款资金来达到流动性管理的目的,因而流动性风险也与利率风险、信用风险存在联系。若客户不能履行偿还的承诺,不但会减少金融机构的收入与利润,同样也会改变其资产与负债结构。可见,各种风险以及它们之间的相互作用,最终都会给金融机构带来破产风险。同样,汇率变化和利率变化也是高度相关的。当中央银行利用货币政策行动改变一个关键利率时,汇率很可能受到影响而发生改变。

专栏 8-1　加密货币交易所的技术与营运风险

2008 年,日裔美国人中本聪发表论文《比特币:一种点对点的电子现金系统》,由此区块链技术及其首个应用比特币诞生。随后的十几年中,以区块链为底层技术的加密货币发展迅猛,截至 2023 年 1 月 9 日,加密货币市场总市值已达到 8 525.24 亿美元。随着加密货币市场的繁荣,加密货币交易所也应运而生。然而,加密货币交易所在运营时不仅要面对传统金融机构所面临的技术、员工等营运风险,还要面临由于区块链的特征所产生的假充值问题、热钱包攻击等新的营运风险。

1. 假充值问题

与传统证券交易所类似,主流的中心化加密货币交易所对用户的资产进行托管,但用户的资产被储存在一个个加密钱包,而非银行账户中。当用户向账户充值时,资产被转入这些加密钱包,交易所通过读取区块链网络中数据来进行记账。但是某些恶意用户会利用区块链网络或交易所函数模型存在的漏洞"欺骗"交易所,在不进行实际充值的情况下使自己账户的余额增加,提取交易所的资金。

2018 年 6 月 28 日,区块链审计机构慢雾科技公司发布预警,指出交易所在进行比特币网络中的美元加密稳定币 USDT 充值交易确认是否成功时存在逻辑缺陷,未校验区块链上交易详情中"valid"字段值是否为"true",导致"假充值",用户未损失任何 USDT 却成功向交易所充值了 USDT,而且这些 USDT 可以正常进行交易。在用户的提币环节中,交易所把自己真实的 USDT 转给用户,造成交易所损失。

2. 热钱包攻击

在加密货币领域,加密钱包一直被认为是未来加密数字经济中必不可少的基础设施和流量入口。加密钱包基于密码学原理,通过特定的哈希算法生成公钥和私钥,用户通过手中的私钥来验明自己的身份,从而获得资产的控制权。但私钥的存储方式十分考究。没有了私钥,就失去了资产的掌控权。其中,私钥储存在网络服务器中的钱包被称为热钱包,其中的资金易于调动,但容易被黑客入侵;私钥不接触网络的钱包被称为冷钱包,其中的资金不易于调动,但安全性更高。

一般来说,加密货币交易所会将较少的资产放置于易于调用的热钱包,用于日常经营中的频繁交易、做市、提供充足的流动性、防止挤兑等;而将大部分资产储存于冷钱包,并将私钥分开保存。但当交易所的热钱包存储过多资金时,就容易成为黑客目标,这个风险与交易所热钱包有关的信息技术系统的漏洞、采用不安全的存储方式对私钥进行存储、安全意识较低等有关。

加密货币交易所因其依托于区块链的特性，具有传统金融机构所不具备的技术与营运风险。加密货币与数字经济的发展繁荣对于当代世界经济与金融的发展起到了重要的推动作用，也对金融机构的技术与营运能力提出了更高的要求。因此，金融机构应主动提高其技术与营运能力，适应新的经济形态与发展趋势，才能对经济发展，尤其是实体经济的发展起到促进作用。

国外比较流行的金融风险理论包括：金融风险"周期性"解释派的代表人物明斯基依据资本主义繁荣与萧条的长波理论提出的金融不稳定假说；以弗里德曼为代表的货币主义认为金融动荡的基础在于货币政策，正是货币政策的失误引发了金融风险的产生和累积，即货币主义解释；由于汇率、股票等金融资产价格的剧烈波动是金融风险较大的显著标志，所以不少经济学家认为，金融资产价格的内在波动是造成金融风险、引发金融危机的重要原因，即金融资产价格波动论；信息经济学认为，不对称信息是金融风险产生的重要原因，即信息经济学的微观解释。微观金融风险—宏观金融风险—系统性金融风险—金融危机这条传导链条可能导致金融危机爆发。

二、系统性金融风险与金融危机的形成

金融危机的形成是系统性金融风险累积的结果。为了明确金融危机的形成过程，必须首先了解什么是系统性金融风险以及系统性金融风险转化为金融危机的机制。国际清算银行对系统性金融风险的定义是，一个金融活动的参与者不能履行其合同责任，由此产生连锁反应，进而引起其他参与者违约，导致广泛金融困难的可能性。系统性金融风险的实质在于整个金融系统功能受损乃至失灵的可能性，如果系统性金融风险不能被控制，则可能会转化为金融危机。

普遍违约是系统性金融风险的最终表现，源头是利率风险。如图 8-1 所示，利率风险可能引起资产价格泡沫破裂，转化为资本市场、房地产市场的风险，同时，利率风险会传递到外汇市场，形成汇率风险，汇率波动或形成的市场预期会引起资本跨境流动，冲击国内资产市场；利率变化也可能引发通货膨胀或通货紧缩，同样会传递给汇率。资本跨境流动引起国内商品价格波动、资产价格起落，转化为信贷风险。由此可见，金融系统各个部

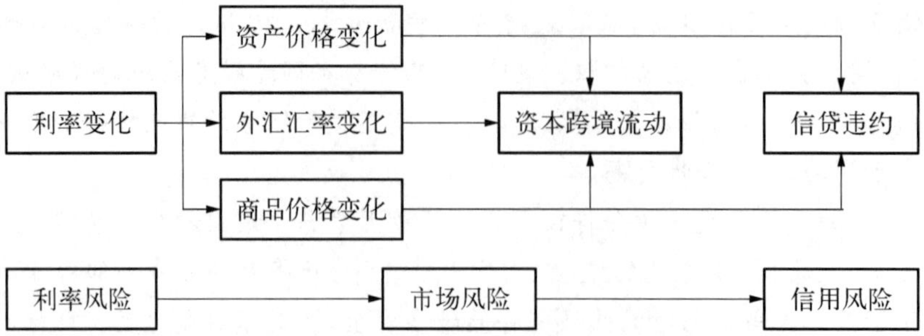

图 8-1 系统性金融风险的传导途径

分、各个元素之间相互作用、彼此交织，联系紧密，牵一发而动全身。同时，实体经济元素与金融系统元素也是彼此渗透、相互影响的。

系统性金融风险很容易引发金融危机。如图 8-2 所示，金融危机表现为普遍违约、挤兑蔓延、银行接连倒闭、证券价格急跌、汇率严重贬值、支付和偿债机制严重受阻、投资者信心丧失、资本大量外逃等。这些征兆或同时发生，或相继出现，会引起整个金融和经济系统的严重震荡。

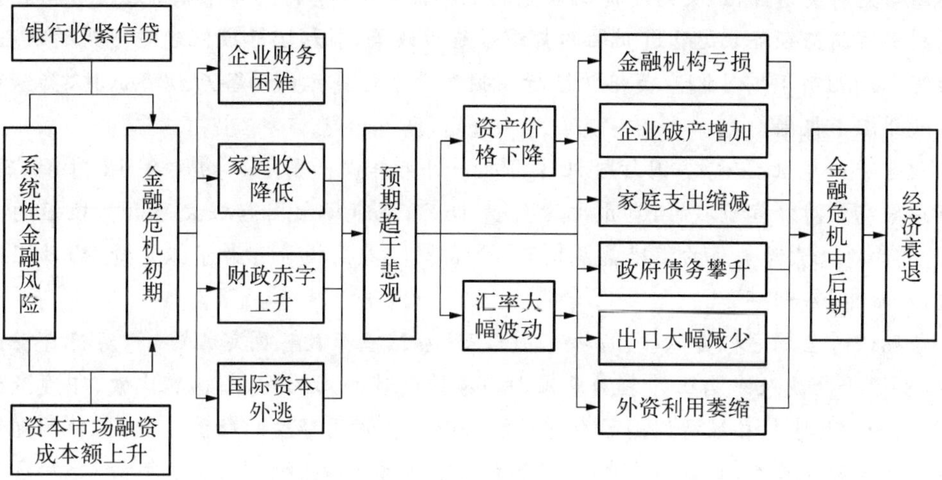

图 8-2 金融危机的演变过程

专栏 8-2 20 世纪 20 年代以来几次重大金融危机概况

现代中央银行制度建立以后，金本位制并未退出历史舞台，但黄金已蜕变成银行券发行的基础，中央银行被金融稳定与宏观经济的多重目标所干扰，货币发行的约束并没有那么强。这就为银行过度房贷、资产泡沫、金融危机的形成创造了条件。20 世纪 20 年代以来，平均不到 10 年出现一次大型金融危机的事实已经说明了现代金融体系的脆弱性和无法通过制度政策克服的金融内生化风险的缺陷。

1929—1933 年的金融“大崩溃”转化为世界性经济危机。1929 年 10 月，道琼斯工业指数创出 10 年大繁荣后开始走向了“大崩溃”。随着股市的崩溃，美国经济很快陷入毁灭性的灾难之中：疯狂挤兑、银行倒闭、工厂关门、工人失业等。经济危机导致了持续四年的大萧条。经济危机也很快从美国蔓延到其他国家，发展成为资本主义世界的经济危机。

第二次世界大战后，布雷顿森林体系确立，为国际经济与贸易创造了 20 年左右的黄金时代。但由于美国战后的资本输出政策以及在亚洲发动的战争，致使黄金储备逐步枯竭，难以维持美元与黄金之间的平价。从 20 世纪 60 年代开始，美元危机持续不断。虽然国际货币基金组织（International Monetary Fund，IMF）等国际机构做出了努力，但还是难以解决深层次矛盾。到 1971 年 8 月，美元本位的国际货币体系崩溃。

20 世纪 70 年代末，波兰的债务危机已经预示了发展中国家的债务问题。1981 年美联储将利率提高到20%，导致经济衰退。1982年8月12日，墨西哥宣布无法偿还到期的约268.3亿美元外债本息，引发债务危机。之后，巴西、委内瑞拉、阿根廷、秘鲁和智利等国家也相继宣布终止或推迟偿还外债。到1986年年底，拉丁美洲发展中国家债务总额飙升到10 350亿美元，近40个发展中国家要求重新安排债务。20世纪90年代的债务危机一直持续，成为拉丁美洲"失去的十年"。

1990年10月德国统一后面临比较严峻的通货膨胀压力，利率水平上升。高利率导致德国马克对英镑升值，英镑兑德国马克的汇率低于汇率机制中的下限，迫使英格兰银行提高利率实施与经济衰退背道而驰的紧缩性货币政策，引起国际投机者对英镑的攻击，大肆沽空。1992年9月16日，英格兰银行在损失数十亿美元的储备后放弃抵抗，英镑被迫退出欧洲汇率机制。

欧洲货币危机后不久，国际投机者将攻击目标转向南美洲。1994年12月19日，墨西哥政府突然对外宣布，本国货币比索贬值15%，在市场上引起极大恐慌。短短的三天时间，墨西哥比索兑美元的汇率就暴跌了42.17%。外国投资者大量撤走资金，外汇储备锐减，金融市场一片混乱。

与墨西哥金融危机类似，1997年7月2日，泰国宣布放弃固定汇率制，实行浮动汇率制，引发了一场波及东南亚的金融危机。在泰铢贬值的影响下，菲律宾比索、印度尼西亚盾、马来西亚林吉特相继遭到国际游资的攻击而出现不同程度的贬值。不久，韩国也爆发金融危机并波及日本，日本一大批银行和证券公司相继破产。1998年年初，金融危机再度爆发，各国货币又一次贬值。之后，危机扩散到俄罗斯、巴西、哥伦比亚等国家，1998年9月2日，俄罗斯卢布贬值70%，债券市场关闭。巴西资金大量外逃，哥伦比亚货币大幅贬值，全球金融市场剧烈震荡，世界经济增长速度放慢。直到21世纪之初，世界经济才从亚洲金融危机的阴影中走出。

2007年2月美国新世纪金融公司发出盈利预警，4月初申请破产保护，美国次贷危机爆发。2007年8月，美国住房抵押贷款投资公司也申请破产保护，接着，第五大投资银行贝尔斯登公司宣布旗下两只基金倒闭，花旗集团因次贷危机损失7亿美元，股价下跌近70%，引发全球股市震荡。美联储、欧洲中央银行、日本银行、英格兰银行等全球主要的中央银行联手向市场注入流动性。2007年年底，美国楼市全面恶化，美国、加拿大、欧洲、英国和瑞士的中央银行等宣布再次联手救市。2008年上半年，危机进一步扩散，美国、英国、德国等国家部分采取金融机构国有化政策；8月，通用汽车公司陷入破产边缘；9月，雷曼兄弟公司申请破产保护，更严重的金融危机来临；10月，全球主要经济体的各大中央银行再度向市场注入流动性，基准利率经过多次下调，降到历史低点。2009年上半年，随着美国国际集团(American International Group, AIG)爆出历史性亏损，金融危机已经转化为经济危机。在量化宽松政策和各国的共同努力下，2009年下半年，金融危机趋于平静。

美国次贷危机引发的全球金融与经济危机刚刚有所缓解，欧洲债务危机接踵而至。2009年12月8日，全球三大评级公司下调希腊主权评级，引起金融市场的动荡。从2010年起，葡萄牙、意大利、爱尔兰、希腊、西班牙陷入危机。欧洲中央银行、国际货币基金组织等开始致力于为希腊债务危机寻求解决办法，但欧元区内部协调机制运作不畅，致使救助希腊的计划迟迟不能出台，导致危机持续恶化。德国与法国等欧元区主要国家也受拖累。2011 年 6 月 29 日，希腊议会通过了为期 5 年的财政紧缩方案，这为欧元区出台新一轮救助方案奠定了坚实的基础。2011 年下半年，匈牙利、奥地利、德国、法国、荷兰的主权债务也不同程度上出现了问题，被评级机构下调了信用级别。最终欧盟委员会、欧元区成员国、国际货币基金组织达成 7 500 亿欧元的救助基金计划，欧洲债务危机得以缓和，但是，此次危机对欧洲各国乃至世界经济的影响是深远的。

三、金融危机理论及其治理

（一）金融危机理论的发展

早期的经济学家对金融危机理论的研究较少，也较为统一。早期的金融危机理论主要分为两派：一派是经济周期理论，主要代表人物是费雪，他们认为金融危机与经济周期密切相关，是由市场非理性和非均衡行为所导致的一种经济现象；另一派对金融危机进行“货币主义”解释，主要代表人物是弗里德曼，他们认为是以中央银行对宏观经济的不当干预为代表的市场外部冲击导致金融市场的风险积聚，与市场内部非理性与市场恐慌无关。现代的金融危机理论主要包括货币危机理论、银行危机理论和债务危机理论等。其中，货币危机理论是金融危机理论中最成熟的理论，已经发展出四代危机模型；银行危机理论主要从货币政策、银行体系功能、存款人心理和道德风险角度阐释危机爆发的原因；债务危机理论主要从企业债务融资、经济周期与国家外债负担关系角度解释危机的成因。

（二）金融危机管理

金融危机管理的任务是及时察觉金融危机的苗头，及早采取措施防止金融危机的发生；一旦发生危机，就要采取适当的处置对策，最大限度地减轻金融和经济震荡的强度，避免导致危机的各种矛盾进一步激化，把危机造成的损害控制在最低限度。金融危机管理政策包括汇率政策、货币政策、财政政策和资本管制政策等。

1. 金融危机管理中的汇率政策

金融危机管理中汇率政策要处理的问题包括：在危机可能发生的端倪显现时，如何防止汇率急剧下跌；在危机已经爆发后，如何阻止汇率的惯性下跌。不同汇率制度之间尽管存在不可忽视的区别，但在导致危机的基本因素已经酿成的情况下，企图通过汇率制度的改变来摆脱危机，可能会适得其反。在汇率已开始受到冲击时，中央银行入市投放外汇以稳定货币市场是通常的做法，这种做法实际上意味着被动应战。从拉丁美洲和东亚国家危机期间经历的情形看，这种挽救汇率的努力往往以失败告终。要获得成功，必要条件是国际社会的支持。例如，墨西哥因为同美国关系密切，在危机来临时得到了美国资金的支持，这对其较快地走出危机起到了重要作用。对大国或较强的国家而言，应拥有与其经济规模相适应的外汇储备，使它们在与国际投机资本的较量中有更大的回旋余地，但是，这种干预的真正作用也许仅在于为清除或缓解导致危机的矛盾、转变投资者的不良预期争取时间。1992 年的英镑危机就是实力较强的发达国家中央银行的汇市干预未能摆脱危机的典型案例。因此，通过汇市干预直接支持汇率的政策事实上已经无力扭转汇率持续大幅下跌的走势，还需要依靠货币政策、财政政策的配合，以及债务重组、银行重组与国际社会的支持。

2. 金融危机管理中的货币政策

金融危机管理中的货币政策主要是利率政策。利率是影响汇率的重要经济变量，排除其他因素，当汇率趋于下降时，通过提高利率来抵消汇率贬值预期对资本预期收益率的影响，可以起到抑制资本流出和稳定汇率的作用。20 世纪 90 年代中期拉丁美洲国家发生金融危机时，提高利率就曾经作为稳定汇率的一项重要措施，对较快止住汇率的下跌发挥了积极作用。但是，利率的提高会对汇率产生正面的直接影响，也会对外部均衡产生负面的间接影响，因为利率的大幅升高将强化信贷紧缩，大大提高企业的破产概率和违约风险，导致资本流出加剧。提高利率产生的间接负作用可能超过其直接的正作用，对汇率贬值雪上加霜，东南亚金融危机发生时的情况正是如此。在货币危机时期，利率政策面临两难选择：提高利率固然有利于吸引逐利资本的进入，但却给已陷于衰退的经济以更加沉重的打击，进一步瓦解汇率稳定的基础；降低利率本身是刺激经济复苏的手段，然而利率的降低直接推动资本更大规模外逃，不仅加速汇率的下跌，而且也使实际经济受到更严重的伤害。因此，货币危机已经发生时，货币政策手段并不是摆脱危机的理想路径。

3. 金融危机管理中的财政政策

金融危机管理中的财政政策有两种截然相反的选择。一是实行紧缩性财政政策，压缩预算支出，提高税收，借以降低财政赤字和经常项目赤字，控制通货膨胀，扭转国际收支的失衡。二是实施扩张性财政政策，扩大预算支出，扩大基础设施建设和公共投资，增加失业补贴等社会保障支出，通过乘数效应带动私人投资和消费；同时降低税收，以刺激内需，并通过财政的贴息和扶持，推动出口的扩大等。两种不同的政策选择取决于不同的初始条件。如果危机发生前已出现大量财政赤字，而且财政政策过度扩张使经济过热、通货膨胀和国际收支逆差以致汇率贬值，那么，实行紧缩性财政政策是对金融危机釜底抽薪的治本之策。拉丁美洲国家 20 世纪 80—90 年代的情况便是一例。相反，如果危机发生前并无严重财政赤字，而是财政收支大体平衡，甚至略有盈余，则实行紧缩性财政政策不利于经济恢复。1997 年后东南亚国家的情况就是如此。不同的政策选择还取决于危机的进程，当危机还在酝酿中且经济处于过热状态时，紧缩性财政政策有助于阻止危机或降低将爆发的危机的强度。但当金融危机已经发生并迅速冲击实体经济，使其陷入衰退，促进经济复苏成为稳定汇率、货币的重要条件时，实行适当的扩张性财政政策是摆脱危机的必要选择。

4. 金融危机管理中的资本管制政策

在危机已经发生的情况下，运用利率手段面临的两难选择严重制约着该政策的有效性。在其他手段都不能阻止危机深化的情况下，控制资本流出便成为不得已而为之的政策选择。马来西亚在应对亚洲金融危机期间采取资本管制政策，取得了良好的效果。当然，资本流动控制的成功需要具备一定的条件，包括：外汇与资本流动控制的政策透明，合理的外汇需求能够得到满足，中央银行拥有相当数量的外汇储备，对经常项目、资本项目、短期资本流动和长期资本流动区别对待，把政策目标明确地界定在控制短期资本流动上;明确规定政策的时限,让投资者和公众理解推行这种措施的出发点;中央银行要关注市场对政策的反应,根据市场反应和情况变化适时对控制措施进行灵活调整。

第二节 次贷危机

(一) 次贷危机的过程

21世纪初,互联网泡沫和"9·11"事件促使美国政府降低利率以刺激经济。超低利率不仅使美国银行可以以很低的利率向美联储进行借款,同时,美国的投资者在投资美国国债时所获得的利率也很低。在超低利率的刺激下,个人和企业都开始大量举债,买房者的房贷需求得到大幅提高。美国的国债投资者也开始卖出国债赎回资金,投资者手中开始出现了大量的闲置资金,这增加了投资者对高收益资产的需求。

由于较长的房贷期限会阻止银行进行新的投资,银行通常不愿发放房贷,即使发放也更倾向于发放高首付、短周期的贷款。为了解决这一问题,美国政府先后成立了房利美(1938)和房地美(1970)这两家由政府资助的住房按揭贷款公司。房利美和房地美不直接向借款人发放贷款,而是通过购买贷款债权的方式间接刺激银行发放更多的房贷。这使银行不仅摆脱了放贷过程中产生的风险,还可以迅速回笼资金以发放新的贷款。当房利美和房地美从银行手中购买的债权达到了一定的规模后,它们希望通过出售这些债权来转移风险和回笼资金。由政府资助成立的贷款公司吉尼美想到了一种转移手中债权的方法:向各个银行等贷款机构大量收购房贷的债权,然后将这些来自不同家庭的债权打包成新的金融产品,并将金融产品以股份的方式出售给世界各地的投资者,这种金融产品就是房屋抵押支持证券(mortgage-backed securities, MBS)。

为什么MBS会广泛地被各类机构和投资者所使用呢?从银行的视角来看,受限于对资产质量的担忧和资本的监管,银行可以发放的房贷有限。在传统的借贷模式中,银行作为房贷的债权人,需要承担债务违约时的全部损失,且房贷的期限通常为5~30年,这导致银行收回贷款的年限很长,因此,房贷的资产证券化为银行提供了一个转移风险和规避监管的办法。从投资者的视角来看,虽然房地产一直来说都是一项相对安全又高收益率的金融投资产品,但养老基金和保险公司等风险承受能力极低的机构投资者无法直接参与房地产投资,其会通过购买MBS这样的金融衍生品来对房地产进行投资。另外,MBS的出现不仅帮助房利美、房地美和吉尼美转移了风险,为其提供了优质放贷的证券化解决方案,也通过分散出售的方式分散了这类金融产品的风险,因此,从投资者的视角来看,MBS给予了投资者比国债收益率高且安全的投资机会。因为房利美、房地美和吉尼美通过出售房屋抵押支持证券获得了很高的资本回报率(2000年,房地美的资本回报率为39%,房利美的资本回报率为26%,银行的平均资本回报率为14%),房屋抵押支持证券的丰厚回报吸引了投资银行(如雷曼兄弟公司、高盛集团、摩根士丹利公司、美林公司、贝尔斯登公司等)的加入。投资银行MBS的发行方法基本与房利美和房地美相同,但不同的是,房利美和房地美打包的房贷几乎全部为经过严格审核的优质房贷,而投资银行却将一些违约风险较高的次级房贷和非住房性贷款(学贷、车贷等)也纳入MBS的打包过程中,并将这些证券卖给不同风险敏感度的投资者:投资银行在将证券打包后,将其拆分为风险程度不同的层级,当贷款发生违约时,根据风险程度的层级来确认损失顺序(风险程度最高层级的投资者首先承担损失)。风险层级由第三方评级机构(穆迪、标准普尔和惠誉国际)进行确认(例如,标准普尔的评级等级分为AAA级、AA级、A级、BBB级、BB级、B级、CCC级、CC级、C级和D级),因此这对评级机构的公正客观有很高的要求。然而,评级机构间的竞争以及它们与投资银行间的经济依赖关系使得评级机构倾向于对投资银行的MBS给出虚高的评级。除此之外,为了追求更高的收益,投资银行还会向其他证券发行商购买具有较高风险的垃圾证券,将其混合打包继续送交给评级机构进行分层评级,但这样的垃圾证券组合中,又有很大一部分被评级机构给予了AAA级的评价,这使得垃圾证券在评级机构的包装下可以出售给养老基金这样风险承受能力极低的投资者。再打包、再分层评级和再出售的周而复始使得最后没有人能准确计算这些证券包裹中的风险。

投资银行同样认识到了其中的风险,所以在打包出售的同时,投资银行还会向美国最大的保险公司AIG为AAA级的证券购买信用违约互换(credit default swap, CDS)这样的保险,确保在证券包裹中的债务发生违约时会由AIG进行赔付。然而,由于AIG认为美国的房价不可能下跌,在房贷违约时可以通过出售房产来赔付投资者,因此AIG并未对此留存相应的赔偿准备金。

自2004年起,美联储先后进行了17次加息,将联邦基金利率由1%上调至5.25%。美联储上调利率导致借入浮动利率的房贷者开始违约,通过出售房屋来偿还贷款,但大量的房屋出售带来了房价的下跌,房价的下跌带来了CDS的偿付问题。同时,市场陷入恐慌,投资者因担心证券化资产的质量而对MBS的需求下降,投资银行因持有大量的"有毒证券"也陷入了困境,雷曼兄弟公司在金融交易市场交易违约,政府介入保障了CDS的偿还,AIG和部分投资银行大而不倒,包括银行在内的大量金融机构巨额亏损,银行的资本受损导致了信用派生的减少,从而使得企业的资金链断裂,造成大量的破产和失业。在经济全球化的背景下,美国的次贷危机向全球传导。

(二)对次贷危机的进一步理解

1. 同业负债在次贷危机中的作用

在次贷危机中,导致以雷曼兄弟公司为代表的投资银行快速破产的很大一部分原因在于高杠杆经营(高杠杆经营为投资银行带来了极高的利润)。雷曼兄弟公司的杠杆率达到了40倍,但投资银行并不像银行一样具有存款基础,它们的负债主要来自以MBS和担保债务凭证(collateralized debt obligation, CDO)为抵押品的短期回购(隔夜)的滚动(因为短期债务的借贷成本较低)。然而,MBS和CDO并不是绝对安全的资产,当危机爆发时,MMMF等回购市场上的投资者开始担心投资银行的资产质量,MBS和CDO作为抵押品的价值下降,这导致投资银行的融资能力在很大程度上降低(相比于危机爆发前,同样的MBS和CDO抵押可借资金急剧减少)。由于抵押品价值的下降,投资银行无法继续滚动回购获取资金,为了不违约,只能在市场上低价抛售MBS和CDO。这使得本就存在逆向选择问题的MBS市场存在极高的信息溢价，甚至失去流动性，回购市场上开始了严重的挤兑。因此，回购市场上的挤兑是金融危机爆发的重要原因之一（Gorton and Metrick，2012）。而银行不仅仅是资产证券化过程中房贷的提供者，也是MBS和CDO的购买者：银行设立了资产支持商业票据管道（asset-backed commercial paper conduit，ABCP conduit）来发行资产抵押商业票据（ABCP）这样的以证券化资产现金流作为偿债来源的短期债券，通过30天的滚动来持续地获得资金，进而购买MBS和CDO。监管套利是银行设立ABCP管道的重要动机：银行不直接购买MBS（MBS资产不直接体现在银行的资产负债表中）的原因在于，银行的资产负债表受到监管，在资本有限的条件下，扩表会导致银行杠杆率和资本充足率受限（因为ABCP与国债不同，国债是零风险权重的，而ABCP存在风险）。因此，为了规避监管，银行设立了ABCP管道。如果ABCP管道无法给投资者偿债，ABCP会破产而不影响银行，这就实现了银行风险的完全转移。然而，银行的存在为ABCP管道与投资者间的交易提供了保障，即银行为投资者提供追索权。正因为追索权的存在，来自ABCP管道的损失仍需银行承担，因此银行并未将风险完全隔离，银行的净值也因追索权的存在而降低（Acharya et al.，2013）。

2. MMMF在次贷危机中扮演的角色

作为银行的竞争者，MMMF采用市场化的利率吸收居民和企业的流动资金，提供即时的变现，并投资于高流动性的安全资产。由于MMMF需要像银行一样为投资者提供即时的流动性，因此主要投资于国债，少量投资于极低风险的高流动性资产。在次贷危机到来之前，投资者都认为回购和ABCP是极低风险的高流动性准安全资产，因此，MMMF是前文所提到的同业负债中的主要资金提供者。除了回购和ABCP之外，为了获得更高的收益率来吸引投资者，部分的MMMF具有很强的冒险动机，购买了投资银行发行的债券（金融债），这使得在2008年9月15日雷曼兄弟公司倒闭时，这些MMMF由于金融债的折价而破净（股价跌破净资产值）。MMMF的破净引发了投资者的恐慌，投资者开始挤兑赎回（Kacperczyk and Schnabl，2013），这进一步导致了MMMF加速卖出高风险投资银行的债券和ABCP，并停止了对它们的回购，从而进一步加速了雷曼兄弟公司等投资银行的破产。

3. 隐含风险未被终端投资者发现的原因

为什么次贷危机发生前投资者没有发现其中隐含的风险？养老基金和保险公司这类的机构投资者为了迎合投资者对安全资产的需求，大量地购买被认为是安全但实际并不安全的MBS和CDO等资产证券化产品（Gennaioli et al.，2012）。在忽视了风险的情况下，这种新的金融产品被认为是完全安全的。实际上，在次贷危机发生之前，即使是经验丰富的投资者也未意识到住房价格会急剧下跌的可能性（Gerardi et al.，2008），也没有准确的模型来对证券化的债务进行定价，尤其是那些CDO（Coval et al.，2009）。

4. 银行不选择提前卖出有毒资产的原因

其实，银行的管理层可以预料到未来可能存在需要被迫卖出有毒资产的情况，那么，为什么银行管理层没有提前停止放贷和卖出这类资产？这是因为有毒资产在有未来变坏的可能性的同时，也具有变好的可能性：如果未来资产状况变好，银行管理层可以受益；

如果未来资产状况变差，银行管理层因其有限责任而不会承担损失。所以，因为资产替代和风险转移的存在，银行的管理层不会提前售卖资产(Diamond and Rajan，2011)。

5. 金融危机向实体经济传导

银行通过 ABCP 管道发行 ABCP 而持有大量未转移风险的证券化资产，这使得其资本会因为证券化资产的贬值而大幅缩水。庞大而复杂的同业负债网络和危机前雷曼兄弟公司巨额的同业负债，使得整个金融体系都由于雷曼兄弟公司的破产和违约而受到影响。信息不对称下对手方风险的上升进一步增加了银行的融资难度，大量银行因同业负债交易对手违约而蒙受损失。金融部门的资本损失，一方面会降低银行的信用派生能力(Bernanke，1983)，另一方面，也会通过资本约束降低金融市场对风险资产的需求(He and Krishnamurthy，2012)，从而导致实体经济的融资减少，引发无效清算和流动性风险。

由上述分析可知，首先，投资者追逐流动性不是因为资产本身有流动性，而是因为这些资产足够安全才让它们具有流动性，而安全的背后是投资者对资产价值的共识(没有很强的信息不对称)。其次，金融部门存在的意义是让资本要素投入更有效的地方，从而促进个人收入的增加和整个经济的增长。但金融部门是由个体组成的，每个个体及其构成的微观组织(企业)却是基于最大化个人效用而决策的。最后，在天然高杠杆和强外部性的情况下，金融部门的道德风险会激励它们把风险转移给外部投资者，哪怕是通过同谋的方式(商业银行、投资银行、评级机构)迎合投资者的错觉(忽略尾部风险)，并利用这种错觉让投资者将存在尾部风险的准安全资产当作无风险的安全资产，派生(创造)出私人最优而非社会最优的信用(流动性)，最终牺牲整个社会的福利。

(三) 次贷危机后的反思：金融危机的可预测性

金融危机与经济活动的严重和长期衰退有关。大量现有研究致力于考察导致金融危机爆发的根源。金融危机是冲击原本稳定的经济的随机事件吗？或是存在一系列因素可以系统地预测金融危机？基于现有经验证据，事实很可能更倾向于第二种观点(Sufi and Taylor，2022)。

1. 预测金融危机的因素

在次贷危机爆发前，金融危机主要发生在小型开放的发达经济体，或是拉丁美洲和东亚新兴经济体，考虑到跨境资本流动和汇率变动等因素在这些国家金融危机爆发前和随后的调整过程中所发挥的重要作用，与次贷危机爆发后的相关文献相比，早期的研究在更大程度上强调了开放经济的问题。在小型开放经济体的危机案例中，预测危机的核心因素有三个：通货膨胀、贸易条件和实际汇率。有研究考察了银行业出现危机前后几年汇率和贸易条件的动态，发现两者都表现出类似的模式：在危机发生的前几年，汇率升值，贸易条件改善，两者迅速恶化时会伴随着危机的出现(Kaminsky and Reinhart，1999)。这种汇率和贸易条件的繁荣-萧条模式是被一系列早期研究所肯定的(Caprio and Klingebiel，1996；Gourinchas et al.，2001)。

次贷危机爆发后的研究更多地开始关注发达经济体。发达经济体的样本可以覆盖更长时间的数据，当使用更长的时间序列进行估计时，信贷扩张和资产价格增长成为对金融危机更有力的预测因素。其中,有研究基于完整的样本内信息(1870 年以来 17 个发达经济体的关键宏观经济变量),发现金融危机事件发生的概率与滞后的实际私人信贷增长有关(Schularick and Taylor, 2012)。信贷扩张是人均实际私人信贷比仅使用过去信息预测出的趋势超出一个标准差的情况(Richter e al. , 2020)。信贷扩张对金融危机具有强大预测能力:抵押贷款和非抵押贷款都能预测金融危机,但非抵押贷款在第二次世界大战前的样本中预测能力更强,抵押贷款对金融危机的预测能力则在第二次世界大战后相对更强(Richter et al. , 2020)。为了探究资产价格的上涨是否也有助于预测金融危机的发生,有研究基于发达经济体股票和房价数据,以给定年份的资产价格是否比其去趋势值高出一个标准差以上为标准,制定了一个"泡沫指标"(Jordà et al. , 2015)。当资产价格的泡沫出现时,金融危机发生的概率会显著上升。资产价格上涨的指标不仅可以预测发达经济体的金融危机,对于新兴经济体同样适用。以金融危机指标为结果变量,研究不仅发现信贷增长可以预示金融危机,也发现在预测过程中纳入资产价格的上涨指标会显著提高预测能力:一个在信贷扩张和资产价格上涨的分布中都处于前三分之一的国家("红区"指标),未来三年很可能会发生金融危机("红区"指标在样本外也具有很显著的预测能力)(Baron et al. , 2021; Greenwond et al. , 2022)。

2. 信贷扩张的原因

金融危机发生前,信贷数量会大幅增加,信贷成本会明显下降,探究金融危机的形成原因意味着需要先确定导致信贷扩张的因素。在开放的经济环境中,金融自由化被普遍认为是信贷扩张的重要驱动力(Demirgüç-Kunt and Detragiache, 1998; Kindleberger and Aliber, 2005):因为金融自由化过程中对利率等的放松管制会导致投机性的投资行为、货币的扩张等。1998—2006 年大量资本流入发达经济体,这是因为全球的储蓄过剩导致了金融资本的大量累积。当这些资本进入自由化国家,就可能推动信贷的繁荣和危机的出现(Bernanke, 2005)。随着收入不平等的加剧,近些年有大量证据表明,富人更倾向于将毕生收入用于储蓄,因此,当最高收入份额上升时,就会产生"富人储蓄过剩"。在美国大萧条和大衰退之前,收入不平等加剧,中低收入家庭借贷增多(Kumhof et al. , 2015)。自 20 世纪 80 年代以来,高收入人群占比的上升与富人储蓄过剩有关,富人的储蓄过剩为家庭和政府债务的大幅上升提供了资金(Mian et al. , 2020)。据此建立模型,将富人有更高的储蓄倾向纳入考虑,可发现在处于均衡状态时,富人收入份额的增加会导致非富人借贷的增加。这样的债务积累最终会降低未来的总需求,因为低储蓄倾向的个人(非富人)会向高储蓄倾向的个人(富人)偿还债务(Mian et al. , 2020)。更进一步地,将富人的储蓄过剩与全球储蓄过剩联系起来,研究发现德国和中国自 20 世纪 80 年代以来经常账户盈余的增加是由国家内部不平等的加剧造成的(Klein and Petti, 2020)。

除此之外,货币政策周期性和高频率的性质,也是导致信贷扩张的重要原因。因为较低的利率可能会鼓励银行扩大信贷供应和承担更多风险。有研究基于固定汇率制度国家的短期利率波动在很大程度上独立于当地经济环境这一事实,对 17 个发达经济体过去 140 年的数据集进行了分析,发现放松当地利率的冲击推动了房贷扩张和房价上涨(Jordà et al. , 2015)。这些都是加剧金融危机风险的条件。有学者认为,美联储的货币政策是解释世界各地风险金融资产价格的剧烈变化的重要因素(Miranda-Agrippino and Rey, 2020):美国货币政策的收缩会导致全球金融状况的收紧。虽然学者们并没有特别关注金融危机的问题,但他们发现的模式很可能与过去 40 年的全球繁荣与萧条事件有关。

预示金融危机的信贷扩张也与低成本债务,尤其是低成本风险债务有关。危机之前往往会出现异常高的信贷增长,高、低评级债券之间的信贷息差处于异常低的水平,而且还在不断下降(Krishnamurthy and Muir, 2017)。换句话说,在金融危机之前的信贷繁荣时期,风险较高的公司能够以相对较低的成本为自己融资。高风险债务和低风险债务之间的低利差,与风险资产价格在金融危机前处于高位的观点是有关的。在预期现金流固定的情况下,高风险债券和低风险债券之间的利差较低,意味着风险资产价格相对较高。信贷繁荣是指高风险债务融资成本较低、高风险资产价格被推高的时期,在这样的时期,债务融资的成本很低,债务快速增长。在金融危机之前的繁荣时期,债权人似乎更愿意以较低的成本提供信贷。理论文献对此有两种解释。第一种观点认为,存在理性预期模型,在这种模型中,由于在繁荣-萧条周期的繁荣阶段建立起来的激励和信息摩擦,信贷扩张之后的金融危机尤其痛苦(Gorton and Ordoñez, 2014, 2019; Dang et al., 2017,2020):因为短期债务对信息不敏感,在没有负面冲击的情况下,抵押品的质量不会得到广泛关注,所以在信贷繁荣时期,信息生产的缺乏会导致有关债务工具担保品质量的信息贬值。在这样的环境下,如果出现总体冲击降低了基础抵押品的价值,就可能导致对抵押品的信心丧失,从而引发恐慌。第二种观点认为,偏离理性预期是解释信贷繁荣与危机关系的关键因素:有研究构建了 20 个发达经济体 1920—2012 年的银行股本回报率样本,详细分析了信贷扩张后银行股本持有人实现的回报。如果过去三年银行信贷与 GDP 之比的上升超过了历史分布的第 95 个百分位数,那么就预示着未来三年银行股本的平均回报率为-37.3%(Baron and Xiong, 2017)。因此,银行信贷扩张预示着银行股价崩盘的可能性加大,也预示着未来回报会更低。这说明银行股东有缺陷的预期是信贷扩张的重要驱动因素。

总之,经验证据否定了将金融危机视为随机事件的观点,相反,金融危机是可预测的。信贷扩张和资产价格上涨是预测金融危机的关键因素,这两个因素即使在样本外也具有显著的预测能力。此外,信贷扩张对资产价格回报的预测能力表明,偏离理性预期应该是商业周期的相关研究中需要探讨的核心部分。

第三节 金融监管

一、金融监管的历史

在美国历史上,银行体系及其监管和监管目标经历了许多变化。目前的监管制度就是在进行一系列尝试之后发展起来的。当人们发现法规不当时,就会进行修改或废除,以便推出新的监管架构。那些被认为是成功的法规会长期纳入监管制度中。随着金融和技术创新,美国银行体系迅速变化,因此,监管制度在许多重要方面仍不断发展。

1838年,第一批《自由银行法》在康涅狄格州、密歇根州和纽约州通过,其他各州随后也通过了类似的法案,其允许任何一家达到一定标准和要求(10万美元)的机构获得银行执照。

为保护银行客户,各州开始对银行经营进行有限的监管,并开始设计银行券和存款保险制度。1836—1863年,各州的银行监管主要是获取和审查银行财务状况报表。除非银行濒临破产,否则很少受到检查。大多数州都要求银行券和存款要在一定程度上有金银储备支持,但一些州并没有严格执行这些规定。美国南北战争以前,一些州曾尝试建立银行存款和银行券保险计划以及由证券支持的银行券制度。这能对银行进行更严格的监管,有助于建立一个更加稳定的银行体系。但在其他州和很多边远地区,银行监管的不足和银行券的过度发行导致很多银行券贬值流通,无法方便地兑换金银币。然而,即使这些银行券的流动和使用会带来成本,这一时期的银行业仍为美国早期的发展提供了重要的资金支持。而且,鉴于建立一个新的银行体系所面临的种种困难,美国南北战争前大多数银行家都负责地进行经营。

在联邦储备体系建立后,美国很快经历了第一次世界大战期间国际金融体系的恶化,随之而来的是战后通货膨胀和20世纪20年代初短暂而严重的通货紧缩。此后情况趋于稳定,一段长期的繁荣开始了,公众的乐观情绪随之高涨。1927年,《麦克法登法案》推出,禁止了银行的跨州经营,造成了银行业竞争不充分的局面。并且,《麦克法登法案》允许银行进行证券投资活动。高额的商业利润刺激了很多银行增加商业贷款和证券业务。例如,一些主要银行开始扩大信托业务并推动关联机构参与证券的承销和分销业务。此外,快速的城市化进程促使许多较大的银行开始在法律允许的所有区域设立分支网点。20世纪20年代是大银行扩张的时代,而农村地区发生的许多小银行倒闭与合并的案例在20世纪20年代的繁荣中被人们忽略。

20世纪30年代的大萧条见证了美国历史上最严重的金融衰退。商业银行受到的影响可能比其他行业更大。由于1927年的《麦克法登法案》允许银行投资股权,而股权资产的价格波动远远高于债权资产,如果银行的资产端是股权资产,那么其资产端的价值波动会很剧烈,这意味着银行的资本很可能不能承受股市下跌带来的亏损,银行资不抵债,发生破产。1929年股市崩溃之后,公众对银行失去信心,银行倒闭加速,直到1933年一直处于波动之中。由于银行崩溃变得十分普遍,1931年罗斯福总统下令关闭所有银行,即从3月6日持续到3月13日为银行休假日。在各州和联邦监管部门审查银行状况并签发重新开业的执照后,银行才再次开业。许多银行再没有重新开业,9 000多家银行倒闭。

在这次经历之后,许多监管者和立法者认为现有监管制度还存在缺陷,无法应对20世纪30年代出现的基本银行问题。面对公众信心的变化,银行再次变得十分脆弱,银行体系未能抵御住30年代的金融崩溃,而是处于危机的最前线。1933年,美国政府提出《格拉斯-斯蒂格尔法》。

《格拉斯斯-蒂格尔法》中所包含的银行体系最重大的变化是联邦存款保险。为落实这一条款，组建了联邦存款保险公司，它最初为每位储户提供最高 2 500 美元的保额。从 1934 年起，所有美联储成员银行都必须参加保险，非成员银行经联邦存款保险公司批准可以选择参加。联邦存款保险公司的出现给银行监管带来了很大的影响。最重要的是，一旦保险制度建立并开始发挥作用，银行恐慌和公众丧失信心对银行体系的威胁就会大大减轻。有了保险，除最大的储户之外，其他所有储户都确信，即使银行倒闭，他们的存款也不会遭受损失。此外，由于几乎所有非成员银行最终都取得了联邦存款保险公司的保险，因此，联邦监管和检查几乎扩展到整个银行体系。联邦存款保险公司有权检查所有参加保险的银行。但为了避免重复监管，联邦存款保险公司的监管限于各州参加保险的非成员银行。最后，存款保险使得监管更加强调倒闭银行的重组或合并，以维持银行服务并减少该银行所在社区的金融混乱。

1933 年的《格拉斯-斯蒂格尔法》还体现了银行业的其他变革：禁止银行混业经营。首先，参加保险的银行不得向活期存款支付利息。其次，针对股市崩溃，禁止投资银行与商业银行形成关联关系，银行只能从事有限的投资银行业务。最后，银行向定期存款支付的利率受到美联储和联邦存款保险公司的限制（Q 条例）。由于当时人们普遍认为，支付较高的存款利率会迫使银行通过风险较高的投资和贷款来努力增加收入，利率上限得到提倡。

在 20 世纪 30 年代发生银行业崩溃之后，大萧条中幸存下来的银行家的保守态度以及联邦存款保险的出现有助于恢复银行体系，并减轻对未来银行危机和存款人恐慌的担心。这种环境带来了长时间的恢复过程。20 世纪后半期，银行体系面临许多剧烈而富有创新的变革，美国银行业的历史进入了一个新阶段。

最早出现的一个显著变化是银行控股公司的发展。银行控股公司是持有一家或多家银行的股票等的公司。银行控股公司第一次受到立法的关注是在 20 世纪 50 年代。1956 年，美国国会通过《银行持股公司法》，规定由美联储管理拥有多家银行的控股公司的形成以及这些公司对银行和非银行股份的收购。根据这一法案，除非经过州法律的特别批准，否则银行控股公司不能收购其他州的银行。此外，银行控股公司的所有非银行业务必须与银行业务密切相关。利用控股公司，银行可以建立大规模的跨州银行和非银行网络，从而绕开对银行业务和设立分支机构的限制。

1927 年的《麦克法登法案》中对银行跨州经营的限制造成了银行业竞争不充分的局面，这种不充分竞争的局面一直维持到 20 世纪的 70 年代，因为当时石油危机的爆发、MMMF 的崛起和金融脱媒等事件的发生，银行存款大量流失，美国各州逐步允许银行跨州经营，并在 20 世纪 80 年代推出《存款机构放松管制和货币控制法》和《加恩-圣杰曼存款机构法》，逐步放开利率管制（取消 Q 条例），从而使得银行竞争变得充分起来。

20 世纪 90 年代，银行业情况好转，因此需要放松在困难时期对银行实施的部分限制。美国政府在 1999 年推出了《金融服务现代法案》，允许了银行、证券公司和保险公司在金融控股公司结构下建立关联关系。在《金融服务现代法案》的监管框架下，银行、证券和保险监管机构分别对金融控股公司的相关业务进行监管，而美联储是整个机构的“总监管者”。

2008年美国次贷危机爆发，奥巴马政府推出《多德-弗兰克法案》，整合美国各家金融监管机构，明确各家金融监管机构的职能，并赋予美联储新的授权，明确美联储是美国金融监管体系最权威的部门，规定银行控股公司不得将持有的高风险信托优先证券作为银行的一级资本，同时规定高风险机构和产品的投资比重不得超过一级资本的3%，不得从事与客户服务不相关的自营业务，全面监管金融衍生品的交易，禁止银行的控股母公司从事以农产品、能源、股票等为标的的金融衍生品交易。

二、巴塞尔协议体系及其演变

在“十国集团”的推动下，1988年巴塞尔委员会发布《同一资本计量和资本标准的国际协议》，即《巴塞尔协议Ⅰ》。《巴塞尔协议Ⅰ》的重点是统一国际银行的资本计算和资本标准。巴塞尔委员会并不是严格意义上的银行监管国际组织，因此《巴塞尔协议Ⅰ》及有关规定并不具有法律约束力，但十国集团监管部门一致认可并同意在规定时间内统一实施。此后，越来越多的非十国集团监管部门也自愿地遵守《巴塞尔协议》。巴塞尔委员会事实上已成为银行监管国际标准的制定者，巴塞尔协议体系历经多次不断修订完善，已经成为国际银行业普遍认可的银行监管国际标准。

1988年《巴塞尔协议Ⅰ》发布后，主要经历了1996年的《资本协议关于市场风险的修正案》，1997年的《有效银行监管的核心原则》，2004年《巴塞尔新资本协议》(《巴塞尔协议Ⅱ》)和2010年《巴塞尔协议Ⅲ》的演进，主要过程和变化如下。

(1) 1988年，《巴塞尔协议Ⅰ》提出资本标准监管框架侧重于控制银行业面临的信用风险。

(2) 1996年，巴塞尔委员会发布《资本协议关于市场风险的修正案》，要求银行量化市场风险并计算资本要求。市场风险包括利率风险、汇率风险、股权头寸风险、商品头寸风险和期权头寸风险。计量市场风险资本要求的方法有标准法和内部模型法。20世纪90年代以后，衍生金融工具不断增加，金融市场的波动对银行的影响日益显著。而巴林银行、大和银行等一系列事件的发生都与银行自己的管理密切相关。因此，信用风险之外的风险对银行的影响在加大。

(3) 1997年，巴塞尔委员会发布《有效银行监管的核心原则》，共25条。

(4) 2004年，《巴塞尔协议Ⅱ》创新性地提出“三个支柱”的新框架。

(5) 2010年，《巴塞尔协议Ⅲ》提出更加严格的资本标准、更高的充足率水平、差异化的资本要求和增加杠杆率监管。

(6) 2017年12月，巴塞尔委员会发布《巴塞尔协议Ⅲ》最终方案。其进一步实施差异化监管，如对不同机构的差异化、对房地产抵押贷款等零售风险暴露更加科学的风险权重赋值等。G20成员需遵照《巴塞尔协议Ⅲ》最终方案的框架和要求，最迟应于2022年起实施。

三、次贷危机之后监管的新发展趋势

美国的次贷危机表面上是一场由房地产市场引发的金融后机，但是追溯其根源，它更是由于各个金融机构以金融创新为掩护，借助金融自由化产生的监管漏洞，通过采取各种逃避金融管制的投机行为追求自身利益的最大化，而最终导致的金融体系崩溃。这次金融危机的严重后果，不仅对金融市场本身造成重创，更对全球的实体经济造成严重的冲击。正是由于这次金融危机的爆发，各国开始纷纷反思金融自由化的潮流，重申对金融市场进行干预的必要性，并且提出了各自的金融监管改革方案。

（一）美国的金融监管改革方案

2008年次贷危机爆发以来，在危机的冲击下，仅2009年美国各类商业银行就有140家倒闭，2010年达到157家破产，破产金融机构的数量是近年来的峰值。为了实施对经济的振兴，奥巴马政府对次贷危机暴露的监管问题进行了深入反思和总结，并针对美国金融体系，尤其是金融监管进行了大幅度改革。由于美国金融监管体系的不完善是引发此次金融危机的根源之一，奥巴马政府金融改革方案把联邦政府的监管扩大到对冲基金以及其他投资机构，提出建立风险监管机构来监督大型金融机构，并要求联邦政府授权该机构在金融机构陷入困境时对其实施接管。美国政府的新方案内容总体有以下几个要点。

第一，整合美国各家金融监管机构，明确各家金融监管机构的职能。为克服重复金融监管的空白或者监管不到位问题，该方案取消了美国储蓄机构监理署（Office of Thrift Supervision，OTS），对其他金融监管机构的职能进行了重新界定。

第二，赋予美联储新的授权，扩大其监管范围。明确美联储是美国金融监管体系的最权威的部门，美联储的监管范围从原来的宏观向中观、微观领域拓展。在应对系统性风险上，美联储与拟成立的金融稳定监督委员会（Financial Stability Oversight Council，FSOC）共同负责系统性风险监控。另外，美联储还接管美国证券交易委员会（Securities and Exchange Commission，SEC）原来对投资银行控股公司的监管职能。

第三，加强对银行控股公司的资本管理。该方案规定银行控股公司不得将持有的高风险信托优先证券作为银行的一级资本，同时规定高风险机构和产品的投资比重不得超过一级资本的3%，不得从事与客户服务不相关的自营业务。

第四，加强对信用评级机构的监管。标普、惠誉等国际大型信用评级公司和金融衍生品发行机构的相互勾结是引发次贷危机的原因之一，该方案要求联邦政府设立信用评级征信委员会，专门负责对金融市场上信用评级机构的监督管理。

第五，改进和提高金融消费者权益保护工作。次贷危机中，金融机构高管屡屡侵害消费者利益，因此该方案要求在美联储之下设立金融消费者保护署（Consumer Financial Protection Bureau，CFPB），对规模在100亿美元以上大型金融机构进行监督，保护金融消费者权益。

第六，全面监管金融衍生品的交易，增强市场的透明度和有效性。该方案要求所有的场外衍生品交易在交易所内部进行，从而提高金融衍生产品的信息透明度。另外，其规定银行的控股母公司禁止从事以农产品、能源、股票等为标的的金融衍生品交易。

表8-1对比了次贷危机前后美国金融监管改革的主要变化。

表 8-1　次贷危机前后美国金融监管改革的主要变化

	改革前	改革后
监管模式	伞形多头监管	美联储负责系统重要性金融机构监管
对金融机构的监管	对冲基金自愿接受监管	将对冲基金和私募基金纳入监管
		提高监管标准，金融创新受到限制
	信用评级机构进行登记	加强对信用评级机构的监管
		对金融机构高管薪酬进行监管
对金融市场的监管		将金融衍生品纳入监管
		明确问题金融机构的处置方式
		成立金融稳定监督委员会，负责系统性风险的监测分析
		成立金融消费者保护署，保护金融消费者权益

（二）中国的金融监管改革方案

随着我国加入世界贸易组织后过渡期的结束，金融对外开放程度越来越高。国际大型金融控股公司的进入对我国金融机构的发展和金融监管是重大的挑战。中国金融业混业经营是大势所趋，在混业经营的模式下，当前的分业监管模式如何进行改革是中国政府面临的严峻问题。

1. 中国版巴塞尔协议——《商业银行资本管理办法(试行)》

原中国银行业监督管理委员会于 2012 年 6 月 7 日发布了《商业银行资本管理办法(试行)》(以下简称《资本办法》)。《资本办法》整合了《巴塞尔协议Ⅱ》和《巴塞尔协议Ⅲ》在风险加权资产计算方面的核心要求，扩展了风险覆盖范围，提高了监管资本的风险敏感度，合理设计各类资产的风险权重体系，允许符合条件的银行采取内部评级法计量信用风险的资本要求，同时要求所有银行必须计提市场风险和操作风险的资本要求。《资本办法》还明确了商业银行内部资本充足评估程序、资本充足率监管检查等内容，规定中国银行业监督管理委员会有权增加高风险资产组合和高风险银行的资本要求，并依据资本充足率水平对商业银行实施分类监管，采取一整套具有针对性和操作性的差异化监管措施。

《资本办法》将商业银行资本充足率监管要求分为四个层次：第一层次为最低资本要求，即核心一级资本充足率、一级资本充足率和资本充足率分别为 5%、6%和 8%；第二层次为储备资本要求和逆周期资本要求，分别为风险加权资产的 2.5%和 0～2.5%；第三层次为系统重要性银行附加资本要求，为风险加权资产的 1%；第四层次为根据单家银行风险状况提出的第二支柱资本要求。《资本办法》实施后，我国大型银行和中小银行的资本充足率监管要求分别为 11.5%和 10.5%，符合巴塞尔最低监管标准。多层次的监管资本要求既符合《巴塞尔协议Ⅲ》确定的资本监管新要求，又增强了资本监管的审慎性和灵活性，确保资本充分覆盖国内银行面临的系统性风险和个体风险。

《资本办法》在资本要求、资本定义、风险加权资产计量和全面风险治理等各方面都保持了与国际新资本监管标准的基本一致。它不仅涵盖《巴塞尔协议Ⅱ》提出的以“三大支柱”为基础的资本监管体系，还规定了与《巴塞尔协议Ⅲ》一致的资本定义及标准，明确了全面风险治理架构和审慎资本监管要求。

2. 中国金融监管的重磅改革——《党和国家机构改革方案》

近年来国内出现的流动性“钱荒”、互联网金融风险、影子银行乱象等问题，叠加次贷危机后各国金融监管框架普遍调整的时代背景，迫切需要对我国金融监管体系进行深刻变革。2017 年 7 月，党中央和国务院决定设立国务院金融稳定发展委员会，并于 2018 年 3 月完成了中国银行业监督管理委员会、中国保险监督管理委员会合并，开启了自 2003 年“一行三会”金融监管体制形成以来最大力度的金融监管组织结构改革，并逐步建立起全新的“一委一行两会”的金融监管框架，这标志着我国进入了金融监管统筹协调的新阶段。

2023 年 3 月最新公布的《党和国家机构改革方案》，提出组建中央金融委员会（以下简称中央金融委）及中央金融工作委员会（以下简称中央金融工委），在中国银行保险监督管理委员会基础上组建国家金融监督管理总局（以下简称金管总局），并相应调整中国证券监督管理委员会（以下简称证监会）职责及地方金融监管体制。更符合现代金融监管要求的“二委一行一局一会”＋“各地局”的中国版“三层＋双峰”监管框架更加清晰。“二委一行一局一会”＋“各地局”是中国金融监管框架最直接的体现。“三层”是指顶层为中央金融委和中央金融工委；中间层为各金融监管部门，具体包括中央银行、金管总局和中国证券监督管理委员会；底层为中央金融管理部门地方派出机构和地方金融监管局。“双峰”则是将监管部门的具体职能分为审慎监管和行为监管。

在此框架下，中央金融委及其办公室体现党中央对金融工作的集中统一领导，负责金融稳定和发展的顶层设计、统筹协调、整体推进、督促落实，以及研究审议重大政策、重大问题等。作为“三层”中的“顶层”，其接续之前国务院金融稳定发展委员会及其办事机构的职能，进一步增强不同金融行业的统一监管与协调统筹能力，及中央与地方在金融领域的统一监管与协调统筹能力等。同时，为进一步统一领导金融系统党的工作，新组建的中央金融工委主要负责指导金融系统党的政治建设、思想建设、组织建设、作风建设、纪律建设等。

中国人民银行除承担货币政策职能外，更多地担负起宏观审慎管理、金融基础设施建设、基础法律法规体系及全口径统计分析和系统性风险预警等工作，其“货币政策和宏观审慎政策双支柱调控框架”更加清晰。新成立的金管总局同证监会及地方金融监管部门负责行为监管。金管总局主要负责具体机构和行业监管工作的落地和执行，以及金融消费者权益保护。证监会仍然负责资本市场监管职责，其核心是维护资本市场秩序和健康发展。

地方金融监管体制将以中央金融管理部门地方派出机构为主导，统筹优化中央金融管理部门地方派出机构设置和力量配备,共同构筑“三层”中的“底层”。地方政府设立的金融监管机构专司监管职责,不再加挂金融工作局、金融办公室等牌子,以维护地区内金融稳定为主要目标,担负起更多的金融监管职责,并承担金融风险防范、化解与处置的属地责任。

参考文献

[1] Acharya V V, Schnabl P, Suarez G. Securitization without risk transfer[J]. Journal of Financial Economics, 2013, 107(3): 515 - 536.

[2] Adrian T, Etula E, Muir T. Financial intermediaries and the cross-section of asset returns[J]. The Journal of Finance, 2014, 69(6): 2557 - 2596.

[3] Allen F, Gale D. Financial markets, intermediaries, and intertemporal smoothing [J]. Journal of Political Economy, 1997, 105(3): 523 - 546.

[4] Allen F, Gale D. Optimal financial crises[J]. The Journal of Finance, 1998, 53 (4): 1245 - 1284.

[5] Altman E I. Financial ratios, discriminant analysis and the prediction of corporate bankruptcy[J]. The Journal of Finance, 1968, 23(4): 589 - 609.

[6] Altman E I, Haldeman R G, Narayanan P. ZETA™ analysis: A new model to identify bankruptcy risk of corporations[J]. Journal of Banking & Finance, 1977, 1(1): 29 - 54.

[7] Bansal R, Kiku D, Yaron A. Risks for the long run: Estimation with time aggregation[J]. Journal of Monetary Economics, 2016, 82: 52 - 69.

[8] Bansal R, Yaron A. Risks for the long run: A potential resolution of asset pricing puzzles[J]. The Journal of Finance, 2004, 59(4): 1481 - 1509.

[9] Baron M, Verner E, Xiong W. Banking crises without panics[J]. The Quarterly Journal of Economics, 2021, 136(1): 51 - 113.

[10] Baron M, Xiong W. Credit expansion and neglected crash risk[J]. The Quarterly Journal of Economics, 2017, 132(2): 713 - 764.

[11] Barro R J. Rare disasters and asset markets in the twentieth century[J]. The Quarterly Journal of Economics, 2006, 121(3): 823 - 866.

[12] Beck T, Levine R, Levkov A. Big bad banks? The winners and losers from bank deregulation in the United States[J]. The Journal of Finance, 2010, 65(5): 1637 - 1667.

[13] Bernanke B S. Nonmonetary effects of the financial crisis in the propagation of the great depression[J]. American Economic Review, 1983, 73(3): 257 - 276.

[14] Bernanke B S. The global saving glut and the U. S. current account deficit[EB/OL]. (2005 - 04 - 14) [2024 - 03 - 05]. http://www. federalreserve. gov/boarddocs/speeches/2005/200503102/.
[15] Bolton P, Scharfstein D S. Optimal debt structure and the number of creditors[J]. Journal of Political Economy, 1996, 104(1): 1-25.
[16] Bolton P, Wang N, Yang J Q. Optimal contracting, corporate finance, and valuation with inalienable human capital[J]. The Journal of Finance, 2019, 74(3): 1363-1429.
[17] Bryant J. A model of reserves, bank runs, and deposit insurance[J]. Journal of Banking & Finance, 1980, 4(4): 335-344.
[18] Caballero R J, Hoshi T, Kashyap A K. Zombie lending and depressed restructuring in Japan[J]. American Economic Review, 2008, 98(5): 1943-1977.
[19] Calomiris C W, Kahn C M. The role of demandable debt in structuring optimal banking arrangements [J]. American Economic Review, 1991, 81(3): 497-513.
[20] Campbell J, Cochrane J. By force of habit: A consumption-based explanation of aggregate stock market behavior[J]. Journal of Political Economy, 1999, 107(2): 205-251.
[21] Campbell J Y, Cochrane J H. Explaining the poor performance of consumption-based asset pricing models[J]. The Journal of Finance, 2000, 55(6): 2863-2878.
[22] Caprio G, Klingebiel D. Bank insolvencies: Cross-country experience [R]. Washington: World Bank Policy Research Working Paper 1620, 1996.
[23] Chari V V, Jagannathan R. Banking panics, information, and rational expectations equilibrium[J]. The Journal of Finance, 1988, 43(3): 749-761.
[24] Cochrane J H. Production-based asset pricing and the link between stock returns and economic fluctuations[J]. The Journal of Finance, 1991, 46(1): 209-237.
[25] Constantinides G M, Duffie D. Asset pricing with heterogeneous consumers[J]. Journal of Political Economy, 1996, 104(2): 219-240.
[26] Coval J, Jurek J, Stafford E. The economics of structured finance[J]. Journal of Economic Perspectives, 2009, 23(1): 3-25.
[27] Dang T V, Gorton G, Holmström B. The information view of financial crises[J]. Annual Review of Financial Economics, 2020, 12: 39-65.
[28] Dang T V, Gorton G, Holmström B, et al. Banks as secret keepers[J]. American Economic Review, 2017, 107(4): 1005-1029.
[29] DeAngelo H, Stulz R M. Liquid-claim production, risk management, and bank capital structure: Why high leverage is optimal for banks[J]. Journal of Financial Economics, 2015, 116(2): 219-236.
[30] DeMarzo P M, Fishman M J. Agency and optimal investment dynamics[J]. The

Review of Financial Studies, 2007, 20(1): 151 - 188.

[31] DeMarzo P M, He Z G. Leverage dynamics without commitment[J]. The Journal of Finance, 2021, 76(3): 1195 - 1250.

[32] Demirgüç-Kunt A, Detragiache E. The determinants of banking crises in developing and developed countries[J]. IMF Staff Papers, 1998, 45(1): 81 - 109.

[33] Dewatripont M, Maskin E. Credit and efficiency in centralized and decentralized economies[J]. The Review of Economic Studies, 1995, 62(4): 541 - 555.

[34] Diamond D W. Financial intermediation and delegated monitoring[J]. The Review of Economic Studies, 1984, 51(3): 393 - 414.

[35] Diamond D W. Monitoring and reputation, The choice between bank loans and directly placed debt[J]. Journal of Political Economy, 1991, 99(4): 689 - 721.

[36] Diamond D W. Debt maturity structure and liquidity risk[J]. The Quarterly Journal of Economics, 1991, 106(3): 709 - 737.

[37] Diamond D W, Dybvig P H. Bank runs, deposit insurance, and liquidity[J]. Journal of Political Economy, 1983, 91(3): 401 - 419.

[38] Diamond D W, Rajan R G. Liquidity risk, liquidity creation, and financial fragility: A theory of banking[J]. Journal of Political Economy, 2001, 109(2): 287 - 327.

[39] Diamond D W, Rajan R G. Fear of fire sales, illiquidity seeking, and credit freezes [J]. The Quarterly Journal of Economics, 2011, 126(2): 557 - 591.

[40] Drechsler I, Savov A, Schnabl P. Banking on deposits: Maturity transformation without interest rate risk[J]. The Journal of Finance, 2021, 76(3): 1091 - 1143.

[41] Epstein L G, Zin S E. Substitution, risk aversion, and the temporal behavior of consumption and asset returns: A theoretical framework[J]. Econometrica, 1989, 57(4): 937 - 969.

[42] Ennis H M, Keister T. Economic growth, liquidity, and bank runs[J]. Journal of Economic Theory, 2003, 109(2): 220 - 245.

[43] Frankel D, Pauzner A. Resolving indeterminacy in dynamic settings: The role of shocks[J]. The Quarterly Journal of Economics, 2000, 115(1): 285 - 304.

[44] Gârleanu N, Panageas S. Young, old, conservative, and bold: The implications of heterogeneity and finite lives for asset pricing[J]. Journal of Political Economy, 2015, 123(3): 670 - 685.

[45] Gatev E, Strahan P E. Banks' advantage in hedging liquidity risk: Theory and evidence from the commercial paper market[J]. The Journal of Finance, 2006, 61 (2): 867 - 892.

[46] Gennaioli N, Shleifer A, Vishny R. Neglected risks, financial innovation, and financial fragility[J]. Journal of Financial Economics, 2012, 104(3): 452 - 468.

[47] Gerardi K, Lehnert A, Sherlund S M, et al. Making sense of the subprime crisis [J]. Brookings Papers on Economic Activity, 2008(2): 69 - 159.

[48] Goldstein I, Pauzner A. Demand - deposit contracts and the probability of bank runs[J]. The Journal of Finance, 2005, 60(3): 1293 - 1327.

[49] Gorton G, Metrick A. Securitized banking and the run on repo[J]. Journal of Financial Economics, 2012, 104(3): 425 - 451.

[50] Gorton G, Ordoñez G. Collateral crises[J]. American Economic Review, 2014, 104(2): 343 - 378.

[51] Gary G, Guillermo O. Good booms, bad booms[J]. Journal of the European Economic Association, 2020, 18(2): 618 - 665.

[52] Gorton G, Pennacchi G. Financial intermediaries and liquidity creation[J]. The Journal of Finance, 1990, 45(1): 49 - 71.

[53] Gourinchas P O, Valdes R O, Landerretche O. Lending booms: Latin America and the world[J]. Economía, 2001, 1(2): 47 - 99.

[54] Greenwood R, Hanson S G, Shleifer A, et al. Predictable financial crises[J]. The Journal of Finance, 2022, 77(2): 863 - 921.

[55] Grossman S J, Hart O D. The costs and benefits of ownership: A theory of vertical and lateral integration[J]. Journal of Political Economy, 1986, 94(4): 691 - 719.

[56] Hart O, Moore J. Property rights and the nature of the firm[J]. Journal of Political Economy, 1990, 98(6): 1119 - 1158.

[57] Hansen L P, Sargent T J. Robust control and model uncertainty[J]. American Economic Review, 2001, 91(2): 60 - 66.

[58] He Z G, Krishnamurthy A. A model of capital and crises[J]. The Review of Economic Studies, 2012, 79(2): 735 - 777.

[59] He Z G, Krishnamurthy A. Intermediary asset pricing[J]. American Economic Review, 2013, 103(2): 732 - 770.

[60] He Z G, Krishnamurthy A. Intermediary asset pricing and the financial crisis[J]. Annual Review of Financial Economics, 2018, 10: 173 - 197.

[61] He Z G, Manela A. Information acquisition in rumor-based bank runs[J]. The Journal of Finance, 2016, 71(3): 1113 - 1158.

[62] He Z, Xiong W. Dynamic debt runs[J]. The Review of Financial Studies, 2012, 25(6): 1799 - 1843.

[63] Iyer R, Khwaja A I, Luttmer E F P, et al. Screening peers softly: Inferring the quality of small borrowers[J]. Management Science, 2016, 62(6): 1554 - 1577.

[64] Jacklin C J. Demand deposits, trading restrictions and risk sharing[M]//Prescott E, Wallace N. Contractual arrangements for intertemporal trade. Minneapolis:

University of Minnesota Press, 1987: 26 - 47.

[65] Jacklin C J, Bhattacharya S. Distinguishing panics and information-based bank runs: Welfare and policy implications[J]. Journal of Political Economy, 1988, 96(3): 568 - 592.

[66] Jayaratne J, Strahan P E. The finance-growth nexus: Evidence from bank branch deregulation[J]. The Quarterly Journal of Economics, 1996, 111(3): 639 - 670.

[67] Jordà Ò, Schularick M, Taylor A M. Betting the house[J]. Journal of International Economics, 2015, 96: s2 - s18.

[68] Jordà Ò, Schularick M, Taylor A M. Leveraged bubbles[J]. Journal of Monetary Economics, 2015, 76: s1 - s20.

[69] Kacperczyk M, Schnabl P. How safe are money market funds? [J]. The Quarterly Journal of Economics, 2013, 128(3): 1073 - 1122.

[70] Kaminsky G L, Reinhart C M. The twin crises: The causes of banking and balance-of-payments problems[J]. American Economic Review, 1999, 89(3): 473 - 500.

[71] Kargar M. Heterogeneous intermediary asset pricing[J]. Journal of Financial Economics, 2021, 141(2): 505 - 532.

[72] Kashyap A K, Rajan R, Stein J C. Banks as liquidity providers: An explanation for the coexistence of lending and deposit-taking[J]. The Journal of Finance, 2002, 57(1): 33 - 73.

[73] Kindleberger C P, Aliber R. Z. Manias, panics and crashes: A history of financial crisis[M]. 5th ed. New York: Palgrave Macmillan, 2005.

[74] Kiyotaki N, Moore J. Credit cycles[J]. Journal of Political Economy, 1997, 105(2): 211 - 248.

[75] Klein M C, Pettis M. Trade wars are class wars: How rising inequality distorts the global economy and threatens international peace[M]. New Haven: Yale University Press, 2020.

[76] Krishnamurthy A, Muir T. How credit cycles across a financial crisis[R]. Cambridge: NBER Working Paper 23850, 2017.

[77] Kroszner R S, Strahan P E. What drives deregulation? Economics and politics of the relaxation of bank branching restrictions[J]. The Quarterly Journal of Economics, 1999, 114(4): 1437 - 1467.

[78] Kumhof M, Rancière R, Winant P. Inequality, leverage, and crises[J]. American Economic Review, 2015, 105(3): 1217 - 1245.

[79] Leland H E. Corporate debt value, bond covenants, and optimal capital structure[J]. The Journal of Finance, 1994, 49(4): 1213 - 1252.

[80] Brealey R, Leland H E, Pyle D H. Informational asymmetries, financial

structure, and financial intermediation[J]. The Journal of Finance, 1977, 32(2): 371-387.

[81] Levine R, Lin C, Tai M Z, et al. How did depositors respond to COVID-19? [J]. The Review of Financial Studies, 2021, 34(11): 5438-5473.

[82] Lintner J. The valuation of risk assets and the selection of risky investments in stock portfolios and capital budgets[J]. The Review of Economics and Statistics, 1965, 47: 13-37.

[83] Markowitz H. Portfolio selection[J]. The Journal of Finance, 1952, 7(1): 77-91.

[84] Mehra R, Prescott E C. The equity premium: A pzzle[J]. Journal of Monetary Economics, 1985, 15(2): 145-161.

[85] Mian A, Straub L, Sufi A. Indebted demand[R]. Cambridge: NBER Working Paper 26940, 2020.

[86] Mian A, Straub L, Sufi A. The saving glut of the rich[R]. Cambridge: NBER Working Paper 26941, 2020.

[87] Miranda-Agrippino S, Rey H. U. S. monetary policy and the global financial cycle [J]. The Review of Economic Studies, 2020, 87(6): 2754-2776.

[88] Modigliani F, Miller M H. The cost of capital, corporation finance and the theory of investment[J]. American Economic Review, 1958, 48(3): 261-297.

[89] Morris S, Shin H S. Social value of public information[J]. American Economic Review, 2002, 92(5): 1521-1534.

[90] Mossin J. Equilibrium in a capital asset market[J]. Econometrica, 1966, 34: 768-783.

[91] Myers S C, Majluf N S. Corporate financing and investment decisions when firms have information that investors do not have[J]. Journal of Financial Economics, 1984, 13(2): 187-221.

[92] Peck J, Shell K. Equilibrium bank runs[J]. Journal of Political Economy, 2003, 111: 103-123.

[93] Peek J, Rosengren E S. Unnatural selection: Perverse incentives and the misallocation of credit in Japan[J]. American Economic Review, 2005, 95(4): 1144-1166.

[94] Petersen M A, Rajan R G. The effect of credit market competition on lending relationships[J]. The Quarterly Journal of Economics, 1995, 110(2): 407-443.

[95] Piazzesi M, Schneider M, Tuzel S. Housing, consumption and asset pricing[J]. Journal of Financial Economics, 2007, 83(3): 531-569.

[96] Postlewaite A, Vives X. Bank runs as an equilibrium phenomenon[J]. Journal of Political Economy, 1987, 95(3): 485-491.

[97] Rajan R G. Insiders and outsiders: The choice between informed and arm's-length debt[J]. The Journal of Finance, 1992, 47(4): 1367－1400.

[98] Rajan R G, Zingales L. Making capitalism work for everyone[J]. Journal of Applied Corporate Finance, 2004, 16(4): 101－108.

[99] Richter B, Schularick M, Wachtel P. When to lean against the wind[J]. Journal of Money Credit and Banking, 2020, 53(1): 5－39.

[100] Robichek A A, Myers S C. Problems in the theory of optimal capital structure [J]. Journal of Financial and Quantitative Analysis, 1966, 1(2): 1－35.

[101] Rock K. Why new issues are underpriced[J]. Journal of Financial Economics, 1986, 15: 187－212.

[102] Ross S A. The determination of financial structure: The incentive-signalling approach[J]. The Bell Journal of Economics, 1977, 8(1): 23－40.

[103] Schularick M, Taylor A M. Credit booms gone bust: Monetary policy, leverage cycles, and financial crises, 1870 － 2008[J]. American Economic Review, 2012, 102(2): 1029－1061.

[104] Sharpe S A. Asymmetric information, bank lending, and implicit contracts: A stylized model of customer relationships[J]. The Journal of Finance, 1990, 45(4): 1069－1087.

[105] Sharpe W F. Capital asset prices: A theory of market equilibrium under conditions of risk[J]. The Journal of Finance, 1964, 19(3): 425－442.

[106] Shiller R J. Do stock prices move too much to be justified by subsequent changes in dividends? [J]. American Economic Review, 1981, 71(3): 421－436.

[107] Shiller R J. Speculative asset prices[J]. American Economic Review, 2014, 104(6): 1486－1517.

[108] Shleifer A, Vishny R W. Liquidation values and debt capacity: A market equilibrium approach[J]. The Journal of Finance, 1992, 47(4): 1343－1366.

[109] Sufi A, Taylor A M. Financial crises: A survey [J]. Handbook of International Economics, 2022, 6: 291－340.

[110] Tirole J. The theory of corporate finance [M]. Princeton: Princeton University Press, 2005.

[111] Townsend R M. Optimal contracts and competitive markets with costly state verification[J]. Journal of Economic Theory, 1979, 21(2): 265－293.

[112] Weil P. The equity premium puzzle and the risk-free rate puzzle [J]. Journal of Monetary Economics, 1989, 24: 401－421.

[113] 安东尼·桑德斯,马西娅·米伦·科尼特. 金融风险管理[M]. 王中华,陆军,译. 5版. 北京: 人民邮电出版社,2012.

[114] 陈学彬. 金融理论与政策: 宏观分析视角[M]. 上海: 复旦大学出版社,2012.

[115] 弗雷德里克・S.米什金.货币金融学[M].郑艳文,荆国勇,译.11版.北京:中国人民大学出版社,2016.
[116] 李思琪.美联储利率调控机制的历史演变与当前挑战[J].中国货币市场,2020(12):49-52.
[117] 李志生,金凌,孔东民.分支机构空间分布、银行竞争与企业债务决策[J].经济研究,2020,55(10):141-158.
[118] 刘莉亚,余晶晶,杨金强,等.竞争之于银行信贷结构调整是双刃剑吗?——中国利率市场化进程的微观证据[J].经济研究,2017,52(5):131-145.
[119] 刘建国,钱丽霞.金融学[M].上海:华东理工大学出版社,2013.
[120] 马广奇.金融理论与政策[M].上海:复旦大学出版社,2021.
[121] 申广军.比较优势与僵尸企业:基于新结构经济学视角的研究[J].管理世界,2016,32(12):13-24.
[122] 吴晓求,王广谦.金融理论与政策[M].北京:中国人民大学出版社,2013.
[123] 吴晓求,许荣.金融理论的发展及其演变[J].北京:中国人民大学学报,2014,28(4):33-40.
[124] 徐高.宏观经济学二十五讲:中国视角[M].北京:中国人民大学出版社,2019.
[125] 易纲.再论中国金融资产结构及政策含义[J].经济研究,2020,55(3):4-17.
[126] 易纲.中国的利率体系与利率市场化改革[J].金融研究,2021(9):1-11.
[127] 殷剑峰.比较金融体系与中国现代金融体系建设[J].金融评论,2018,10(5):1-15,122.
[128] 战明华,李帅,吴周恒.数字金融、严重负向冲击与非常规货币政策[J].中国工业经济,2023(11):24-42.
[129] 张成思.现代金融学的历史演进逻辑[J].金融评论,2020,12(3):1-26,124.
[130] 张一林,林毅夫,朱永华.金融体系扭曲、经济转型与渐进式金融改革[J].经济研究,2021,56(11):14-29.